安顺市2022年课题研究
暨贵州省学术年会安顺成果选编

中共安顺市委宣传部 安顺市社会科学界联合会/编

贵州出版集团
贵州人民出版社

图书在版编目（CIP）数据

安顺市2022年课题研究暨贵州省学术年会安顺成果选编/中共安顺市委宣传部,安顺市社会科学界联合会编. -- 贵阳：贵州人民出版社,2024.5
ISBN 978-7-221-17996-8

Ⅰ.①安… Ⅱ.①中…②安… Ⅲ.①社会科学—研究成果—汇编—贵州—2022 Ⅳ.①C127.3

中国国家版本馆CIP数据核字(2023)第198700号

ANSHUNSHI 2022NIAN KETIYANJIU JI GUIZHOUSHENG XUESHU NIANHUI ANSHUN CHENGGUO XUANBIAN

安顺市2022年课题研究暨贵州省学术年会安顺成果选编
中共安顺市委宣传部 安顺市社会科学界联合会/编

出 版 人：	朱文迅
策划编辑：	张　薇
责任编辑：	徐　晶
装帧设计：	温力民
责任印制：	黄红梅
出版发行：	贵州出版集团　贵州人民出版社
地　　址：	贵阳市观山湖区中天会展城会展东路SOHO公寓A座
印　　刷：	贵州新华印刷二厂
版　　次：	2024年5月第1版
印　　次：	2024年5月第1次印刷
开　　本：	787毫米×1092毫米　1/16
印　　张：	17
字　　数：	250千字
书　　号：	ISBN 978-7-221-17996-8
定　　价：	32.00元

如发现图书印装质量问题，请与印刷厂联系调换 ；版权所有，翻版必究；未经许可，不得转载。

编委会

主 任：

王洪勇（安顺市委宣传部常务副部长）

王　敏（安顺市委宣传部副部长、安顺市社科联主席）

高守应（安顺市社科联党组书记、常务副主席）

成 员：

万江英（安顺市社科联副主席兼秘书长）

邓小燕（安顺市社科联办公室主任）

严章琴（安顺市社科联研究室负责人）

目录 mulu

001 安顺市实现全体人民共同富裕奋斗目标实践路径浅析 ……… 唐佐英
008 安顺市健全农民增收长效机制助推共同富裕的路径研究
　　……………………………………………… 邹美凤　李俊杰
023 乡村振兴背景下贵州民族地区乡村人才振兴困境与出路
　　——以镇宁布依族苗族自治县为例……………………… 何志浪
033 水源保护区乡村振兴发展的策略研究
　　——以夜郎湖新村为例……………………………………… 孙守红
043 县级人大代表践行乡村振兴战略问题调查与破解路径 ……… 兰定松
055 乡村振兴中公共文化建设存在问题与对策建议
　　——以安顺经济技术开发区为例…………………………… 杨思荣
063 浅谈用好史志资源助推安顺乡村振兴 ……………… 陈恩义　金艳
072 乡村振兴背景下贵州新型职业农民培育研究 ……………… 刘金新
087 乡村振兴背景下安顺苗寨的发展路径思考 ………………… 杨兴洪
097 易地扶贫搬迁安置点就业状况调查
　　——以安顺市为例…………… 高守应　黄猛　万江英　刘翔
109 安顺市残疾人教育就业工作情况调查 ……………………… 冯慧敏
124 安顺市殡葬改革工作情况调研报告 ………………………… 裴莉
131 审慎稳妥推进安顺市农村集体经营性建设用地入市改革
　　——基于平坝区塘约村的试点经验………………… 代凯锋　王俊
140 "镇宁蜂糖李"产业发展经验与品牌质量发展建议 ………… 陈霰
148 安顺南部地区避寒产业调查及其发展路径思考 …… 高守应　万江英

157	安顺市新型综合能源发展调研报告 ……………………	张贵喜
164	山地特色城镇化之安顺路径研究 …… 黄海波 郭永祥 王涛 陈燕	
174	关于安顺水运发展的思考 ………………………………	刘浪
181	奋力推动安顺商业经济高质量发展 ……………………	罗廷勇
191	乘"新国发2号文件"东风全力做好安顺党校科研工作 ……	吴宏才
198	关于学前教育普惠性发展情况的调研报告 ……………	郭俊敏
203	聚焦优质 上下联动 形成合力	
	——新时代安顺高中教育发展的几点思考………………	肖昌华
211	构建职业院校行业企业命运共同体 推进职业教育扩容提质	
	………………………………… 李平明 徐敏 朱莲	
219	对镇宁自治县江龙镇陇西村布依族传统村落调研的几点思考	
	………………………………………………………	郭正雄
226	推动少数民族特色村寨高质量发展的对策建议	
	——以安顺市少数民族特色村寨高荡村民族文化运用为例	
	………………………………………… 吴凌 伍刚硕	
232	乡村振兴背景下安顺市少数民族村寨手工艺传承与发展研究	
	——以普定县为例………………………………………	董旭
243	安顺海绵城市的背景定位、探索实践与经验启示	
	……………………………………… 王俊 代凯锋 杨小宁	
255	公益诉讼检察助推生态文明建设路径探析 …… 章琛 卢凤鹏 汪迅	

安顺市实现全体人民共同富裕奋斗目标实践路径浅析

◀唐佐英

摘要：共同富裕是中华民族千百年来的梦想与追求，是中国共产党矢志不渝的奋斗目标。实现全体人民共同富裕是一个长远目标和系统工程，具有长期性、复杂性、艰巨性、阶段性等特点。结合安顺实际，要推动实现共同富裕，必须认真贯彻落实习近平总书记关于推动共同富裕的一系列重要论述和重大部署，多措并举、循序渐进，努力在做大经济总量中推动共同富裕，在推动巩固拓展脱贫攻坚成果同乡村振兴有效衔接中推动共同富裕，在推进新型城镇化进程中推动共同富裕，在发展民生事业中推动共同富裕，在衷心拥护"两个确立"、忠诚践行"两个维护"中推动共同富裕。

关键词：实现　共同富裕　实践路径　浅析

共同富裕是中华民族千百年来的梦想与追求，是人民群众的共同期盼，这种富裕不是一个人或者一部分人的富裕，而是全体人民的共同富裕，实现全体人民共同富裕是社会主义的本质要求，是中国共产党矢志不渝的奋斗目标。党的十八大以来，以习近平同志为核心的党中央把促进全体人民共同富裕摆在更加重要的位置，推动区域协调发展，采取有力措施保障和改善民生，创造了打赢脱贫攻坚战、全面建成小康社会的历史奇迹，为促进共同富裕创造了良好条件，开启了扎实推动共同富裕的历史阶段。

一、充分认识安顺市实现共同富裕的优势和差距

习近平总书记始终心系贵州发展、情系贵州人民，多次对贵州工作作出重要指示，在贵州发展的每一个关键节点，习近平总书记都从战略和全局高度为贵州把脉定向，指方向、明任务、定目标，有力指导贵州破解了发展难题，为推动贵州发展注入了最强大的动力。党的十八大以来，贵州综合经济实力快速提升，各行各业发生了天翻地覆的变化，从根本上改变了贵州人民的命运、改写了贵州发展的轨迹、改善了贵州大地的面貌，极大地提升了贵州在全国发展大局中的战略地位，极大地提振了贵州人民的精气神。

通过10年的努力，安顺也实现了快速发展。10年来安顺市紧扣实现共同富裕目标，集中财力、物力、人力向贫困发起总攻，如期完成新时代脱贫攻坚目标任务，为实现共同富裕奠定了坚实基础。这10年，安顺经济发展速度快、综合实力提升大、城乡面貌变化新、生态建设成效好、改革开放活力强、干事创业氛围浓、人民群众实惠多。10年来安顺强力推进工业提质增效，大力发展新兴产业，改造提升传统产业，轻纺产业从无到有，恒远建材、绿色动力等环保、低碳产业发展态势良好，新能源汽车、民用航空、精细化工等先进制造业加快发展，大数据、大健康等新兴产业扎实起步，贵州（安顺）国际石材博览会永久落户安顺。以国家新型城镇化综合试点为契机，中心城区、县城、特色小镇和美丽乡村建设扎实推进，平坝完成"撤县设区"，西秀、平坝、普定同城化发展大步推进，主城区规模不断扩大，建成区面积扩展到105平方公里。安普大道、贵安大道等城际道路建成通车；沪昆高铁开通，安顺获建3个站点。常住人口城镇化率

提高到56%。全面推进户籍制度、教育、就业、医疗、养老、住房保障等配套改革。这10年，安顺啃下了不少硬骨头，办成了不少大事难事，各项事业大踏步前进，实现了从发展滞后到赶超跨越的巨大转变。全市8.21万人搬出大山、54.58万贫困人口全部脱贫、6个贫困县全部摘帽、569个贫困村全部出列，彻底撕掉了千百年来绝对贫困的标签。2021年全市生产总值达到1080亿元，历史性突破千亿元大关，经济发展迈上了新台阶。"塘约经验""兵支书"等一批典型经验，得到党和国家领导人充分肯定并在全国推广。成功创建国家卫生城市、国家园林城市、全国双拥模范城。站上新的历史起点，安顺市已经打赢脱贫攻坚战，全面建成小康社会，从根本上改变了安顺人民的命运、改写了安顺发展的轨迹、改善了安顺大地的面貌、提升了安顺人民的精神状态，为实现全体人民共同富裕奠定了扎实基础。

这些成绩的取得，最根本的是有以习近平同志为核心的党中央坚强领导，有习近平新时代中国特色社会主义思想的科学指引；最重要的是有省委、省政府的正确领导，有上级各部门的关心支持；最关键的是有全市人民的团结拼搏、共同努力、不懈奋斗。放眼国际国内发展大势，世界经济在深度调整中缓慢复苏，国内经济呈现"稳中加固、稳中向好"态势，以国内大循环为主体、国内国际双循环相互促进的新发展格局正加快构建，为安顺调结构、促转型、提质量提供了难得的历史机遇。置身全省发展大局，习近平总书记和党中央赋予贵州的战略定位，为安顺推动资源禀赋、区位交通、特色产业等比较优势转化为发展优势提供了根本遵循。审视安顺所处方位，"一带一路"建设、新一轮西部大开发、西部陆海新通道建设、长江经济带建设、"珠江—西江"经济带建设、黔中城市群建设、"强省会"五年行动等国家和省重大战略深入实施，为安顺提供了最直接、最现实地参与区域协作的有利条件，也让安顺深刻感受到区域竞争日趋激烈的巨大压力。

当前安顺既与全国一样面临需求收缩、供给冲击、预期转弱的三重压力,又存在自身结构性、体制性、周期性问题的制约,经济社会发展还有不少困难和问题。巩固脱贫攻坚成果任务依然艰巨,教育、医疗、养老、托育等民生领域还有不少短板,还存在发展不平衡、不充分和相对贫困问题,直面这些问题,在扎实推动共同富裕的历史阶段,我们必须勠力同心、勇毅前行,要更加认真学习贯彻习近平新时代中国特色社会主义思想,全面贯彻党的十九大和十九届历次全会精神,深入贯彻落实习近平总书记一系列重要讲话和重要指示批示精神,认真贯彻落实国发〔2012〕2号文件精神和省第十三次党代会精神,按照党中央、国务院,省委、省政府决策部署,坚持稳中求进工作总基调,完整、准确、全面贯彻新发展理念,加快构建新发展格局,着力推动高质量发展,坚持以人民为中心的发展思想,守好发展和生态两条底线,统筹发展和安全,奋力实施市第五次党代会提出的"1558"战略思路,持之以恒把党向人民做出的经由社会主义达到共同富裕这个美好愿景、这个郑重承诺继续兑现好。

二、实现共同富裕实践路径的思考

实现全体人民共同富裕是一个长远目标和系统工程,具有长期性、复杂性、艰巨性、阶段性等特点。结合安顺实际,推动实现共同富裕需要多措并举、循序渐进,积小胜为大胜,坚定不移地不断推进全体人民共同富裕。

一是努力在做大经济总量中推动共同富裕。要立足新发展阶段、贯彻新发展理念、融入新发展格局,坚持以经济建设为中心不动摇,以高质量发展统揽全局,围绕"四新"主攻"四化",充分发挥比较优势,努力做大做强经济总量,夯实共同富裕的物质基础。依托安顺高新区、民用航空产业国家高技术产业基地,充分发挥装备制造、军工技术、特色轻工等传统优势,努力实施工业突破工程,打造安顺高质量发展核心引擎,加强产业项目建设,努力建设高新产业集聚区。用好得天独厚的旅游资源优势,全面唱响"康养福地·瀑乡安顺"城市品牌，舞好全省全域旅游龙头，努力建设康养旅游示范区。积极实施大数据战略行动，促进数字经济与实体经济深度融合，赋能传统产业转型升级，释放数字经济放大、叠加、倍增作用，努力建设数字经济创新区。充分发挥安顺地势平坦、坝区较多、发展现代农业条件好等优势，大力推动乡村振兴，努力建设乡村振兴样板区。大力发扬安顺人敢闯敢干、敢为人先的精神品质，抓住贵州内陆开放型经济试验区的建设机遇，与时俱进、开拓创新，努力建设改革开放先行区，切实在做大做强经济总量中推动实现共同富裕。

二是努力在推动巩固拓展脱贫攻坚成果同乡村振兴有效衔接中推动共同富裕。严格落实"四个不摘"要求，用好5年过渡期，保持现有帮扶政策、资金支持、帮扶力量总体稳定，健全防止返贫动态监测和帮扶机制，对脱贫不稳定户、边缘易致贫户、突发严重困难户，持续跟踪收入变化和"两不愁三保障"及饮水安全巩固情况，定期核查、动态清零，坚决守住不发生规模性返贫的底线。强化易地扶贫搬迁后续扶持，持续抓好就业、县域经济、公共服务、社区稳定、社会融入等重点工作，确保搬迁群众稳得住、有就业、逐步能致富。坚持产业扶贫与教育扶贫相结合，坚持和完善东西部协作和对口支援帮扶。全面推进乡村建设行动，进一步发动群众、引导群众，完善乡村路、水、电、气、讯、广播电视、物流等基础设施，健全农村基础设施后续管护机制，全面改善农村人居环境。切实实施农业增效工程，加快发展山地特色高效农业，扎实推进巩固拓展脱贫攻坚成果同乡村振兴有效衔接，以产业振兴带动人才、文化、生态、组织的全面振兴，努力实现贫困地区经济社会全面发展，逐步缩小城乡差距、区域差距和收入差距，切实践行社会主义全体人民共同富裕的本质要求。

三是努力在推进新型城镇化进程中推动共同富裕。大力推进以人为核心的新型城镇化，优化城市发展空间，按照"对接省会、依托省会、服务省会、融入省会"的思路，抢抓"强省会"五年行动机遇，创新融入方式，拓展合作空间，逐步与省会构建起优势互补、错位发展、联动发展的新格局。努力实施城市更新行动，加快棚户区改造、城镇老旧小区改造、背街小巷改造、地下管网改造，努力改出发展新空间、城市新颜值、生活新品质。不断完善城市功能。加快县域经济发展，积极培育城镇服务经济、消费经济、创新经济。深入实施宜居县城建设行动，加快县城和重点集镇扩容提质，推动产城融合，增强承载功能和聚集能力。发挥好乡镇联结城乡的节点作用，加快打造一批产业特而强、功能聚而合、形态小而美、机制新而活的高质量特色小镇、示范小城镇。深化拓展"一分三向""1+N"镇村联动发展模式，统筹城乡空间布局、产业发展、要素配置、基础设施和公共服务设施建设，形成工农互促、城乡互补、全面融合、共同繁荣的新局面。

四是努力在发展民生事业中推动共同富裕。切实弘扬"一切要为人民打算"的深厚情怀，努力实施民生优先工程，强化民生牵引的决策思维和民生优先的工作导向，始终把群众安居乐业、安危冷暖放在心上，用心用情用力办好民生事业，进一步增进民生福祉，促进人民生活富裕富足。全力实施城乡居民增收计划，逐步扩大中等收入群体比重，增加低收入群体收入，公共服务普及普惠，精神文化自信自强，社会大局和睦和谐。努力实施更加积极的就业政策，促进创业带动就业、多渠道灵活就业、重点群体就业，在全方位高质量发展中促进共同富裕。健全覆盖全民、统筹城乡、公平统一、可持续的多层次社会保障体系，让人民群众在面对年老、疾病、失业、伤残、贫困等风险时，都有可靠的制度性保障。全面贯彻党的教育方针，落实立德树人根本任务，推进学前教育普及普惠发展、义务教育优质均衡发展、高中教育优质特色发展、职业教育扩容提质创新发展，积极发展特殊教育和继续教育，加强教师队伍建设，努力提高人均受教育年限，办好人民满意的教育。以提高人均预期寿命为目标，全面推进健康安顺战略行动，提升突发重大公共卫生事件防范和处置能力。健全和完善卫生健康服务体系、医疗保障体系，全面提升整体医疗能力和服务质量，解决好老百姓看病难、看病贵、看病远问题。努力在发展中保障和改善民生，为促进共同富裕奠定扎实的社会基础。

五是努力在衷心拥护"两个确立"、忠诚践行"两个维护"中推动共同富裕。高举习近平新时代中国特色社会主义思想伟大旗帜，全面贯彻落实习近平总书记视察贵州重要讲话精神和对贵州工作重要指示精神，不断提高政治判断力、政治领悟力、政治执行力，把忠诚融入血脉，自觉增强"四个意识"、坚定"四个自信"、做到"两个维护"，把使命扛在肩上，把人民装在心中，把劲头鼓起来、把心气提起来、把责任担起来，把人民群众的智慧凝聚起来，把党内党外、市内市外关心支持安顺的力量调动起来，大家心往一处想、劲往一处使、拧成一股绳，努力干事创业，强力推动高质量发展，坚定不移沿着习近平总书记指引的方向奋力前行，以实际行动奋力推进全体人民共同富裕。

（作者单位：中共安顺市委党校）

安顺市健全农民增收长效机制助推共同富裕的路径研究

◀邹美凤　李俊杰

摘要： 党的十八大以来，随着脱贫攻坚战和乡村振兴战略的接续实施，我国历史性解决了绝对贫困问题，农民收入持续增长、生活水平明显提高，农村家庭经济结构和收入分配体系逐渐完善，为推进农民共同富裕奠定了坚实基础。但在推进全体农民共同富裕的过程中，由于人力资本开发不足、涉农资金运用滞后、村级资产运营较差、经济收入数据分析不全等因素，促进农民群体增收仍在就业适配、产业带动、资产增值、精准帮扶等方面存在着上升瓶颈。结合安顺市深入推进农村综合改革、优化农村居民收入结构的实践情况，建议在构建人力资本开发体系、完善产业资金运用管理、提升村级资产运营收益、强化工资性收入跟踪服务等方面建立长效机制，充分利用各种政策工具相互衔接、协同发力，拓宽农民增收来源，提升农民增收能力，推动农民共同富裕取得实质性的进展。

关键词： 农民增收　共同富裕　人力资本开发　集体资产运营收益

一、促进农民持续增收推动共同富裕的重要意义

农民农村共同富裕是实现全体人民共同富裕的重要内容，促进农民群众持续增收是扎实推动农民农村共同富裕的重点任务之一。站在历史新起点上的安顺只有以促进农民可持续增收为切入点，加快推进农业农村现代化，才能有效破解发展不平衡不充分问题，为实现共同富裕夯实基础。

（一）促进农民持续增收推动共同富裕是坚定走好中国特色社会主义道路的必然要求

共同富裕是中国特色社会主义的本质要求，集中体现了我们党全心全意为人民服务的根本宗旨。中国在现代化的过程中兼顾农民群体的利益，扎实推进农民共同富裕，实现发展成果共享，走出了一条以全体人民共同富裕为特征的中国特色的现代化道路。改革开放以来，我国在进行社会主义现代化建设的过程中，始终坚持不懈地统筹平衡市场经济的发展需求和农民群体的发展能力。从改革开放初期"家庭联产承包责任制"的实施到农业税的全面取消，从脱贫攻坚战的胜利到全面推进乡村振兴，国家重大战略部署始终指向农民共同富裕，为中国式现代化道路的有序推进提供了切实保障。安顺市探索促进农民增收推动共同富裕的长效机制，是坚持"以人民为中心"发展思想的具体体现，更是不忘初心、勇担使命、坚定不移跟党走的关键举措。站在全面建成小康社会的新起点，必须让改革发展成果更多更公平地惠及全体人民，包含众多对我国革命、建设、改革作出巨大贡献的农民。在向第二个百年奋斗目标迈进的新征程中，必须以2035年全体人民共同富裕取得更为明显的实质性进展为目标，持续做好科学谋划，从错综复杂的问题中寻找突破点，推进农民持续增收长效机制取得实质性的进展。

（二）促进农民持续增收推动共同富裕是巩固脱贫攻坚成果实现乡村振兴的现实需要

党的十八大以来，以习近平同志为核心的党中央把逐步实现全体人民共同富裕摆在更加重要的位置上，历史性地解决了绝对贫困问题并全面建成小康社会，不断巩固拓展脱贫攻坚成果，全面推进乡村振兴，加强农村基础设施和公共服务体系建设，改善农村人居环境，为促进共同富裕创造了良好条件，奠定了坚实基础。随着脱贫攻坚目标如期完成，现行标准下农村贫困人口全部脱贫，社会生产力水平得到极大提高，进一步促进农民持续增收，成为乡村振兴战略的中心任务。《中共中央国务院关于实施乡村振兴战略的意见》提出，要把维护农民群众根本利益、促进农民共同富裕作为出发点和落脚点，促进农民持续增收，并要求保持农村居民收入增速快于城镇居民。2022年的中央一号文件提出要"促进脱贫人口持续增收"，2022年的《政府工作报告》提出要"接续推进脱贫地区发展，促进农业丰收、农民增收"，这些举措都反映了党中央对促进农民持续增收、巩固脱贫攻坚成果、推进乡村振兴的高度重视。如何在乡村振兴中持续推动收入快速增长，是农民最关心的现实问题；如何提供多样化、多层次、多方面的农民增收辅助措施，是满足新时代农民经济收入需求的关键；采取怎样的有力措施切实促进农民持续增收，调动亿万农民的积极性、主动性和创造性，直接影响乡村振兴战略目标任务的实现质量。

（三）促进农民持续增收推动共同富裕是培育经济社会高质量发展新动能的重要途径

2021年中央财经委员会第十次会议提出"促进农民农村共同富裕"这一任务要求，既有在农村居民内部缩小收入差距实现共同富裕的含义，也有让农民与城市居民一样过上富裕生活的内涵，城乡一体化的发展趋势进一步让促进农民持续增收成为高质量发展不可或缺的一环。所以，实现农民共同富裕是一项长期、艰巨且复杂的任务，其基本目标不仅包括农民收入水平的提高，而且要求农民收入机会和收入能力的持续提升，最终实现让城乡居民收入大致相当的共同富裕目标。当前，要在高质量发展中促进共同富裕，最艰巨最繁重的任务仍然在农村，重点是要让农民富起来，关键是要建立促进农民持续增收的长效机制，推动全体人民共同富裕取得更为明显的实质性进展。这需要我们进一步认清农民收入水平的基本现状，培育完善农民就业、创业、置业要素市场，注重以创新驱动促进农村产业转型升级，以系统化的收入结构拓宽农民持续增收的基本路径。通过发展农村集体经济、组织农民外出务工经商、增加农民财产性收入等多种途径，推进助农惠农制度创新和政策调整，加快构建农民收入增长长效政策机制，多措并举拓宽增收渠道、挖掘增收潜力、培育增收动能，不断丰富农民收入构成，缩小城乡居民收入差距，让广大农民尽快富裕起来。

二、安顺市促进农民持续增收的做法与成效

近年来，安顺市深入学习贯彻习近平总书记关于"三农"工作的重要论述，不断拓宽农村就业增收渠道，重点发展就业容量大的富民产业链，持续推进乡村产业提档升级，注重发展壮大新型农村集体经济，推动脱贫攻坚成果与乡村振兴有效衔接；出台了《安顺市促进居民增收三年行动实施计划（2022—2024年）》，提出农民增收攻坚行动、劳动力素质提升行动、金融助民增收行动共计50项举措直接作用于提升农村居民收入，各项举措均明确了相应工作路径和目标任务，有效促进城乡居民收入水平提质升级，缩小城乡居民收入差距，让广大农民群众共享改革发展成果，推动实现共同富裕。

（一）稳就业，增加农民工资性收入

围绕"四化"建设以及乡村振兴战略实施，充分挖掘和创造更多就业岗位。深化与对口帮扶城市和安顺籍务工人员主要输出城市的劳务协作，以县（区）为单位将农村劳动力外出务工组织化程度提高到70%以上并逐

步提高农民工工资议价能力和工资待遇；在农村基础设施及基本公共服务设施建设等领域大力推广以工代赈方式，要求优先使用项目区农村劳务人员并将农村劳动力劳务报酬占项目投资的比例提高到20%以上。2022年上半年，全市脱贫劳动力实现就业12.43万户27.42万人，易地搬迁劳动力实现就业17881户39415人，边缘易致贫劳动力实现就业1083户2124人，均实现"一户一人以上就业"目标；全市东西部劳务协作促进就业13668人，完成全年目标的361.58%，其中转移对口协作地区就业2158人，转移到东部其他地区就业4867人，帮助就近就业6643人；全市促进农村劳动力转移就业6.69万人，完成全年工作目标的104.25%。同时，深化农村劳动力务工服务体系建设，严格落实农民工工资保障金制度；通过适时提高公益性岗位待遇标准、开发公益性岗位和适时启动价格补贴联动机制等9项措施提高农民工资性收入。在促进农村劳动力转移中，为农村劳动力提供完善职业教育体系，在劳动市场中建设传统的信息流通机制，帮助更多农民实现外出就业。2021年，通过提供岗位信息推介、点对点输出、就业创业政策宣传、发放交通补贴、技能培训等服务25.57万人，有组织化输出程度达82.35%；开展职业技能培训22059人次，完成省下达目标的88%，因工作成效显著，市就业局获得2021年全省就业创业工作"先进集体"称号。

（二）育产业，增加农民经营性收入

在稳定粮食生产的基础上，安顺市继续深化农业产业结构调整和农村产业革命，加快发展山地现代高效农业项目，形成区域化布局、专业化生产、社会化服务、产业化经营的特色优势农业产业带，有效实现农业经济快速增长，农业经济总量跃上新台阶。截至2021年，全市已建成40个省级现代高效农业示范园核心区，入驻企业426家、农民专业合作社501个、家庭农场164户，带动农户就业10.8万户，吸纳农民就业人数22.6万余人，有力促进了农民增收、农业增效和农村经济繁荣发展。通过加大高产优质品种、高产技术推广力度，按市场价对优质粮油进行收购，促进农民稳定增收；大力培育新型农业经营主体，明确在2024年前替补新增市级龙头企业

40家、省级5家、国家级1家；稳定农资供应和价格，开展农业综合保险试点，打通金融服务"三农"的"最后一公里"；大力实施农产品加工推进战略，确立将农产品加工转化率提高到65%以上，产品损腐率下降到10%左右的目标；实施乡村旅游助农增收三年攻坚行动，力争在2024年前全市农家乐和民宿项目带动2000个以上农村劳动力就业，实现营业收入2亿元以上等10项措施增加农民经营性收入。在金融服务产业方面，创新"农特产品贷"，精准服务农业特色产业；积极投放创业担保贷款，落实因疫情影响还款的相关优惠政策；加大对小微企业的金融支持力度，对小微企业给予费率优惠；加大"险资入安"工作进度，发挥保险机构在农业保险经营中的主动性和创造性，推动科技赋能农业保险等4项措施，千方百计增加农民经营性收入。

（三）强政策，增加农民转移性收入

安顺市积极增加转移净收入，健全农业农村投入保障制度，加大上级财政转移支付、土地出让收入、地方政府债券支持农业农村力度；完善市场化多元化生态补偿机制，加大重点生态功能区、重要水系源头地区、自然保护地转移支付力度。对涉农补贴资金开展全面清查，确保耕地地力保护补贴、退耕还林补贴、生猪良种补贴、农机具购置补贴等惠农补贴足额精准发放。持续加大各级财政对农民生产性补贴的投入，增加补贴种类，扩大补贴范围，提高补贴标准。2021年，共完成农林水共同财政事权转移支付补助2256万元，城乡社区共同财政事权转移支付补助2428万元，民族地区转移支付补助3926万元，贫困地区转移支付补助670万元。在增加农民转移性收入方面，落实贵州省农村义务教育学生营养改善计划提质行动；落实"证书直补"制度，直接受理职业技能等级（资格）证书补贴费用申请发放；落实跨省务工一次性交通补贴政策，探索建立外出务工人员寄带回收入应统尽统机制；稳步提高城乡居民基本养老保险待遇水平和低保标准；持续壮大慈善总会力量，引进更多公益项目，吸引更多公益资金资助农村困难学生和困难老人群体等增加农民转移性收入，多措并举确保各项

补贴政策执行到位，落地见效，农民群体转移性收入总体呈增长趋势。

（四）优联结，增加农民财产性收入

安顺市持续深化推进农村"三变"改革，对农村各类产权进行确权、赋权、易权，促进资源变资产、资金变股金、农民变股东，盘活了农村资源资金资产，壮大农村集体经济，增加了农民收入。鼓励农民以土地承包经营权、林权、技术、资金等入股企业、合作社或其他经济组织，按股份获得收益；开展"租改股"利益联结深化试点和家庭经营为主利益联结试点；出台《安顺市农村宅基地和集体建设用地使用权确权颁证工作的方案》，积极稳妥推进农村集体经营性建设用地入市；鼓励农村集体在农民自愿的前提下，依法把有偿收回的闲置宅基地、废弃的集体公益性建设用地转变为集体经营性用地，增加农民收入。例如，经开区阿歪寨村引入社会资本升级改造闲置资产，积极发展民族特色乡村旅游，村集体经济从"空壳村"增长到110万元；黄果树旅游区盘活闲置宅基地发展民宿产业，培育精品民宿50余家，3家排名进入"全省十大精品民宿"。通过发展多种形式的股份合作，引导农村集体所有的资源性资产和可经营性资产投入到公司或合作社，转变为村集体和村民持有股金。将财政定向投入的发展类资金转变为村集体和村民持有的资本金，以入股形式投入到经营主体，切实增加农民群众的财产性收入。通过培育新型农机服务主体、完善服务功能、鼓励农民凭农机入股、统一调配、多种分配方式增加农民收入等7项措施增加农民财产性收入。目前，全市已有3.15万亩集体土地、5.61万亩集体林地、300余处小型水利工程使用权入股到企业、合作社、家庭农场等经营主体中。

三、促进农民持续增收的困境与分析

党的十八大以来，随着农业现代化、新型城镇化及乡村振兴战略的深入实施，农民收入增速快于城镇居民，城乡收入比不断缩小，由2013年的

2.81持续下降到2021年的2.50，较2007年的3.14大幅下降，但仍高于20世纪80年代初期的1.82。随着过去实施的各类促进农民收入增长的政策功效开始进入递减阶段，进一步促进农民持续快速增收，缩小城乡差距，推动实现共同富裕，仍有不少难题需要攻克。

（一）外出务工就业组织散，适配优质工作较困难

长期以来，农民外出务工主要通过"亲带亲、邻带邻"的方式输出，只能选择技术含量低、可替代性强的工种，维权渠道不畅、意识不强，工资水平相对低下，收入增长不稳定。虽然许多地方成立了劳务公司、人资公司提升组织化输出程度，但由于自身规模小、服务能力有限，与企业议价谈判能力弱，务工收入难以有效实现最大化。一是乡镇劳务公司作用发挥不明显。从上级部门的走访情况来看，许多地方没有达到省人社厅要求的春节过后70%以上的农村劳动力外出务工组织化程度，甚至还存在"投机取巧"以全部外出务工人员作为有组织劳务输出统计。例如，在对普定县7家劳务公司的摸底排查中，2022年上半年仅有1家劳务输出18人，其他6家输出为零。二是部分劳务公司对全国劳务市场的用工变化应对能力不足。例如，受2022年上海疫情影响，旧州镇茶岭村有90%的外出务工人员在浙江被降薪裁员、被迫返乡，工资收入从6000—7000元降至2000—3000元，东西部协作提供岗位因工资水平低于浙江，群众报名积极性不高，赴外省再就业比例仅为50%。三是现阶段的人资公司对省外的"潮汐式"用工需求机遇把握不够。例如，受疫情和国际局势影响，大家普遍认为外部用工市场已经饱和，但江苏省昆山市每年的用工需求仍在100万人以上，2022年9月中下旬用工需求分析中仍有50万人的用工缺口，缺乏平台精准化、组织化地对接昆山需求，解决等待外出务工人员的就业问题。四是传统劳务输出模式对农民工的权益保障较差，因缺少统一有效的服务载体，农民工在劳资纠纷维权、"五险一金"转续、业务技能素质认定等方面的诉求难以得到满足，相关的户籍管理、留守老人、子女教育等问题也成为农民增收的制约因素。总体来看，现阶段外出务工组织化仍缺乏有效

平台整合资源，往往只限于简单发布招聘信息，市场融合度、延伸度不够，线上线下脱节运行，对农民工服务能力差、权益保障弱。

（二）农业产业比较效益低，塑造地方品牌较乏力

随着农村产业结构调整的深入推进，标准化、规模化、品牌化的思路已经成为发展共识，但是在实际推进过程中，农业产业的投资收益往往较弱，市场影响不够理想，问题的症结主要在于：一是固定不变的农业产业难以适应瞬息万变的市场变化。越来越丰富的农产品细分了农产品市场，让生产出的新产品快速开始过剩，使传统农产品陷入"先天过剩"状态。固守单一产业的合作模式，难以适应农产品的弹性需求，导致即使增产也不能保证一定增收。例如，普定县曾经以"全县种植韭黄10万余亩，带动3万余户10万人实现人均增收3000元以上"闻名全国，但近年韭黄产业发展情况却不容乐观，白岩镇平台公司种植韭黄面积由2020年的10079亩锐减至2022年的2182亩，拖欠资金达760.94万元。二是分散薄弱的投入模式难以及时打造迎合市场需求的产品。传统财政涉农资金的投入往往采取"平均主义"的补贴模式，即使集中发展产业也很难集中到发展优势项目上，各项配套政策举措兑现不及时、不到位、打折扣，导致项目落地慢、效益差，最终错过市场机遇期。例如，旧州镇茶岭村在蔬菜种植方面，虽然合作社集中流转了1200亩地，但缺少大棚种植、绿色防控、机械耕作等先进技术，蔬菜产量质量较低；农业保险投保率不足，在3月的霜冻灾害中难以理赔；在蔬菜旺季还被外地商贩联合压价，导致销售价格快速下跌。三是传统合作社模式带动发展主导产业乏力，农业产业生产经营管理水平不高，造血功能不强，带动增收作用有限。农业设施低效闲置，农业园区、种植大棚、菌棒车间、厂房冷库、养殖圈舍等农业设施使用不充分或低效闲置依然明显，有些合作社尽管采取了盘活措施，但仍"心有余而力不足"。例如，旧州镇茶岭村发展茶园3200多亩，但由于分散小户经营，茶园管护粗放，茶叶产量和品质参差不齐，存在只有留守老人在家，8亩茶园仅采摘1000多元茶青的情况。总体来看，在能力较弱的条件下采取分散资金投

入，使得许多优质农业项目"被断供"，因土地流转、管护不到位等导致设施闲置、土地撂荒，影响带动经营性收入增长能力较弱。

（三）集体资产变现能力弱，改善收入结构较缓慢

虽然在政策鼓励下出现了许多以集体牵头的新型经济组织，着力引进开发将资源变成资产，但由于村集体没有资金进行规划开发，各种发展不确定因素交织，难以吸引人来投资开发，资源就很难变成资产。由于缺少规范的产权认定办法和交易服务平台，农村资源资产难以转化为农业发展资本，资产认定难、交易服务难、产权融资难的问题困扰着农业农村发展。从上级调查情况来看，贵州农村"三块地"等资产盘活难度大、村级集体经济小散弱、拖欠土地流转费时有发生，农民的财产性收入占比最小，仅为1%左右，对促进农民增收作用有限。由于农村的优良资源没有很好地转化为资产，财产净收入增长渠道较少，许多项目由于管护不好没有产生效益，有待引进经营主体盘活。例如，旧州镇茶岭村的森林覆盖率达到82%，848.4亩公益林每年创造的最大收益仅为地方补贴的1万多元，仍然缺少合作经营模式。特别是在土地资源利用方面，随着城镇化快速推进，农民大规模进入城市，农村"人地分离"趋势日益明显，对于建设用地的使用往往是简单地建住房、建商铺等，缺乏后续的时间、经费、精力投入营造业态，缺少与外部机遇的衔接沟通，导致许多建筑项目以失败告终，给村民带来一定的损失，让村民更加疏远了村集体经济建设。例如，赫章县汉阳街道在易地搬迁安置点建设了商业门面375个3.73万平方米，但闲置门面就有211个2.26万平方米，闲置率达到60.6%。同时，多数农村地区"空心村"现象严重，远离县城、交通不便，导致许多农村建设用地利用价值低、发展潜力小，经营主体投资意愿有限，加上村集体接触面较窄，在没有规范的市场运营机制下，难以找准区位优势对接第三方资本。

（四）经济数据统计项目少，研究收入情况较粗浅

在收入数据统计方式方面，针对农民收入的统计归属有两种方式：按

户籍人口划分和按常住人口划分，我国采用了国际上普查常用的"常住人口"统计口径，对常住人口的居住标准仅定为6个月，对于外出务工6个月以上的农民，其收入数据统计分析都划入务工所在地，户籍地政府机构难以统计分析、研究利用、跟踪服务、精准提供帮扶措施。部分专家学者就认为，中国的农民工异地转移就业的"远距离候鸟式迁徙"属于特例，外出6个月以上的农民工，许多都存在"主要收入带回老家""未购买固定住宅""人员在外但要求户口分家"等情况，从经济上的联系来看，与国外举家外出的"常住人口"性质并不相同，应该结合按户籍人口划分的方式开展统计。在农民工经济收入的调查方面，务工城市与户籍乡镇有着不同的统计调查体系，"数据分割"对研究增收策略造成了阻碍，如，许多务工城市的《农民工监测报告》虽然采集有经济收入的数据信息，但对农民工的经济支出结构、支出状况等缺乏统计，未考虑户籍所在地的家庭开销和失业返乡后的生活成本等，只是简单将农民工经济收入划入务工所在地。在户籍地的数据监测方面，农村劳动力人口就业监测服务"最后一公里"的工作实效不理想，就业状况、地点、收入等信息不准确、不及时的问题较多，不同部门统计数据差异较大，甚至漏查脱贫人口"零就业"家庭。在六枝特区就出现了将"无工可做"的家庭，台账记录为在外省务工的情况。许多基层干部对于"周调度"机制，根本未逐户对接核实，只是按照日常了解进行数据更新，导致对农民工资性收入了解情况有偏差，研究制定促进就业政策时缺乏可靠数据支持，与农民工真实需求情况可能不相匹配。

四、对策建议

据省级统计数据，2021年全省农村居民家庭人均收入为12856元，其中工资性、经营性、转移性、财产性收入占比分别为41.47%、30.43%、27.13%、0.97%，前三项收入仍是农民增收主渠道，财产性收入仍有较大的提升空间。立足于农民农村发展的现实基础，提出构建人力资本投资体系、建设现代乡村产业体系、深入推进农村综合改革、健全经济收入统计机制等建议，以期各种政策相互衔接、协同发力，多措并举拓宽增收渠道、挖掘增收潜力、培育增收动能，推动农民共同富裕取得实质性的进展。

（一）强化人力资本开发，提升就业务工组织力

工资性收入占据农民收入的大头，稳定就业是促进农民增收的"压舱石"。应该把发展劳务经济作为增加农民收入的关键措施来抓，转变传统劳务公司、人资公司的运营模式，以"大数据"赋能人力资本开发，进一步精准组织劳务用工，主动适应市场需求，从而扩大劳动力转移输出，实现劳务经济壮大发展。要以农民工为中心，建立人力资本开发创新平台，采取"智能化"精准匹配、"订单化"输送员工、"积分化"用户管理等方式让农民工更好对接劳务市场、就业服务专员和用工企业，让农民工在不依靠劳务公司的情况下，也能借助大数据平台大量对接省内外重大项目、企业和岗位需求信息，提高务工组织化程度和岗位精准匹配度，提升稳岗能力和工资议价能力。通过打造安顺人力资本开发大数据平台，充分衔接行政部门、金融保险、商会协会等资源，加强就业情况动态监测，促进"劳动关系本地化"，让更多有业务能力的务工人员抱团外出、创造口碑，让更多大规模、高价值的企业用工需求能快速展现、直达对接；促进"人文关怀本地化"，合力解决农民工的欠薪、议价能力弱、安全保障弱和看病难、子女在外就学难、家中留守人员照顾难等问题，实现农民工"安心干"、企业"安心用"；促进"农民就业多元化"，让农民工能有更广的就业信息网络，享受更多的就业促进服务，获得更大的就业选择空间，切实营造农村剩余劳动力转移输出的良好氛围。推动城乡劳动力市场一体化建设，打造新型人力资本生态圈，促进"就业务工组织力提升"，实现从"政府要"到"我能够"的转变升级。

（二）强化涉农资金管理，提升投资运营收益率

要改变财政涉农资金"大水漫灌"的传统投入模式，合法合规集中部分财政涉农产业资金，集中投入到优势产业、优势项目、优势点位中，使财政资金的靶向目标更明晰、资金规模效益再提升，以特色优势农业产业项目的点位突破带动农业产业的面上发展。在"龙头企业+合作社"的传统结构上，进一步突出打造以项目为核心的组织结构，探索组建以实施农业产业项目为目的的特殊项目公司（即SPV产业项目公司），紧扣市场需求导向精心谋划项目，用"绣花"功夫选准主导产业、整合优势资源、做强经营主体，提升农业产业项目投资运营收益率。通过创新财政涉农产业资金投入，促进地方农投公司以项目为载体，与引进市场农业龙头企业、投贷银行进行合作，带动撬动更多社会资本、金融资本，争取省级农业现代化基金等支持农业产业，构建形成"农银企"产业发展共同体，实现农业产业从规划、设计、融资、建设到运营的一体化管理，确保为产业发展做好要素保障，为农民增收赋予长效动能。借助财政涉农资金集中投入的辐射影响作用，引导、吸引和带动更多的社会力量到农业农村事业发展中，进一步盘活资源存量、优化产业结构、创新运营模式，加快构建现代农业产业体系、生产体系、经营体系，发展现代高效农业，大抓农产品精深加工转化，提高农业质量效益和竞争力。通过集中资源努力打造"一县一业"，持续壮大农业特色优势产业，以点促面强化产业带动力，提高经营净收入。持续推动产业规模化、标准化、市场化、品牌化和农民利益最大化，不断提高产业对农民增收的造血能力。

（三）强化村级资源入市，提升集体经济增值性

要探索新型农村集体经济发展路径，建立农村集体资产监督管理服务体系，推动开展使用权抵押融资，加快盘活闲置低效资产，通过整合资源、招引市场主体、创新产业形态等方式，提高资源资产变现能力，释放巨大的增收潜力，切实让资产"活"起来。促进非农产业的发展需要土地

制度改革，要激活农村闲置的土地资源，给投资、创业提供地理空间，优先考虑激活农村闲置的宅基地和集体建设用地，改进这"两块地"的管理办法，支持农村集体经营性建设用地入市，鼓励农民采取自营、出租等方式利用闲置宅基地和闲置住宅。采取更加市场化的配置方式，在"沉睡"的土地资源上引来更多的新资本、新业态、新机遇，让农民群众更多从中获得收益，增加其财产性收入。要巩固提升农村集体产权制度改革成果，稳妥有序推进农村集体经营性建设用地入市，在不改变农村土地使用性质的前提下，允许农民采用亲情转包、地块互换、租赁经营、土地入股、反租倒包、能人代耕、公司承包和合作社带动等模式，实现农村土地适度规模经营。建立健全土地流转、公正仲裁、地价评估等制度，科学界定土地流转的补偿标准、利益分配和流转程序，使农村耕地承包经营物权化、长期化。优化农村土地资源配置，在尊重农民意愿的根底上，使土地经营权逐步向具有较高生产种植技术的专业化公司、专业协会和业主集中。

（四）强化收入数据统计，提升帮扶措施精准度

在户籍地的数据监测方面，深入细致做好农村劳动力人口就业监测服务，借助人力资本开发大数据平台，实现务工收入数据常态化管理。加大乡镇数据信息员的学习培训力度，扎实掌握疑点数据查询、比对、统计等监测方法，提高信息系统的操作能力，加强产业扶贫、帮扶措施、务工收入、人均收入等各方面数据信息监测，保证就业创收信息系统数据真实、准确，为下一步决策提供有效的数据支撑。结合户籍制度改革的信息平台建设，将在外务工经济收入数据同步分享给户籍所在地相关政府机构，以务工收入大数据的汇总让就业风向标更加清晰，让就业蓝海有更多人能进入，切实发挥大中城市的就业带动作用，面向农村居民开展订单、定向、定岗等有针对性的职业技能培训，不断提升农村居民的就业能力。以收入数据为切口深入分析外部劳务市场需求，有针对性地为农村劳动力提供完善的职业教育体系，与时俱进调整教学内容、教学管理方式、优化教学结构，确保农民工能够借助教育培训等活动真正进行自我提升，形成更高的

文化素养。同时，建议相关部门划分"在外经济收入数据"归属时，更加偏重经济上的联系，综合考虑"主要收入流向""固定住宅购买""家庭整体消费"等因素，采取户籍人口标准、常住人口标准并行的统计方式，全面展现农户家庭的经济收入支出情况。

（作者单位：安顺市委政研室）

乡村振兴背景下贵州民族地区乡村人才振兴困境与出路
——以镇宁布依族苗族自治县为例

◀何志浪

摘要： 乡村振兴，人才是第一资源。推进民族地区乡村人才振兴对于全面建设社会主义现代化国家意义重大。本文以镇宁布依族苗族自治县为研究对象，通过采取实地调查、发放问卷以及走访座谈等形式，发现镇宁自治县在乡村人才振兴方面存在以下问题，主要集中在农村青壮年人口流出较多、乡村劳动力文化水平还较低、乡村劳动力年龄结构不合理等主要问题。基于此，从引、育、培、留四个方面提出解决路径，为镇宁自治县乡村人才振兴奠定基础，以期为促进贵州其他少数民族地区乡村人才振兴提供参考。

关键词： 少数民族地区　人才振兴　乡村振兴

引言

少数民族地区既是脱贫攻坚的重点难点，同样也是乡村振兴的重点难点。推进少数民族地区乡村振兴，直接关系着乡村全面振兴的进度和效益，对推动我国农业全面升级、农村全面进步、农民全面发展，实现各族人民共同富裕，都具有十分重要的意义。然而，人才振兴是实现少数民族地区乡村振兴的关键所在，少数民族地区没有坚强的人才支撑，那么其产业、文化、组织和生态振兴将失去基础。2021年中共中央办公厅、国务院办公厅印发了《关于加快推进乡村人才振兴的意见》（以下简称《意见》），成为乡村人才振兴的指导意见，并指出乡村振兴关键在人。《意见》的出台为贵州民族地区乡村人才振兴提供了最直接的政策指引和指明了方向。当前，贵州正在全力以赴推动高质量发展，紧紧围绕"四新"主攻"四化"，深入贯彻落实新国发2号文件精神，持续推进巩固拓展脱贫攻坚成果与乡村振兴有效衔接，结合实际出台和制定促进乡村人才振兴的配套措施，取得了明显的成效，但是与乡村振兴目标还有差距。贵州民族地区乡村人才短缺影响到了乡村振兴战略的实施，这在偏远、落后的少数民族地区表现尤为明显。镇宁自治县是外出务工人数较多的县份之一。农民工外出务工增加了他们的经济收入，成为改善生活状况的一个重要途径，但大量农民工外出务工使得乡村在一定程度上出现了"空心化"和"老龄化"，这严重制约了农业农村现代化的发展。如何促进民族地区乡村人才振兴，这是当前镇宁自治县实施乡村振兴迫切需要解决的重大问题。

一、镇宁自治县的发展优势及人才需求现状

1.发展优势。镇宁自治县隶属于贵州省安顺市，全县总面积1717.29平方公里，下辖5个街道、7个镇、3个乡、目前总人口41.78万人，常住人口299696人。镇宁自治县拥有良好的区位、民族、气候优势。区位优势上：镇宁自治县距省会贵阳118公里，距安顺25公里，距黄果树机场20公里，距沪昆高铁安顺西站21公里；沪昆、都香、惠兴三条高速公路横贯南北，有9个高速公路出入口，拥有贵州离海最近的出海码头——坝草码头，黄百铁路镇宁站也即将开工建设，为促进产业现代化发展、实现"黔货出山"

提供了便捷的交通条件。民族优势上：镇宁自治县历史文化绚烂多姿，境内有被毛主席亲自点赞的马鞍山村，延续红军长征故事的"弄染结盟"陆瑞光故居、陆瑞光纪念馆、良田坝草渡口、板袍指挥所，被列为首批"中国少数民族特色村寨"的千年布依古寨高荡村，独具特色的打帮河流域原始森林和孟获屯、孔明塘等三国时期遗迹，是全国唯一一个完好保留布依族三个土语区的县区，被文化部评定为"中国民间文化艺术（蜡染）之乡"，布依族"铜鼓十二调""勒尤"被列入国家级非物质文化遗产名录，蒙正苗族"竹王崇拜"被列入省级非物质文化遗产代表作名录，蜡染、织锦独具特色，糍粑、花米饭、油团粑、八块鸡等民族特色美食成为招待八方来客的"标配"，"银城趣事"民族文化产业街区民族手工艺品聚群发展，"旅游+文化""旅游+农业"等产业极具有开发价值。气候优势上：镇宁县气候宜人，是安顺市唯一入选"2020中国夏季休闲百佳县市"的县（区），森林覆盖率高达65%以上，空气质量优良率常年保持在99%以上，饮用水源地水质达标率为100%，年平均气温16℃左右，适合发展休闲度假、康体养生产业，拥有2个国家4A级旅游景区和4个3A级风景区，2019年成功创建贵州省全域旅游示范区，2020年起连续两年荣获"中国县域旅游综合竞争力百强县"荣誉称号，举办了10余届贵州·镇宁黄果树国际半程马拉松赛并获评中国田径协会"金牌赛事"称号，夜郎洞景区获中国掷球基地称号。镇宁人居环境和投资环境日趋优化，小城镇、美丽乡村建设"多点开花"，路、水、电、气、通信和污水处理、公共停车等服务设施不断完善，"贵人服务"让投资者舒心安心省心放心，成功创建农村金融信用县、国家卫生城市、贵州省森林城市、贵州省园林县城、贵州省文明城市，是一片适合广大投资者投资兴业的热土。

2.乡村人才需求。乡村振兴的总要求是实现产业兴旺、生态宜居、乡风文明、治理有效、生活富裕。产业兴旺需要致富带头人以及新型职业农民；生态宜居需要乡村规划人才以及环境治理方面的人才；乡风文明需要乡村的文化传播人和传承人；治理有效需要乡村管理方面的人才；生活富裕需要教育、健康、医疗等方面的人才，这些都对乡村人才建设提出了更高的要求。当前镇宁县正在围绕"四新"主攻"四化"，深入贯彻落实新国发2号文件精神，着力在抓党建引领乡村振兴上下功夫，培养造就一支懂农业、爱农村、爱农民的"三农"工作队伍，制订和印发了《镇宁自治县人才培育计划方案》《镇宁自治县实施"瀑乡英才千人计划"的意见》《农村人才三年振兴计划》等，为巩固拓展脱贫攻坚成果与乡村振兴有效衔接和推动全县经济社会高质量发展提供坚实的人才支撑。目前镇宁自治县虽然在乡村人才振兴方面取得了一定的成效，但是仍面临着乡村人才短缺的困境，需要大量乡村人力资源注入。

二、镇宁自治县乡村人才振兴面临的困境

（一）农村青壮年人口流出较多

农民是乡村振兴的主要力量和重要主体。随着城镇化的推进以及城乡融合发展，农村青壮年人口率先进入城镇，找到工作安定下来之后，家里的其他人再跟随过去。这种农村青壮年人口流出的现象在镇宁自治县比较突出，特别是在边远的乡村，大量的农村青壮年向城镇转移，选择进城务工谋求生计，使得留在乡村的只有老人、妇女和儿童等特殊群体，这些外出务工的农村青壮年大多掌握某项专业技能或是相对文化素质较高，工作能力强。根据农业农村部对全国31个省（自治区、直辖市）6.8万个农村住户和7100个行政村的抽样调查，农村外出务工人员中，流出人才平均受教育水平、职业技能培训比率高于留守人员，且流出人员整体素质有逐渐上升趋势。

笔者通过对镇宁自治县10个乡镇（街道）发放调查问卷和实地调研（共发放调查问卷106份、收回106份，均为有效问卷，回收率100%）发现，近年来扁担山镇、革利乡、简嘎乡、六马镇、沙子乡、马厂镇、宁西街道、白马湖街道、双龙山街道等民族聚集地区农村青壮年外出务工人数

占了较大比例，而扁担山镇革老坟村的农村青壮年劳动力外出务工人数占全村人数的比例高达80%，其次是六马镇红旗村达48%（表1）。一方面，外出务工是增加他们收入的重要组成部分；另一方面，我们也看到了民族的众多成员冲破了以农耕文明为基本民族文化形态所形成的重农轻工、扬农抑商观念的束缚，他们坚定地走出了大山，走出田园，融入现代社会。导致此现象的原因主要在于一、二、三产业没有深度融合，农业附加值低，农村青壮年难以依靠农业这一产业实现增收致富。反之，城市就业机会较多，资源较为丰富，公共服务较为完善，各种收入都比在农村从事种植、养殖业收入高，而且较为稳定。乡村劳动力的减少，内生的人力资本就不足以支撑地区发展；产业无人参与、文化没有人去传承、经济无人去发展，人力资本不足，严重制约着乡村整体的发展进程。

表1　镇宁县部分乡镇（街道）外出务工人数

乡镇、街道	全村人数	外出务工人数	占总人数比例（%）
扁担山镇革老坟村	2482	1997	80
革利乡水牛坝村	2118	843	40
简嘎乡翁解村	1477	480	33
六马镇红旗村	1307	626	48
沙子乡落洼村	1031	350	34
马厂镇小河村	1328	570	43
江龙镇同康村	1994	765	38
宁西街道谐美小区	4900	2163	44
白马湖街道凉山村	1090	335	31
双龙山街道养马村	1897	398	21

（二）乡村劳动力文化水平还较低

现代农业的发展需要更多高素质、高层次、会管理、懂经营的人才。目前农村发展已进入一个新的发展水平，不再是看天吃饭、听天由命的时代，而是朝着集约化、产业化方向发展，过去那种传统的农业生产方式无法跟上经济社会迅速发展的步伐。乡村在产业、生态治理、乡风文明、治理有效及生活富裕等全方面振兴都需要专业技能人才提供保障,这是农业农村现代化发展的趋势,这就对农民的科学文化水平提出了更高的要求。从发放的106份调查问卷统计来看(图1),镇宁自治县部分乡镇(街道)乡村劳动力文化水平表现为学历不高,多以小学及以下学历为主体,人数为78人,占了调查总人数的74%;其次是中等教育人数有28人,占了调查总人数的26%。可以看出,乡村劳动力受教育程度不高,导致一定程度上在产业发展、乡村治理及带领村民致富能力方面眼光不够长远,不能够有思考地、创新地谋划乡村的发展。

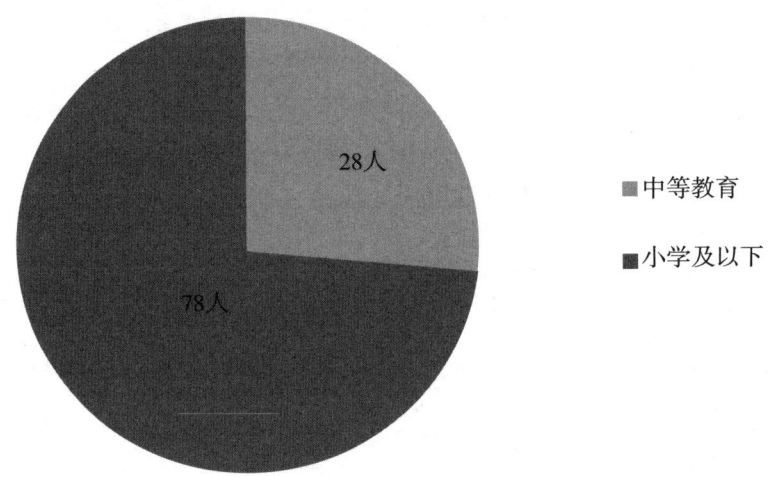

图1 镇宁县部分乡镇(街道)劳动力文化水平

(三)乡村劳动力年龄结构不合理

从镇宁自治县部分乡镇(街道)劳动力年龄结构(图2)可以看出,在乡村劳动力年龄结构上,19—40岁(包括40岁)的劳动力有11人,占调查总人数的10%,40—60岁的劳动力资源最多,占总的调查人数的65%,60岁以上劳动力占25%,40—60岁的劳动力占了调查人数的一半以上,由此数据能够看到乡村劳动力年龄结构相对偏老龄化,发展能力滞后,乡村后备人力资源匮乏。

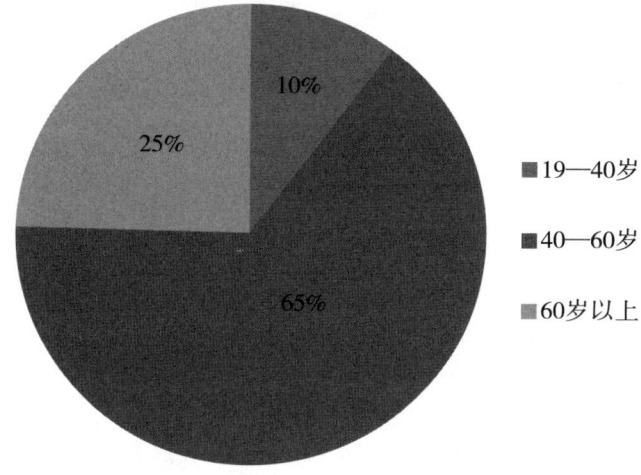

图2 镇宁自治县部分乡镇（街道）劳动力年龄结构

三、推动镇宁自治县乡村人才振兴路径

乡村振兴是一个系统工程，需要几代人的努力才能实现。人才则是实现乡村振兴的第一资源。面对镇宁自治县乡村人才振兴的困境，需要从引进来、沉下去和留得住三个环节构建起支撑乡村人才振兴的政策框架，全力发挥乡村人才振兴的支撑作用，促进产业振兴、文化振兴、组织振兴、生态振兴，最终实现乡村全面振兴。

（一）吸引城市各类人才下乡

为吸引城市各类人才下乡支持乡村，笔者认为，首先需要精准摸清全县各乡（镇）、街道、村的人才底数、分布和结构，在全县建立乡村振兴人才驿站，将县级和村级的人才按照省市人才分类标准，整合分类"党政、农村实用、企业经营管理、专业技术、技能"五类人才，将这些人才输入驿站库进行管理。其次，结合本地特色优势产业（比如樱桃、蜂糖李、火龙果、芒果、百香果）开发一批乡村振兴项目，吸引城市中各行各业的专业技术人才（包括企业家、专业学者、医生、教师、党政干部、电商人才等），让他们以下村包项、基层挂职、志愿服务、投资兴业等方式投身乡村建设。最后，政府部门应搭建好城市人才和龙头企业返乡创业的平台，为他们返乡投资创业提供资金和技术等方面政策支持，同时严格落实住房、医疗、教育、配偶就业等各项优惠政策，让他们留得放心、舒心，真正解决他们的后顾之忧。

（二）建立健全乡土人才与城市人才双向交流制度

一是要充分发挥县人才工作领导小组、县人才工作专班齐抓共管人才工作的作用，在充实完善镇宁自治县人才库的基础上，建立健全人才在区域内合理流动和双向交流制度，为人才交流提供便利，吸引更多的志愿者、大学毕业生和返乡务工人员返乡经商创业。二是要建立县人才服务中心和栖息地，定期交流座谈，为乡土人才和城市人才交流提供场所，同时在一定范围内公布乡土人才和城市人才联系方式和主打领域，让专家人才们可以自由联系、相互交流经验、共享工作成果。三是让城市人才定期服务乡村，吸引一批城市农业、科技、卫生、文化等领域的专业人才和志愿者定期到乡村开展志愿服务工作，利用城市人才为乡村振兴提供全面保障。四是应采取积极有效的措施吸引城市人才投身乡村建设，对于下乡支持乡村建设的人才，要采取物质奖励与精神奖励相结合的方式，与职务晋升、职称评审、工资待遇、体检休假等挂钩，让他们愿意扎根农村、服务基层。

（三）构建乡村人才的宜居环境

人才宜居环境包含有基础设施、生活质量、事业环境等，这些对乡村人才具有正相关的吸引力，提高和改善这些条件，能够进一步提升人才在乡村发展的概率。因此，首先需要加强乡村基础设施建设，政府要合理分配城乡基础设施资金投入，提高乡村基础设施的质量和数量，改善人才回乡的生产生活环境。其次，要推进城乡基本公共服务均等化，包括住房、养老、医疗等公共服务内容，推进乡村振兴，解决人才发展的后顾之忧。

再次，应大力开展乡村人才教育培训。人才知识和实践水平的提高离不开培训这一重要环节，政府部门应依托当地职业技术学校积极打造集教育培训、教学研究、学术交流和实践指导等一体的乡村振兴人才实训基地和乡村振兴培训学院，整合一些高校资源，开设农村实用人才培训，经培训后的后备人才，要积极推荐到村挂职。

（四）健全乡村人才激励和评价机制

为了更好地留住乡村建设人才，首先，需要坚持政府引导，在市场推动的情况下构建起适宜的乡村人才振兴激励机制，并不断优化。构建乡村人才激励机制，对于投身于乡村振兴一线的农业专业人才和乡村治理人才，要切实保障其最基本的物质生活，随着工作年限的增加以及所付出的劳动，不断地提升对于人才的基本待遇水平。其次，加强人才的专业认同感，采取人才职称制度，建立完善的乡村人才职称等级评定晋升系统，打通人才晋升渠道。政府应当正确认识人才在乡村发展中的重要作用，以及乡村环境人才发展条件，对于在生产一线、基层一线从事工作的人才应当提供特殊的关怀与支持，在福利待遇方面加大投入，制定一些利好政策，为乡村人才解除后顾之忧，为其全力参与乡村建设做好保障服务工作。应该为在乡村工作的人才资源建设一支覆盖领域较为全面的导师队伍，作为人才的智囊团队，给予资源、资金等方面的支持，加大引导人才智力下乡的力度。再次，需构建起城乡之间的人才对口服务机制，城市政府鼓励专业人才服务于乡村振兴，并给予全方位的人才利益保障机制，乡村地区要做好专业人才服务于乡村的基础工作和创造良好的条件。对于乡村人才的评价机制，也是人才队伍建设的一个重要方面。人才振兴是乡村振兴的关键，让人才安心扎根农村、充分发挥作用，就需要创新乡村人才评价机制，要建立灵活的乡村人才评价机制，树立重能力、重实践的评价导向，科学合理设置评价指标和评价方式。最后，建立职业水平、工作能力、岗位需求、作用水平全面评价的乡村人才评定体系，并注重评定结果的运用，充分发挥本地乡村人才、农业科技人才以及其他类型人才在推动乡村振兴中的支撑作用。

参考文献

[1]贺雪峰.关于实施乡村振兴战略的几个问题[J].南京农业大学学报（社会科学版），2018（03）:19-26.

[2]孙九霞，黄凯洁，王学基.基于地方实践的旅游发展与乡村振兴：逻辑与案例[J].旅游学刊，2020（03）19-26.

[3]高鸣等著.机遇与发展：乡村人才振兴的理论与政策[M].北京：中国农业出版社，2021.4（60）.

（作者单位：中共镇宁布依族苗族自治县委党校）

水源保护区乡村振兴发展的策略研究
——以夜郎湖新村为例

◀孙守红

摘要：随着党的十九大"乡村振兴"战略的提出，农业强、农村美、农民富成为我国乡村全面振兴的奋斗目标，不同区域、不同类型乡村均面临着生态化、产业化、现代化、合理化的更新发展新趋势与新挑战。夜郎湖作为安顺、普定两城主要城区的饮用水取水点，其在地区发展过程中的重要性不言而喻。然而我们发现在严格管控水源保护区的政策下，出现了一些制约夜郎湖周边乡村发展的问题。本文通过对夜郎湖水源保护区的保护发展问题进行初探，利用国内外类似的案例与理论分析，试图从保护区的目标定位、生态保护规划、水源保护规划、产业发展与合作、空间管制规划、居民点建设与引导等方面提出相应治理策略，为水源保护区的乡村振兴战略提供一定的理论探索。

关键词：乡村振兴　夜郎湖水源保护区　保护策略

一、总论

随着社会政治、经济的发展,关系到城市居民切身利益的饮水安全问题日益凸显,得到了广泛的关注。划定饮用水源保护区实行特别的管理保护措施,让保护区内的水质符合国家规定的水质标准得到了进一步重视。然而,随着乡村振兴战略的号角吹响,我们发现虽然政府在水源保护区做了大量的工作,并取得了一定的发展成就,但由于受地理条件、观念意识和自然资源总量的影响,一些饮用水源保护区与当地经济发展并不平衡,甚至产生了保护与发展、限制与突破、生产与生活严重冲突的问题。因此,及时对饮用水源保护区域制订科学合理的发展规划,坚持保护与发展并重的策略,才能建立起从根本上实现水源保护区乡村振兴的重要保障。近一年来,笔者参与到夜郎湖新村的乡村振兴发展研究,深深感受到了夜郎湖新村在水源保护的严格控制下,地区农业产业发展单一,环境生态薄弱,农民收入低下的发展困境。为此,本文通过对夜郎湖水源保护区的保护发展问题进行初探,利用国内外类似的案例与理论分析,试图从保护区的目标定位、生态保护规划、水源保护规划、产业发展与合作、空间管制规划、居民点建设与引导等方面提出相应治理策略,为水源保护区的乡村振兴战略提供一定的理论探索。

二、夜郎湖水源保护区的概述及其发展的优劣势分析

(一)夜郎湖水源保护区概述

夜郎湖又名梭筛水库,位于贵州省安顺市普定县境内三岔河中游地段,属湖库型饮用水源地,于1993年修筑梭筛水电站大坝而成。夜郎湖库长42公里,总库容4.2亿立方米,是集饮用、旅游、灌溉、发电、养殖及工业用水等功能为一体的人工湖。贵州省人民政府于2003年3月15日批准了夜郎湖饮用水源地一、二级保护区的划定,其中一级水源保护区面积5.6平方

公里，二级水源保护区面积16.8平方公里。

夜郎湖于1999年成为安顺市城乡居民的主要饮用水源地之后，当地政府及相关部门为加强夜郎湖水源地保护做了大量的基础性工作。省市也相继出台了诸多条例，加强夜郎湖水源地保护工作，诸如《贵州省夜郎湖水资源环境保护条例》《安顺市饮用水源地夜郎湖周边农村环境连片整治规划（2014—2020年）》《安顺市夜郎湖饮用水源地环境保护实施方案》等。为加强夜郎湖的管理与保护，普定县成立了夜郎湖管理处，专门负责对夜郎湖进行管理与治理。与此同时还成立了夜郎湖治安派出所，该派出所系贵州省的首个水上派出所，专司开展水源地的司法保护工作。通过划定饮用水源保护区、畜禽养殖禁（限）养区，修建了水源保护区各类警示标识，对水质进行常规监测等举措使夜郎湖水源地保护工作取得了一定的成效。

（二）夜郎湖水源保护区乡村振兴面临的劣势

第一，处于水源保护区，生态平衡与区域发展相互制约，发展受到限制，农村剩余劳动力多，经济凋敝。

2002年7月30日贵州省第九届人民代表大会常务委员会第二十九次会议通过《贵州省夜郎湖水资源环境保护条例》，并于2002年10月1日起实施。在2003年3月15日批准了夜郎湖饮用水源地一、二级保护区的划定，取水点位于普定县陈堡村梭筛组。根据调研，目前一级圈内的居民341户，1087人已全部完成搬迁。夜郎湖周边的村民大部分为夜郎湖形成以后的后靠移民，良田好土均在水下，仅剩的土地人均不足一亩且因退耕还林和前期产业结构调整的需要，绝大部分土地都已变成林草地、果园地。农业生产需要的劳动力逐渐减少，剩余劳动力较多，且受果树品种、上市季节、市场价格、自然灾害等因素影响，农民经济收入具有不稳定性。加之长江流域禁渔工作的开展，农民收入渠道越来越窄，而无必需的二、三产业来解决消化剩余劳动力，导致失业返贫现象不间断出现，致使农村安全稳定存在极大风险。

第二，水源保护区域准保护区内山地多，先天开发建设条件较差，再加上区域缺乏产业统筹规划，导致农村剩余劳动力数量大，耕地十分紧张，且大多数村寨土地后备资源缺乏，随着人口的增长和乡村建设的发展，人均耕地面积将呈持续下降的趋势。近年来的生态补偿还处于外部输血扶持的基本阶段，不能做到外部支持与内部自身造血机制的结合。如处理不好人地矛盾将在一定程度上制约乡村振兴的步伐和影响已取得水源保护成效。

以夜郎湖新村、坪上村为代表的村镇由于特殊的区位长期缺乏发展，导致区域中心长期发展滞后，不利于周边乡村的振兴发展，同时从长远来看也不利于水源地水源保护。

（三）夜郎湖水源保护区乡村振兴的优势

1.拥有丰富的自然资源和人文旅游资源

夜郎湖水源保护区内乡村拥有丰富的自然资源，周边自然环境优美，村寨及周围地区集山水风光于一体，具有"净水、净土、真自然"的意境，堪称山水人文大观。保护区旅游资源丰富，发展旅游业前景广阔，开发康养、旅游业可成为带动乡村振兴的重要力量。

夜郎湖水域山场广阔，水面大，形成了特殊的小气候，适宜林果业发展，是著名的鱼果之乡。现已有"梭筛桃""坪上冰脆李""地坝枇杷"等多个县内知名的品牌经果作物。

2.拥有321国道、414县道和仁望高速等公路交通网络骨架

夜郎湖水源保护区交通优势非常显著，其流域距普定县城区最近的不足5公里且交通便利，路况良好。321国道方便了普定县城、坪上镇、鸡场坡镇、织金县熊家场镇等城乡交通；仁望高速公路大大缩短湖区与贵阳、安顺的距离，可有效地解决大运量的康养、旅游度假、体育比赛及文化活动等客运交通。优越的交通条件为夜郎新村提供了高效率的交通网络骨架，为正在打响的乡村振兴战略奠定了坚实的基础。

三、国内外水源保护区可持续发展案例分析

（一）北京密云水库

概况：密云水库是亚洲最大的人工湖，有"燕山明珠"之称，位于北京市密云区北13公里处，燕山群山丘陵之中，建成于1960年9月，面积180平方公里，库容40亿立方米，平均水深30米，有两大入库河流，分别是白河和潮河。密云水库是首都北京最大的也是唯一的饮用水源供应地，年供水量10亿立方米左右。

管理机构：北京市密云水库管理处是北京市水利局直属单位，为密云水库正常运行提供管理保障，主要负责水利工程运行管理，水质监测，水文水资源资料收集与分析，水资源保护，防洪调度，供水。

水源保护措施：20世纪80年代中期，北京市公布《两库一渠保护条例》，规定密云水库流域禁止上水利工程以外的任何项目。在很短的时间内，50多家企业被关闭，80多个在建项目被停办。

2011年，为了确保密云水库不受污染，密云区还提出了护水、护河、护山、护林、护地、护环境的"六护"举措，成立了由7000名护林员、2000余名管水员和村级保洁员、300余名巾帼护绿队组成的环保队伍。

2014年，在水库周边，各镇组建了密云水库保水巡查队，各村也成立了保水员队伍，吸纳了1800多名本地居民，做到每85米库滨带就有1名村级保洁员，保洁员每天工作6个小时以上。为保证库区环境安全，密云区建设长398公里的围网，对水库实行封闭管理。封闭管理后，库区高程160米以下列为"水库一级保护区"，保护区内严禁垂钓、烧烤、游玩观光和无证捕捞等活动，严禁新建与水源保护无关的各类设施。同时，一级保护区区域内村庄将不允许接纳外来人口。

产业发展情况：经多年的水源保护，形成了密云优美的自然环境，库区空气中负氧离子含量高于市区40倍，空气质量常年保持在一级，密云水库也成为北京唯一无污染的饮用水源，水体质量达到可直接饮用的二级标

准。一级保护区区域外的密云水库山灵水秀，库旁的各式建筑隐现在青山绿水之中，恰似仙宫琼阁。水库白河大坝西北有一座海拔900多米高的山峰，名叫五座楼筑，有五座烽火台，气势雄浑、景象万千，引来游人如织。库区夏季平均气温低于市区3℃，使密云水库成为京东著名的旅游风景区之一。此外，密云水库还是北京著名的渔乡，有名菜"侉炖鱼"（用水库水炖的鲜鱼），还有豆腐粉条炖白菜干、炒卤水豆腐等农家菜。

（二）台湾翡翠水库

概况：翡翠水库于1987年兴建完成，为大台北地区500多万人提供饮用水，水质属于I类水，是台湾各大水库中最好的。翡翠水库集水区面积约303平方公里，涉及台北县石碇乡、坪林乡、双溪乡三个乡，其中坪林乡面积为17000余公顷。

管理机构：翡翠水管局负责水库运转和维护，经济部水利署台北水源特定区管理局负责上游水源区的管理维护。

水源保护措施：翡翠水库划分了19个子集水区进行治理规划。同时，收购私有土地，复旧造林；安置库区移民；治理污水下水道系统。翡翠水库还通过及时详细地调查和研究，制定生态补偿政策。

产业发展情况：主要发展生态茶叶种植产业。以茶文化、山水资源为优势，挖掘其他景观资源，形成生态休闲观光旅游业。贯穿"今天有水之日，当思明日无水之苦"的生态理念，开展一系列育苗护水、珍惜水源等活动，形成生态教育基地。

（三）日本琵琶湖

概况：琵琶湖是日本最大的淡水湖，提供的水源供日本东京和大阪等城市的1400多万人使用。日本的琵琶湖在经历了日本高度经济增长期片面的水资源开发利用阶段后，已转向开发利用与保护相结合的阶段。在琵琶湖的污染治理与生态修复过程中，不仅重视自然条件的改善，而且更加注重生态与环境的保护以及人口与资源、环境的协调发展，通过长期性战略规划的实施，实现了对琵琶湖的综合开发利用。

水源保护措施：以流域为单元进行综合整治——上游地区植树造林，封山固土，防止水土流失；中游地区疏浚河道，减少各种污染；湖周围地区加强水质检测，防止环境污染；下游用水地区重点节约用水，这样就达到了治山、治水和造林的综合治理。建立农村水污染处理系统；减少点源性污染，净化郊区雨水；监测河流水质的提高和流域环境的改善；治理泥沙污染；减少可降解有机污染物浓度，控制入流河流水质；进行森林修复和保护；修复河流和湖岸，以达到生态恢复、防洪和供水的目的；在琵琶湖入流两岸开展防护林项目，形成河两岸的森林带。

琵琶湖通过高标准的发展模式，既解决了湖区人民的生活问题，同时能够更好地实现水源保护区的生态保护，达到水源地区保护和发展和谐共融的状态。

四、夜郎湖水源保护区乡村振兴发展规划建议

夜郎湖域经济发展的关键是结合自身条件，通过促进农业及二、三产业基础设施的改善和产业结构的调整，提高经济效益，增强经济实力。

（一）生态环境优先保护

夜郎湖作为安顺、普定两城的水源保护地，保水是其重要任务，严格保护生态环境特别是水环境在夜郎湖未来的发展中尤为重要，必须予以优先考虑，因此在夜郎湖的发展过程中必须实行生态环境优先战略。

首先，在生态环境的建设与保护上，应修复地带性森林植被，提高山区植被覆盖率，提高山区生态屏障中的森林质量，继续开展小流域治理，重视整治水土污染源，严格保护水库流域湿地，加强野生动植物的保护，维护地区生物的多样性。

其次，在产业发展上要严格符合生态环境建设要求，加快产业结构调整，对污染型产业进行升级改造，倡导与生态环境发展相适应的生活生产

方式，提高人们的环境保护意识。

（二）完善健全乡村基础设施

基础设施建设不完善是夜郎湖保护区乡村社会经济发展的重要瓶颈，因此，健全基础设施建设是夜郎湖保护区乡村增加生产要素吸引力，提升区域竞争力的重要举措。

首先，要加快对外交通基础设施建设，促进夜郎湖与周边区域联系的便捷性。

其次，要加强村寨之间，尤其是各旅游景点及民俗村的交通、通信、给排水、供电、供暖等设施建设，全面改善旅游环境。

再次，要加强保护区内乡村电信基础设施建设，改善与区域内部和外部的信息联系。

最后，要加强保护区内乡村民族文化设施建设，全面提高居民的物质、精神文化生活水平。

（三）加快各村产业发展全面规划，大力发展分段生态农业

夜郎湖保护区乡村产业规划应以保护生态环境为主导，同时大力发展湖区经济，提高居民的生活水平，以发展促保护。由于不同地理段的水资源保护区分级保护要求不同，自然环境不同，所以发展条件也不同，因此，各级保护区内的村寨，应当选择适合本村寨特点的产业类型和发展模式。

各村寨可根据本寨的自然、人文地理特点，做好乡村的产业发展规划，目前可考虑的规划有：休闲渔业规划、林业及观光农业规划、湿地经济规划、生态旅游规划。

1.休闲渔业规划

休闲渔业是指人们劳逸结合的渔业活动方式。休闲渔业是把休闲观光、水族观赏等休闲活动与现代渔业方式有机结合起来，实现第一产业与第三产业的结合配置，以提高综合效益的一种新型渔业。规划休闲渔业园区形成五种形态，分别为：运动形态、体验形态、食鱼形态、游览形态、

教育文化形态。休闲渔业布局分为湖面养殖区、鱼塘养殖区、湿地养殖区、教育观赏区和文化展示区。休闲渔业的配套设施包括管理设施、服务设施、水质保障设施与生态保障设施。

2. 林业及观光农业规划

为维护良好的生态环境和持续的经济效益，规划水源保护区内应积极发展林业及观光农业。

林果业：在坡度不大（15—25度）的山腰地区发展林果业，一方面可形成生态区的良好景观，另一方面发展生态观光农业，增加农民的收入，可发展集休闲度假、体验农家丰收喜悦、生态旅游为一体的采摘业。建设沿321国道的休闲旅游产业带，沿321国道两侧种植具有绿化和经济双重价值的树种形成百里绿色走廊。围绕林果业大力加强水利基础设施建设，加大山区综合开发和农业内部产业结构调整的力度。坚持抓精品生产，坚持绿色、精品、名牌的发展方向，形成特色农业高效精品区。

生态经济林：在地形坡度大（25度以上）的区域发展生态经济林，此外，对已经开垦的土壤薄、产量低的农田和果园予以退耕还林、还草，提高森林覆盖率，减少水土流失以及对水质的污染。

观光农业：是指具有保护环境、美化生态环境和观光旅游等功能的农业。观光农业主要有以下几种形态：观光农园、农业公园、教育农园、森林公园、民俗观光村寨等。

3. 湿地经济规划

湿地具有极高的生态价值，对保持生物多样性具有非常重要的作用，是生物多样性丰富的重要地区和濒危鸟类、迁徙候鸟以及其他野生动物的栖息繁殖地，依赖湿地生存、繁衍的野生动植物极为丰富。湿地可降解污染物，保持水源水质。同时湿地可提供丰富的动植物产品，具有较强的经济效益。

规划在水源入口处设立湿地公园。依托湿地公园的建设，湿地表流种植水草、香蒲、菖蒲以及部分荷花、水莲，营造了湿地水生植被和湖滨植被带。

湿地可以发展莲藕种植，对莲藕进行深加工，延长产业链，增加产品附加值。在湿地水域可发展水产养殖业，进一步提高水面利用率，使水产养殖业走市场化、产业化、规范化、集约化、科学化的路子，提高周边居民的收入水平。

4. 生态旅游、康养规划

生态旅游、康养的目的是保护生态地区完整的自然和文化生态系统，参与者能够获得与众不同的经历，这种经历具有原始性、独特性的特点。生态旅游、康养强调旅游规模的小型化，可激发村民创业、就业，避免闲置房产成为农村资产闲置的同时，还能将旅游、康养发展限定在环境承受能力范围之内，这样有利于提高游人的观光质量，又不会对生态区环境造成大的破坏。

参考文献

[1]廖日红，李其军.密云水库流域可持续发展战略研究[J].中国水利，2003（08）:21-22+4.

[2]李锐，何彤慧.区域生态安全格局构建的基础理论与实践意义[J]安徽农业科学，2012, 40（10）:6113-6115

[3]林道辉，杨志峰.密云水库水环境保护与库区社会经济可持续发展研究[J].水科学进展，2000, VoL11, No.1:38-42

[4]潘章.国际经验对我国乡村振兴战略发展的启示[J].农业与技术，2020, 40（17）:156-157.

[5]徐美银.乡村振兴的国际经验与中国道路[J].农业经济，2020, 404（12）;32-34.

[6]王亦宁，双文元.国外饮用水水源地保护经验与启示[J].水利发展研究，2017（10）:88-93.

（作者单位：贵州省普定县第一中学）

县级人大代表践行乡村振兴战略问题调查与破解路径

◀兰定松

摘要：在实施乡村振兴战略中广大西部农村地区面临农村空心化的"四化"现象及"三留守"等问题，这亟须我国政府在顶层设计方面解决"谁来种地、如何种地、如何保障种地收入"等一系列问题。我国人大应加强和改进立法工作、监督法律实施工作、人大代表与群众联系工作来实现与乡村振兴战略有效衔接。通过县级党委、政府、人大、政协等相关职能部门参与实施乡村振兴战略，达到实现脱贫攻坚与乡村振兴有效衔接，科学有序推动乡村产业、人才、文化、生态和组织振兴。

关键词：县级人大　乡村振兴　破解路径

县级人民代表大会及其常务委员会属权力机关，县级人大代表分布除党政主要领导外，还覆盖基层的村支两委干部、行业精英、乡贤能人、行业代表等。现在，我国共有五级人大代表262万名，包括全国人大代表近3000名，省级人大代表2万名，设区的市级人大代表12万名，县级人大代表近60万名，乡级人大代表188万名。县级人大参与基层乡村振兴战略，是全面助推乡村振兴战略深入实施，为实现农村美、农业强、农民富而展开的义不容辞的责任，在乡村振兴战略实践中，其主要职责是监督、管理和制定地方性法规，在实践中做到参与不错位、监督不缺位。要确保乡村有人振兴、有地务农、有钱发展，需统筹国家资金、技术、政策等资源逐步向农村倾斜，积极谋划好基层乡村振兴战略，实现脱贫攻坚同乡村振兴有效衔接，科学有序推动乡村产业、人才、文化、生态和组织振兴，这就要求各级地方党委、政府、人大、政协等相关职能部门参与到乡村振兴战略中来，而县级人大的重要参与作用不容忽视。

一、县级人大代表参与乡村振兴战略的必要性

县级人大代表具有一定的代表性和很宽的行业覆盖面、较强的组织力，县人大应采取统筹推进，凝聚振兴合力，深入推进产业革命，强化示范引领，主动担当作为等方式参与乡村振兴。根据《中共全国人大常委会党组关于加强县乡人大工作和建设的若干意见》通知要求，结合乡村振兴战略实施的具体情况，县乡人大作为基层权力机关是我国贯彻落实政策的重要基础，也是充分保障实现基层民主的最重要形式。一是应充分发挥与人民群众之间的桥梁与纽带作用，对人民群众参与乡村振兴进行宣传引领，对政府开展乡村振兴进行监督发力，通过联通人民群众与政府之间的桥梁纽带发挥作用。二是承担更多乡村振兴的公共事务职能。在实施乡村振兴战略中，对政府在开展乡村振兴工作中的重大事项决定，预算和决算审查监督和法律实施监督领域内承担更多职能，具有地方立法权的设区的市级人大及民族地区人大在乡村振兴方面做好相关立法工作，确保乡村振兴战略开展有法可依。三是县级人大可将参与到乡村振兴中好的经验进行理论提升总结，将各地好的经验层面上升到制度层面，实现将地方经验总结到省级及国家层面，真正将县级人大参与到乡村振兴中好的经验及做法总结出来、推广出去。

首先，实施乡村振兴战略是基于我国新时代农村建设任务发生变化而进行的战略调整，在城乡发展差距有逐渐拉大趋势，一、二、三产业之间发展不平衡的情况下，确定选择需优先发展和解决农村、农业与农民

的"三农"问题。因此，在参与乡村振兴战略中，县级人大代表应充分发挥监督职能，如县级人大代表应提升乡村振兴思想意识，加强调查研究，强化履职，运用听取审议专项工作报告、执法检查、工作评议、专题视察、代表议案建议督办等多种方式进行监督，发挥作用助力乡村振兴。

其次，在我国实施的城镇化进程中，需秉承以城带乡，工业反哺农业，城镇发展助推乡村发展，而《乡村振兴促进法》中提出，各级人民政府应当协同推进乡村振兴战略和新型城镇化战略的实施，整体筹划城镇和乡村发展，这给城镇与乡村协同发展提供了法律依据，有利于实现发展中城乡齐头并进的良好局面。因此，县级人民代表大会要围绕中心工作，推动乡村振兴与城镇化进程，给予农村发展动力，使乡村实现在产业、人才、环境、收入等方面的振兴，实现县域城乡融合、农业高质高效、农村宜居宜业、农民富裕富足。

再次，新时期，基层人大承担着依法保障乡村振兴战略实施的重要职责使命，要立足新时代对人大代表工作提出的新要求，全面履行立法、监督、决定等职能，切实发挥好法治的引领和推动作用。县级人大行使好职权和任免权，把熟悉农村工作、热爱农村，有志于农村工作的有志青年干部选拔到农村一线任职，把在乡村振兴工作中真正具有代表性的代表推选到地方人大代表中来，使其真正服务于乡村振兴工作。

最后，县级人大代表参与乡村振兴，充分发挥好人大代表联络站的职责，调动地方各级人大参与到乡村振兴战略中来。因此，支持人大依法行使立法权、监督权、决定权、任免权，充分发挥县级人大代表联系群众的优势，通过基层人大代表联络站，使各级人大代表及其机关成为全面承担起宪法、法律赋予的各项职责的工作机关，成为同人民群众保持密切联系的代表机关，这是党对人大及其常委会职责职能定位的新要求。

二、学者对县级人大参与乡村振兴工作的关注点

实施乡村振兴的总目标就是"产业兴旺、生态宜居、乡风文明、治理

有效、生活富裕"。国内学者对地方人大参与乡村振兴从不同角度进行了阐述,如邱雪璐在《县乡人大在乡村治理中的地位与作用》一文中指出县乡人大作为我国基层的权力机关,应充分优化在乡村治理中的作用,通过对乡村振兴立法,使乡村振兴基层治理现代化,巩固党的执政地位。张治中在《发挥人大职能作用,保障乡村振兴战略有效实施》一文中指出,通过在乡村规划方面、粮食安全方面、农村新兴产业发展方面、农村改革方面、农牧产品高质量发展方面为乡村振兴战略有效实施提供法治保障,说明需从基层人大机关角度从战略层面实现乡村振兴战略中的基层有效治理。付秋梅、王添在《乡村振兴视域下乡镇人大代表参与乡村治理的履职效果研究——以广西兴业县C镇为例》一文中指出,在乡村振兴战略中,乡镇人大通过人大代表之家联系群众、通过专题调研会推进乡村治理工作,通过民声反映会推动群众所期所盼问题的解决,提出要提高农民代表的知情度、强化代表履职引导、通过宣传报道实现基层人大的影响力、优化农民代表履职环境等举措实现乡镇人大参与乡村治理能力提升和履职效果实现。这些措施可以使人大代表在乡村治理中实现更加有效嵌入。陈强在《乡村振兴战略实现的组织保障分析——基于主体角度的分析》一文中指出,在乡村振兴的各主体中,应以政府和党组织系统为主导,充分调动一切可能调动的主体参与到乡村振兴,构建乡村振兴大格局,从而为乡村振兴战略提供强大的组织保障。经过文献梳理发现,在推进乡村振兴战略中,县级人大代表主要是通过立法方式对乡村实施治理,为乡村振兴中乡村治理提供法治保障。在参与乡村振兴战略路径方面,县级人大通过人大代表之家联系群众,通过相关渠道推动解决群众所期所盼问题,提高农民代表的知情度和强化代表履职,扩大基层人大的影响力。在参与实施乡村振兴战略中,地方各级人大及人大代表应充分发挥权力机关及代表人民的优势,彰显制度优势与代表性,参与到乡村振兴战略中来。这对完善我国乡村振兴战略理论研究具有非常重要的作用,但对人大参与乡村振兴战略的研究大多是散见于各类报刊等新闻媒体,需研究人大机关、人大代表与乡村治理之间的联系，以及深层次更加有效嵌入，有必要对基层人大实施乡村振兴的理论逻辑、实践反思进行深入研究，通过学理上的研究及实践上的调查，更好地为人大代表参与乡村振兴提供相应参考。

总之，乡村振兴战略的全面实施各部门既需要各司其职，又需要协调配合，也需要各级党委、政府、人大等部门参与其中，其中人大代表的作用是不可或缺的。

三、县级人大代表参与乡村振兴战略问题反思

党的十九届五中全会强调"扎实推动共同富裕"，在描绘2035年基本实现社会主义现代化远景目标时，明确提出"全体人民共同富裕取得更为明显的实质性进展"。目前我国的城市发展快于农村，部分过剩产业及高污染企业逐步向农村转移，部分地区出现污水乱排放现象，乡村不再宜居，且农村基础设施薄弱，人才匮乏等局面，使农村农业产业的重要性不再凸显，县级人大参与乡村振兴过程中的认识不够、缺乏积极性、调研力度不够、实施监督不够等一系列问题导致农民参与的积极性和主动性有待加强。这就促使农村亟须实施乡村振兴战略振兴乡村，加强基础设施建设，实现农民增收致富，使农村不再成为我国实施乡村振兴的发展短板。

首先，部分县级人大代表对乡村振兴战略政策把握不准。部分县级人大代表只停留在常规工作的开展上，监督工作开展不到位，人大代表对乡村振兴的理解仅停留在字面上，如对乡村振兴中"产业兴旺、生态宜居、乡风文明、治理有效、生活富裕"的二十字方针仅停留在字面理解，没有真正学懂弄通相关精神，仅以文件传达文件，以学习替代履职。如部分县人大代表对乡村振兴政策缺乏深入了解，不熟悉政府工作，所提出的建议和议案未能达到政策高度而被否决的尴尬情况时有发生。部分县级人大代表认为乡村振兴仅为"把路修了，房子起了，垃圾扫了"。部分县级人大代表尤其是基层农村代表的素质和能力水平不能很好地适应新时代要求，不能很好地满足群众期盼，参与乡村振兴履职能力不足，代表作用发挥不

理想。部分县级人大代表以讲话代替文件，导致在执行中出现理解政策偏差，没有真正认识到实施乡村振兴战略是关系全面建设社会主义现代化国家的全局性、历史性任务，对实施乡村振兴战略以推进新时代"三农"工作的重大意义认识不到位。

其次，县级人大代表参与乡村振兴缺乏动力机制。人大代表参与乡村振兴缺乏动力，仅按照工作职责按部就班逐步推进，对工作没有创新、没有超前谋划布局意识。对乡村振兴调研缺乏针对性，部分农村人大代表虽然生长在农村，熟悉当地的农业生产方式、农村生活方式、农民思维方式，与当地农民沟通交流多，对家乡的建设和发展有强烈的期待和想法，但是在对乡村振兴战略的学习、执行、落实等方面存在差距，对本村的乡村振兴如何规划、如何因地制宜进行发展缺乏有针对性的调研及深入思考。在参与乡村振兴战略中知道人大代表的职责是监督，但是前期没有调研，工作中缺乏思考，导致人大代表在参与乡村振兴中工作被动。在对某县实施的地方人大代表参与实施乡村振兴调查问卷中，部分代表认为应加强对乡村振兴的调研，期待省级层面对乡村振兴做好顶层设计，尤其是对基层参与乡村振兴应有相应标准，不能大水漫灌式地实施乡村振兴。部分人大代表对乡村规划缺乏调研思考，履职监督不到位。部分人大代表认为部分乡镇的村寨规划缺乏超前意识，村级规划各自为政，未遵循村庄发展规律，未实行统一规划，存在有统一规划的又"一刀切"等现象，人大代表切入和监督不到位，导致村寨前期规划未落实到政府的统一规划中，出现了规划与政府乡村振兴战略发展相悖的情况。

再次，县级人大代表示范带动不够。在乡村振兴中，地方人大代表在乡村振兴系列活动中做了大量工作，取得了一定成效，但离上级党委、人大的要求还存在一定的差距，人大上下联动机制不够明显。部分人大代表在履职方面的主动性与积极性欠佳，如在乡村振兴中，有的认为自己仅把参加人代会和代表活动看作是"例行公事"，而未能将履职看作是行使人民当家作主的权利和责任。调研中，X县人大代表希望上级人大能够明确县级人大参与乡村振兴战略的职责。如农村人大代表参与到乡村治理，是对于乡村治理主体再造多了一个选择，他们这种参与更多的是一种情怀，时间久了，政策未跟上也导致其示范带动作用不明显，作为基层党支部书记及村主任也仅仅是五年任职期限，加之部分农村人大代表经济条件有限，素质不高，参与乡村振兴履职能力不足，代表作用发挥不理想。有的兼职人大代表由于自身工作较忙，在统筹兼顾上重岗位职责轻代表义务，沉下选区的时间少，参与乡村振兴难以形成常态。在对县区人大进行的调研中，部分人大代表对如何切入乡村振兴没有相关创新工作手段，宣传发动方面也存在"不会讲、不懂讲、讲不好"的问题；产业发展方面存在"规模小、技术缺"的问题；对农村迷信、陋习，大操大办存在"不好讲、也理解、讲面子"的问题，导致最终地方人大在示范带动方面作用不够明显，急需上级人大在参与方面出台相应标准，实现上下联动。

最后，县级人大代表参与振兴监督工作尺度不一。一是在组织人大代表参与监督工作时，对审议意见整改落实情况跟踪监督不够，对乡村振兴专题询问形成的整改建议跟踪监督不够，对人大代表监督和发现的问题未进行进一步跟进督查。二是在开展地方乡村振兴监督中，部分人大代表履职监督情况参差不齐，与新形势下乡村振兴战略的要求有差距，对县乡人大代表在乡村振兴中的监督职责没有相关要求和考核制度，导致县级人大在参与乡村振兴过程中人员不足、培训经费不足。在对县级人大参与实施乡村振兴访谈中，大部分地方人大代表认为，制约其履职的主要问题是对人大代表履职的培训经费不足，使其培训走过场，部分文化水平较低的人大代表对涉及项目建设问题缺乏相应知识，在监督过程中不懂监督和不会监督。同时，在县区编制较为紧张的情况下，县级人大"一人委"现象较为普遍，乡镇人大主席参与乡镇班子分工和其他事务，导致精力分散，参与人大工作的时间和精力严重不足，仅能通过每年召开人代会来进行监督，乡镇人大联络站工作人员经常更换甚至是兼职人员，导致县级人大代表在实施乡村振兴过程中存在监督不到位的问题。三是在实施乡村振兴战略中，没有县级人大代表监督职责相关办法，使人大代表对监督尺度不好把握。监督严了，影响基层政府的乡村振兴推动工作；监督松了，致使人大代表未能发挥好监督职责。部分人大代表认为乡村振兴战略实施的项目、资金都是省市下达到县或乡镇，作为下级人大不敢监督上级项目。

四、县级人大代表参与乡村振兴战略路径探析

县级人大机关作为基层国家权力机关，应充分用好政策，通过履职尽责，强化示范引领，贯彻落实《乡村振兴促进法》，因此，县级人大机关应引领其人大代表主动担当作为。对政府实施乡村振兴战略的具体工作进行监督，是坚持党的领导，推动党的决策部署落到实处的行动要求。发挥好代表示范作用，当好政策宣传员、监督员、联络员、引领员、战斗员，积极投身到建设乡村振兴的战斗一线，参与到乡村振兴的各项工作中来。

首先，县级人大代表应监督推进乡村振兴战略实施，助力乡村振兴。根据《中共中央、国务院关于实施乡村振兴战略的意见》，提出到2050年，乡村全面振兴，农业强、农村美、农民富全面实现。因此，县级人大站在新时期，应助推乡村振兴战略实施，提升代表的履职热情。一是思想上高度认识乡村振兴战略实施的重要性。乡村振兴战略实施是在新形势、新情况下贯彻落实好习近平新时代中国特色社会主义思想的具体表现，促进城乡一体发展的重要载体，有助于改善农村问题、解决农村发展和农民小康问题。坚持从实际出发、分类实施、循序渐进方式深入推进，以农村工作为中心、尊重农民主体地位，发展好农业。二是抓好对相关政策法规的学习，提升代表履职能力。首先，加强各级人大代表对中央、省、市、县（区）乡村振兴战略决策部署、文件政策法规学习宣传，如中共中央、国务院关于实施乡村振兴战略的意见，中共中央、国务院印发的《乡村振兴战略规划（2018—2022年）》，乡村振兴战略二十字方针，《乡村振兴促进法》，该省关于乡村振兴的部分地方性法规；如文明行为促进条例、村寨规划建设管理条例、该省农村宅基地管理办法等，坚定人大代表助力

乡村振兴战略的信心、决心，并熟悉掌握乡村振兴战略的各项政策、法律法规和工作业务。其次，县级财政在经费预算中，单列一笔培训经费，用于县级人大代表对抓好《乡村振兴促进法》及相关乡村振兴政策的学习培训。最后，拓宽代表学习培训渠道，把专家请到乡村振兴一线，以代表联络站为培训基地，强化基层人大代表现场培训，拓展培训内容，强化人大代表对政策法规的学习，对工作中遇到的问题进行答疑，进一步激发人大代表助力乡村振兴活力。三是明确县级人大参与乡村振兴职责。明确县级人大代表在乡村振兴中的职责，如常规工作、法律监督、工作监督、代表监督职责及权限，真正确保县级人大和人大代表参与到乡村振兴中来，发挥其作用。

其次，做好乡村振兴调研，规范县级人大代表履职。县级人大及其常委会要充分发挥代表主体作用，紧紧围绕乡村振兴战略开展人大代表调研、视察等活动，坚持问题导向，对乡村振兴中群众普遍关注的重点问题，综合运用视察调研、听取专项工作报告、执法检查、督办代表建议等多种方式，实施连续监督、跟踪监督，务求取得监督实效，推动政府相关工作开展。一是各地根据自身情况，由县人大及其常委会组织县区人大代表对乡村振兴进行视察、调研及执法专项检查等活动。如对当地的一、二、三产业发展进行专题调研，对相应的地域性农特产品实施专题调研和开展立法保护，确保产业的良性发展，能促使农民增收致富。二是通过人大代表联系选区、选民制度和包村包户帮扶工作机制，结合自身工作实际，明确人大代表走访时限、走访内容，大力宣传乡村振兴的各项政策文件及法律法规，深入典型乡村，有针对性进行专项调研后，形成调研报告。三是通过专项报告形式，对当地产业、政府工作、经济社会发展、环境治理等方面进行深入了解。四是对议案进行检查和督办代表建议，县级人大应对代表在两会提出的议案办理质量进行检查，督办代表在乡村振兴中好的意见及建议的贯彻落实情况。五是建立激励基层代表参与乡村振兴机制及做好上下联动机制。对参与乡村振兴的县级人大代表，要激励与鼓励其到基层任职，为其做好保障，免其后顾之忧。同时，上级人大机关做好对下级人大机关在乡村振兴方面的业务指导，强化在乡村振兴中的上下联动机制。

再次，强化基层人大代表履职宣传，发挥好代表的示范带动作用。一是提升人大代表参与乡村振兴战略的素养，加大培训力度，使多数人大代表熟悉了解农村政策、热爱农业农村，能够真正履职，促使在乡村振兴中做好相关的参与工作。二是促使地方人大成为乡村振兴的助推者。县区级人大代表示范引领，通过领导干部具体联系乡镇实施乡村振兴战略的统筹协调、督促指导、产业发展，通过人大代表引领地方"三变改革"。"三变改革"对发展壮大农村集体经济的作用及影响是当前研究的另一个重要方面。引领辖区人大代表成为行业中的行家里手和发展致富带头人，引领群众在乡村振兴中持续致富。人大代表应结合自身岗位、行业特长、发挥代表的资源优势，联系代表所在部门及相关行业代表进行交流，打破时空所限，充分发挥代表分布广的联系优势，实现对乡村振兴的引领作用，发挥联系"三农"专家、科技特派员的智库作用，积极投身乡村振兴工作，促进地方人大参与乡村振兴的项目、资金、技术、人才等方面的对接协调。三是发挥县级人大代表的文化指引作用。通过宣传乡村振兴方面知识，做到会讲、懂讲、讲好乡村振兴故事，充分运用好当地的道德讲堂、讲习所、农家书屋等载体，把乡村文化讲好，把传统文化讲透，打造乡风文明示范点，实现对乡民的归属感和认同感。四是做好人大履职常规工作与乡村振兴专项工作的有机结合，寻找在县级人大践行乡村振兴工作中的突破点与开展工作的亮点。

最后，强化履职保障，做好对乡村振兴的监督工作。在乡村振兴实施进程中，确保人大代表有充足时间及精力参与到乡村振兴工作中来，在每年人代会和调研活动前，做好调研和开展好监督工作。一是积极搭建平台，激发代表监督活力。采取"代表视察、代表小组活动、参与调研、参加工作审议、参与专题询问"等多种方式，有力推动乡村振兴工作开展。

二是对本辖区内的"十四五"规划执行情况、重大项目落实情况进行专题调研。检查政府产业发展的安排部署、财政预算落实情况、提高经济发展情况和落实情况。开展对乡村振兴重大事项的专题询问。三是形成县级人大代表助力乡村振兴监督机制及容错机制。通过机制建设，确保人大机关及人大代表参与到乡村振兴中来，在机制完善的前提下，通过平台监督及相关专项监督，确保在乡村振兴中从机制体制上推动重大事项权、立法权、监督权等在乡村振兴中发挥应有作用。对人大代表在乡村振兴过程中要有容错机制，通过人大机关与上级机关及纪检部门对接，对人大代表在乡村振兴过程中出现的问题要建立容错制度，让其能在乡村振兴过程中能充分履职。四是强化辖区内关于乡村振兴相关法规贯彻落实的专项检查，通过人民代表大会的监督约束等保障法律的实施，深入推进产业发展、生态宜居等相关要素的专题调研，了解合作社法、环境保护法、文明行为等一系列国家和地方性法规的贯彻落实情况。

五、结语

诚然，从乡村产业振兴到农村人居环境整治，从脱贫攻坚到农村基础设施建设，县级人大代表是联系基层群众最紧密的，是各个行业领域的"排头兵"，为产业发展作出了积极的贡献，在群众中拥有广泛的影响力和特别的说服力。县级人大及其常委会监督《乡村振兴促进法》及相关法律的实施；通过构建新型农业经营主体融资的法律机制体系，实施有效的机制保障，可以在一定程度上改善新型农业经营主体的融资困境；使基层人大落实法律责任、参与乡村振兴、提高站位高度与拓宽视野广度。因此，县级人大及其常委会要把思想和行动落实到党中央的统一部署上来，把监督"一府一委两院"工作同依法行使职权结合起来，强调监督实效，引领农村农业农民"三农"工作深入开展，为县级人大参与乡村振兴战略提供有力保障。

参考文献

[1]岳亮.人民代表大会制度是"中国之制"的伟大创造[EB/OL].（2021-03-05）[2022-04-28].http://www.china.com.cn/opinion2020/2021-03/05/content_77273864.shtml.

[2]张治中.发挥人大职能作用，保障乡村振兴战略有效实施[J].内蒙古人大，2019（8）:29.

[3]李芹.发挥人大职能作用、全力推进乡村振兴[J]山东人大工作，2019（12）：58.

[4]邱雪璐.县乡人大在乡村治理中的地位与作用[J].区域治理，2020（2）:94.

[5]张治中.发挥人大职能作用，保障乡村振兴战略有效实施[J]内蒙古人大，2019（8）：29-32.

[6]付秋梅，王添.乡村振兴视域下乡镇人大代表参与乡村治理的履职效果研究:以广西兴业县C镇为例[J].人大研究，2020（10）:32-34.

[7]陈强.乡村振兴战略实现的组织保障分析——基于主体角度的分析[J]劳动保障世界，2020（2）：27.

[8]商务部.中共中央国务院关于实施乡村振兴战略的意见[EB/OL].（2018-05-02）[2022-04-20].http://www.mofcom.gov.cn/article/zcfb/zcwg/201805/20180502738498.shtml.

[9]李芹.发挥人大职能作用、全力助推乡村振兴[J].山东人大工作，2019（12）:59.

[10]杨慧莲，刘培生.农村"三变"改革的内涵、实践、影响及扩散研究综述[J].六盘水师范学院学报，2021（4）:07.

[11]丁克.新型农业经营主体融资困境的内在逻辑与破解策略——基于扎根理论视角[J].六盘水师范学院学报，2021（3）:27.

（作者单位：安顺学院经管学院）

乡村振兴中公共文化建设存在问题与对策建议
——以安顺经济技术开发区为例

◀杨思荣

摘要： 乡村文化振兴是乡村振兴的前提与基础，同时乡村文化的振兴也是产业兴旺、生态宜居、乡风文明、治理有效的重要内容。城镇化的推进不可避免地对传统文化、乡村文化产生冲击，直接或间接导致了乡村文化的空心化和乡村精神的边缘化。只有切实维护城乡文化"和而不同"的精神秩序，准确把握供需平衡，遵循社会发展规律，根据农民的需求提供相应的文化服务，积极引导农民参与公共文化服务的需求表达，农村文化建设才能取得成功。

关键词： 乡村文化振兴　公共文化　乡村文明

一、基本情况

安顺经开区是1992年8月贵州省首批成立的三个省级开发区之一，2003年成为市委、市政府正县级派出机构，先后托管了西秀区的部分区域，现辖幺铺镇、宋旗镇、西航办、星光社区、春雷社区，共71个村居（其中47

个村，24个居委会），面积约170平方公里，常住人口30万。建成区面积42平方公里，占主城区的40%，城镇化率达88.41%，是城镇化建设的主战场，工业化发展的主阵地。多项重要经济指标从"十二五"挂末到现在仅次于西秀区，城镇、农村常住居民人均可支配收入分别为39557元、16053元。2017年，经过层层遴选，作为全国唯一的非建制县区成功申报"全国农村社区治理实验区"，2021年底高质量通过评估验收。2019年、2020年连续在全省73个省级开发区综合考核中位列第二，是当前贵州省3个重点培育的国家级开发区之一。

近年来，在各级领导及省、市文化专家的指导支持下，安顺经开区从文化沙漠变为文化绿洲。公共文化建设欣欣向荣，成为经济发展之魂，山城文化、红色文化、抗战文化、屯堡文化、民族文化、藤甲文化、乡贤文化、蜡染文化等，彰显了经开区经济发展的强劲势头。

在推进城镇化进程，经济高质量发展的同时，乡村振兴与公共文化建设是当前经开区面临的重要任务。文化振兴作为乡村振兴的重要组成部分，并贯穿于乡村振兴全过程。为乡村振兴提供精神食粮和文化滋养，乡村文化建设尤为重要，现就当前乡村振兴中文化建设亟待解决的一些问题谈谈意见和看法。

二、乡村文化建设存在的主要问题

（一）乡村文化建设规划不足，工作思路不清

近年来，安顺经开区经济发展快，城乡面貌新，公共文化服务设施也随之得到一定改善，挖掘整理建设了一批文化服务项目。如：阿歪寨、牛蹄、羊场、菖蒲一线的乡村振兴集成示范带，彰显了传统村落特色的民族文化，丰富了农民的生活。但总的来说，农民的文化需求仍大于文化供给，现有的公共文化服务和公共文化设施还不能满足农民的需要，总量不足。除了公共文化供给在量上的不足，还存在文化供给与农民的文化需求

不一致的问题，政府在公共文化供给上缺乏与农民的沟通，没有调查农民的真正需求，虽然提供了各种各样的文化服务，但是农民的利用率却很低，造成很多闲置和浪费。又因经费紧缺，人才匮乏等因素，文化管理部门组织不足，重视不够，未将乡村文化建设列入发展规划，乡村要如何建设没有思路，没有内容，没有项目，每年仅靠上级文化部门输血似的送文化下乡。

（二）乡村文化基础设施建设发展不平衡，经费投入不足

当前，安顺经开区农村公共文化建设经费主要来源于政府，资金来源单一。虽然经开区仍不断在增加公共文化资金投入，但目前乡村文化建设支出还是相对较低，农村文化资金投入相对城市来说更是不足，目前，经开区各村（居）虽然有文化书屋，但文化活动经费和图书购置经费仍是一个巨大缺口，有的村居甚至没有文化广场，存在无法落实国家要求配备的各项资金的情况，影响村（居）农村文化设施的作用和文化活动的开展。同时，各镇（办）文化站人员紧缺，没有人员去抓辖区乡村文化建设，有阵地的发挥不好，无设施、无阵地的没人去抓，文化信息、文化服务网络发挥不好，体育活动设施陈旧破损等，主要原因还是经费紧缺，村级党组织号召乡村居民自我修缮、自我服务不到位。

（三）乡村文化资源整合不够，品牌定位不准

近年来，在省市各级文化部门及文化名人的大力支持下，安顺经开区挖掘整理了一批具有文化特色内涵的品牌项目，彰显出经开区独特的文化魅力，但在村级层面除了阿歪寨、牛蹄村、清源村、三和苗寨外，其他各村没有很好地利用自身资源优势有创意地挖掘整理，吸引社会力量打造自己的品牌，区镇村没有认真统筹研究，重视不够。没有按照"一村一品牌，一村一特色"整合文化资源，村里有什么文化资源都不清楚；什么是乡村文化，乡村文化包含哪些也弄不清楚。没有有效整合资源，哪些村应该发展农耕文化，哪些村应该发展传承民俗文化，哪些村应该发展传统手

工艺文化等定位不准。

（四）乡村文化不断在削弱消融，文化生态不好

长期以来，乡村文化在一定人文自然风貌区域内，由人与社会之间、人与自然之间长期互动而统一形成的空间环境规范着，人与自然社会的关系结构是引领人们体现价值观的表现形式。

随着城镇化进程推进，城镇化转型给乡村带来先进思想观念和生活富裕的同时，也出现了生态环境恶化，传统邻里关系瓦解，社会安全感缺失的问题，大量青壮年流出务工，传统的生产生活方式和传统的节庆、风格、手工艺等失去了传承的土壤，乡村文化正在逐渐丧失其特有的精神内涵。加上受现代信息化发展的影响，比如：手机、网络等，村民逐渐失去乡村传统文化的爱好、兴趣，表现在积极性不高，不愿将传统文化保护传承，随着老一辈的离去，或者陆续搬离，而新生代又缺乏对文化的认同感，文化生态体系结构越来越不合理。

（五）乡风文明建设有待加强，陋习依然存在

农民的积极参与是农村文化建设的重要推动力，在城镇化建设发展的今天，农村居民的生活方式、价值观念发生了极大的改变，有些农民已习惯于"自娱自乐"，自己待在家里看电视或进行其他娱乐，即使逢年过节，也失去了原来好戏连台的农村社区公共文化氛围，代之以家庭为基本单位的娱乐活动，对公共文化服务体系建设的认知度不高，缺乏认同感，农民的文化参与意识较差，参与公共文化建设的热情不足，多数人认为公共文化建设与自己不相关，认为公共文化建设是政府的事情。如：在宜居乡村环境整治过程中存在"干部在干、群众在看"的现象，相当一部分村民存在思想滑坡等情况，靠要思想严重，参与乡村治理积极性不高，主动性差，还有相当一部分人认为文化建设与自己不相关，认为是政府应该管的事情，只有少数人认为文化建设需要靠全体村民。还有一些村（居）攀比之风盛行，婚丧嫁娶铺张浪费、封建迷信仍然存在。

三、推进乡村文化建设发展的意见建议

2022年中央一号文件提出发展推进乡村一二三产业深入融合，实施文化产业赋能，明确了乡村文化建设在助力乡村振兴中的重要意义。把乡村文化与乡村旅游深度融合，发展乡村经济才会更有生命力，因此要发展好经开区乡村文化建设就要做好以下几方面的工作。

（一）结合实际，做好乡村文化建设规划

一是完善制度设计。根据《中华人民共和国公共文化服务保障法》，研究出台支持乡村文化建设的政策，把乡村文化与农村精神文明列入村级经济发展规划，同时完善落实相应的财政保障机制，研究用好乡村老旧宅基地、老旧房屋改造的资源，出台外来投资产业引入机制。

二是保护发展地方特色文化资源。各地结合实际发挥好乡土人才、民间寨老、文艺爱好者的作用，充分挖掘有历史文化价值的传统村落，古民居、古遗址、古寺庙，传统节日文化、民族文化、非遗文化、农耕文化等，列入项目清单纳入发展规划。

三是做好"文化+"文章。充分把各地特色文化与乡村旅游、农业科技、自然生态、基础设施的深度融合形成互融、互通、协调一致的格局。

（二）加大投入，夯实乡村文化基础设施

多方筹集资金，村民投工投劳，解决乡村文化基础设施薄弱的问题，发挥镇（办）文化服务中心的作用，指导各村（居）维护好现有的农家书屋、广播电视、文化广场、体育健身设施，修建文化地标性的建筑物、构筑物，让乡村特色文化"活起来"。结合乡村振兴中亟须解决的村容村貌整治、街巷修缮整治、田园风貌整治等问题，使其表现出应有的自然文化特色。

（三）培养人才，壮大基层文化人才队伍

首先要发挥好基层党建的作用，通过抓好基层党建使基层党组织重视

乡村文化建设。充分调动村民参加文化活动的积极性，村级党组织要加强对党员和文化工作者的培养力度，提升其从事乡村文化工作的能力和水平。基层党组织要成为文化阵地建设的倡导者、传播者和弘扬者。其次是要依托各级文化团队、文艺工作者支持乡村文化建设，培训帮扶民间文体爱好者、乡土文化能人、中小学教师、各类文化传承人等，通过组建乡村文化艺术团体、文化志愿者队伍，利用乡村文化广场、文化活动中心开展各种民间传统节日活动，使其常态化、群众化。

（四）整合资源，找准乡村文化品牌定位

乡村文化资源丰富，可以划分为物质文化和非物质文化，按照这两种划分，物质类文化有古建筑、传统民宿、特色村巷、牌坊、遗址、古石墙、宗教场所、田园景观、河流、水库、山林、梯田等。非物质文化景观有饮食、服饰、传统农耕、宗教与祭祀活动、语言、节庆、庙会、婚丧风俗、价值观、传统人物、重要事件、神话传说、民间艺术、舞蹈、杂技、艺术作品等。围绕这些内容对照各村现有资源，有机结合，挖掘整合。广泛凝聚乡贤力量，鼓励退休干部、民间艺人和外来投资创业代表等回乡创业，为乡村文化发展建言献策，形成各具特色、优势互补的文化产业。依托辖区传统文化、非遗文化、民族文化、三线文化、红色文化打造一村一特色、一村一品牌的文化产业基地。

（五）革除陋习，树立树牢良好文明乡风

当前经开区乡风文明建设取得了一些成绩，如乡村环境卫生改变很大，酒席浪费得到一定遏制，但在生活习惯、村民价值观、家风家训等方面还存在不少问题，应通过加强宣传教育和中小学学生的科普知识教育及"小手拉大手"的方式让中小学生带动家庭来提高村民素质；通过新时代文明实践中心、站、所相互联动开展各种志愿服务活动，如利用院落讲堂、道德讲堂、政策宣讲、文艺宣讲等形式，提升村民文化意识、政治意识、思想认识、法律法规意识，树立新时代社会主义核心价值观。发挥村

民议事会、红白理事会等群众自治组织的作用，执行利用好村规民约，让村民自觉履行各项法律法规和规章制度，坚决杜绝封建迷信、滥办酒席、不尊不孝、赌博懒惰等不良行为。

（六）文旅融合，创新村民文化产业形式

结合乡村特色文化，把乡村旅游与乡村文化融合起来，共同发展。要从民间传统文学、传统音乐、传统舞蹈、传统戏剧、传统体育、传统美术、传统技艺等方面分类挖掘整理适合本土、展示本区文化的产业项目，对这些项目进行创作、策划、编制、生产、加工、经营、展示，形成地方特色产业文化项目，通过线上线下宣传推广吸引广大人民群众来参与体验，结合应有的自然风光，打造集旅游、观光、健身、康养等于一体的乡村文化旅游产业，既助力乡村振兴，又使文旅深度融合。

乡村文化的融入赋予了旅游发展新内涵，焕发了乡村新活力，乡村文化融入乡村自然景观，可以有效提升乡村资源的价值，提高乡村文化可视度，增强乡村之间的特色性、差异性。经开区阿歪寨、牛蹄的文化建设与乡村旅游深度融合就是一个活生生的例子，不仅利用好传统村落的优势，也深度挖掘融入了当地的历史文化、民族文化、三线文化，还引来了丰富的外来文化，创新了乡村文化产业的新模式。

（七）示范引领，结合实际创新乡村文化建设

近年来，安顺经开区立足实际，在乡村文化建设方面，将辖区内的山河苗寨、清源村的黄齐生故居、马厂村的露天温泉、磊跨村的阿歪寨藤甲兵和牛蹄的布依民俗风情及自然风光，以及羊场村的十里河廊等一批具有民族文化特色、历史文化特色、红色文化特色、自然风光特色的村寨，通过市场准入、公司运作、村集体参与、村民入股的形式，因地制宜发展乡村旅游、康养度假、民宿餐饮、农产品加工、特色文化产业的新业态，形成了乡村文化建设助力乡村振兴的典型示范。

经开区所辖村寨均属于城郊接合部，具有得天独厚的交通资源、市场

资源，各村要结合实际，积极探索改革创新。如用老宅基地股权退让，采取使用权流转的形式，可以合作经营，可以自主经营，盘活闲置宅基地。再如利用闲置集体资产、资源性资产、经营性资产、人文生态资产及村民手中的余钱，发展现代民宿产业，组建多方合作、市场运作、风险共担、资源共享的文化公司，实现资源变资产，资金变股金，村民变股民的"三变"改革。大胆探索引资融资渠道，改善村级街道、街巷基础设施。多方邀请文化名人名家到村寨考察调研，根据地方资源挖掘整理特色文化，并有序开发利用。

（作者单位：安顺经济技术开发区管理委员会专项工作委员会）

浅谈用好史志资源助推安顺乡村振兴

◀陈恩义　金艳

摘要： 史志工作承担着"存史、资政、育人""为党立言、为国存史、为民修志"重要使命，在新的起点上，如何立足新发展阶段、贯彻新发展理念、构建新发展格局，主动融入党和国家发展大局，在服务中心、服务社会的同时，让史志资源"立起来""热起来""活起来"，是当前赋予我们的新命题。以用好乡村史志资源为抓手，助推安顺乡村振兴"寻根""铸魂"工程，意义重大。

关键词： 党史　地方志　乡村振兴　传统村落

史志，在目前的社会环境中，从微观的角度来说，是历史和方志的统称。

历史，指对人类社会过去的事件和活动，以及对这些事件行为有系统的记录、研究和诠释。历史是客观存在的，无论文学家们如何书写历史，历史都以自己的方式存在，不可改变。党史，是历史的重要组成部分，指政党的历史，在我国就是中国共产党的历史，是中国共产党从1921年7月成立以来整个发展过程的全部历史。主要包括中国共产党历次代表大会的情况、党章的不断完善过程、党在各个不同时期的组织建设和发展状况、党领导全国各族人民进行革命和建设的发展历程和全部史实的记载。

方志，是指记述地方情况的史志。方志分门别类，取材宏富，是由史、书、志、记、录、传、图、经等各种不同体裁的书籍，互相渗透和逐渐融合而来的一种特定体裁的著作。具有"资治、教化、存史"三大功能。所谓资治是指，对于地方行政官吏来说，志书是施政必备之书，正所谓"治天下者以史为鉴，治郡国者以志为鉴"；所谓教化，是指志书不仅是"官书"，也是"百姓"生活必备之书，能够起到"扬善惩恶，表彰风化"的作用；所谓存史，是指志书具有"补史之缺、参史之错、详史之略、续史之无"的存史价值。

一、安顺市史志资源概况

安顺是一座历史悠久的城市，春秋时属牂牁国；战国时属夜郎国；秦属象郡之夜郎县和且兰县地；三国时期，属蜀汉益州牂牁郡之夜郎、且兰两县；晋代，分属益州牂牁、夜郎二郡之且兰、夜郎、广谈、谈指、谈乐等县；隋朝时期，先后属牂州、牂牁郡，辖宾化县，曾为东爨乌蛮所据；唐朝时期，先属谢氏牂牁国，后分属罗甸国和普宁郡王地；宋朝时期，今安顺市境西部大部属普宁郡王领地，部分属罗甸国，其中属普宁王的普里、普东二部有今普定、平坝、西秀一部及镇宁、紫云、关岭大部分，属罗甸国的有紫云、镇宁、关岭的东南部。元朝时期，改为普定府，领和宏、达安二州，隶云南行省曲靖宣慰司；明朝时期，置普定土府，仍沿领元朝时所辖四州一县，即安顺州、镇宁州、永宁州、习安州和普定县；清朝时期，顺治十五年（1658），将安顺区域纳入清国版图；民国时期，辛亥革命武昌首义成功，贵州响应，成立大汉贵州军政府；民国元年（1912）一月安顺成立军分府；1949年11月18日安顺解放，26日安顺行政督察专员公署成立，驻安顺；1952年，改称贵州省人民政府安顺专员公署；2000年6月23日，国务院批准撤销安顺地区和县级安顺市，设立地级安顺市。

安顺区位优势明显，自古得社会变革发展风气之先，近代以来，在实现民族独立、人民解放和中华民族伟大复兴的奋斗历程中，诞生了一批不畏艰难、追求真理、为社会主义事业矢志奋斗的仁人志士。新民主主义革命时期，在国家和民族生死存亡的危急关头，安顺涌现出了以王若飞、陈曾固等为代表的无产阶级革命家和以黄齐生等为代表的爱国民主人士，他们心系国家，心系民族，为新中国的成立立下了汗马功劳。第二次国内革命战争时期，彪炳人类史册的二万五千里长征经过紫云、西秀、镇宁三县区400余村寨，历时6天5夜，行程581公里，发生了"弄染结盟"等意义深远的重大事件，在安顺这片土地上撒下了革命的星火，留下了许多脍炙人口的故事和宝贵的红色遗产（如：至今清晰可见的紫云坝羊锅厂"红军是帮助干人的军队"等红军标语）。抗日战争和解放战争时期，八路军抗日英雄杨经国等一大批安顺优秀儿女为了中华民族的独立和解放献出了自己宝贵的生命；社会主义建设时期，安顺人民积极探索，勇于创新，镇宁县马鞍山村在全国最先探索"团结合作、敢闯敢试、互惠共赢"的"季节包工"新模式，被收入1956年出版的《中国农村的社会主义高潮》一书，得到毛主席点赞，并亲笔写下260余字的按语，在全国引起了不小的反响。1978年11月11日，《贵州日报》头版整版刊载《"定产到组"姓"社"不姓"资"》《定产到组超产奖励行之有效》，把关岭县顶云公社实行的"包产到户"推向农村改革的前列，"南顶云"与"北凤阳"一道拉开了中国农村改革的序幕。20世纪60年代，三线建设在全国范围轰轰烈烈开展，安顺成为三线建设的重点区域之一，以011基地为引领的一批军工企业落户安顺。改革开放初期，安顺以活跃的民营经济领航起跑，1988年被省委确定为"多种经济成分共生繁荣改革试验区"。党的十八大以来，安顺在奋发赶超中取得了新的成绩、书写了新的篇章，涌现出"塘约经验""大坝模式""兵支书"等一系列具有安顺特色的先进典型。

自2012年传统村落调查工作开展以来，安顺67个村庄列入中国传统村落名录，2018至2020年期间，高荡村、下坝村、阿歪寨村、鲍屯村、天龙村、五星村相继列入省级传统村落示范村，其中阿歪寨村列入住房城乡建设部"美好环境与幸福生活共同缔造"及"古村落空心化活化"课题研究，"阿歪寨'四主'机制积极推进'美好环境与幸福生活共同缔造'国家试点"项目入选贵州全面深化改革优秀案例；高荡村列入"十三五"国家重点研发计划课题（村寨适应性空间优化与民居性能提升技术研发及应用示范），圆满承办第八届安顺旅游产业发展大会；2021年，黄果树旅游区列入省级集中连片保护利用示范集聚区，"匠庐·春晓"荣获"中国民宿TOP50""贵州最具特色民宿客栈""2018年最具影响力品牌""安顺市十佳特色酒店"等称号，荣获中国第十二届外滩设计酒店大奖"年度小而美"奖及十二届奢华酒店与度假村论坛及GBE设计酒店大奖"最佳旅游目的地酒店奖"，成为贵州的"网红"民宿，成为全省传统民居活化利用的典范。

此外，安顺现有贵州省公布第一批革命文物14处。其中，全国重点文物保护单位3处，省级文物保护单位3处，市级文物保护单位2处，县级文物保护单位6处。爱国主义教育基地43处，其中，全国爱国主义教育基地1处，省级爱国主义教育基地11处，市级爱国主义教育基地31处。烈士纪念设施12处，其中，省级烈士纪念设施1处，市级烈士纪念设施1处，县级烈士纪念设施4处。红色旅游景区（3A级）1个。党史教育基地10个，包含重要历史事件和重要机构旧址、重要历史事件及人物活动纪念地、革命领导人故居、烈士墓和纪念设施等。有《安顺府志》《续修安顺府志》《安顺地区志》（第一、二、三、四卷）等综合性方志书籍，有《安顺市档案志》《安顺市教育志》等专门性方志书籍，组织编纂出版了《中国共产党历史知识500问》《党在安顺100年大事记》《安顺重要党史人物简介》《安顺红色遗址简介》《安顺长征记忆》《安顺抗战记忆》《安顺解放记忆》《安顺剿匪记忆》《党史中的安顺》等读物。

二、深刻认识史志资源在乡村振兴中的重要作用

（一）史志资源为安顺乡村振兴"寻根""铸魂"，是贯彻落实乡村振兴战略部署的重要抓手

"寻根"被誉为人类生死之外的第三种本能，国史、方志、家谱被誉为中国历史的三大基石，中华民族自有文字以来，历史的记载始终没有中断过。党的十九大以来，围绕乡村振兴战略，中央、省、市相继出台了一系列政策法规和文件，按照"产业兴旺、生态宜居、乡风文明、治理有效、生活富裕"的"二十字"总要求，对乡村全面振兴做出一系列重要部署，并开创性地将历史文化名镇名村、传统村落保护和乡村史志编修列入工作环节。2018年，中共中央和国务院印发《乡村振兴战略规划（2018—2022年）》，明确提出"实施农耕文化传承保护工程""划定乡村建设的历史文化保护线""实施乡村经济社会变迁物证征藏工程，鼓励乡村史志修编"。《乡村振兴促进法》强调要"加强对历史文化名镇名村、传统村落和乡村风貌、少数民族特色村寨的保护"。《安顺市国民经济和社会发展第十四个五年规划和二〇三五年远景目标纲要》指出要"深入挖掘安顺历史文化底蕴，充分展示安顺文化特色和本底，建立安顺优秀传统文化传承体系"。

著名作家冯骥才说："保护传统村落，就像保留母亲的照片。""每个村庄我们都不知道它的历史、风俗、文化，历史上我们从来没有盘点过。很多村庄没有村落史志，有的村庄可能有一部非常久远的历史，但是我们不知道。"近年来，伴随着城镇化浪潮的推进，寻根问祖、寻找乡愁、留住乡愁，成为各方共同关注的话题，民间自发兴起的修志建馆热潮日益高涨，修家谱、建祠堂、编村志、建史馆，在安顺的乡村也蔚然成风。安顺以历史文化传承、传统村落保护为重点，深入挖掘乡村史志资源，充分发挥乡村史志文化作用，为安顺乡村振兴"寻根""铸魂"，既是贯彻落实中央、省、市乡村振兴战略部署的必然要求，也是史志资

源"存史、资政、育人"的充分体现,对传承发展安顺优秀传统文化,弘扬时代新风,加强和改进乡村治理,提振乡村精气神,助力乡村振兴具有重要意义。

(二)史志资源为安顺乡村振兴"提神""醒脑",是引导乡村健康有序发展的精神食粮

中华传统文化主要扎根于乡村。村史、村志历来被视为"一村之全史"和"一村之全录",全面系统地记述了村落的自然、政治、经济、文化、社会的历史变迁和发展现状,具有传承历史文明、记录乡土文化、激发桑梓情怀等重要作用。乡村有古韵之悠,安顺很多乡村仍然保存着历史遗留的地域、民俗、礼仪、节庆、建筑等方面不同的风格,能令人感悟到其民俗民风、遗址文物等沉甸甸的历史积淀,蕴藏着独特的历史、地理、经济、人文等文化内涵,是先民留给后人巨大的物质财富和精神财富。随着社会的发展,世世代代的人们不断辛勤耕耘,用勤劳的双手谱写出乡村的美好乐章。通过建档纂志留住乡愁文化,为乡村振兴固根基、聚人心、谋发展,进一步坚定全市各族群众乡土文化自信,把乡愁文化贯穿于乡村振兴的各领域、全过程,留住人们的"乡愁"和美好记忆。为安顺营造出家风正、民风淳、政风清、党风优的社会新风尚提供资政建设参考,使之成为新时期乡村文明建设的基础和凝聚乡村振兴力量的基石。

(三)史志资源为安顺乡村振兴"存史""资政",是制定乡村发展路径的参谋助手

清末启蒙思想家龚自珍有一句名言:"欲知大道,必先为史。"意思是说,要掌握社会发展的"大道",必须首先研究蕴含着社会发展"大道"的历史。我们中国共产党已经走过了100年的历史,它改变了近现代中国历史的走向,随之也影响了整个世界。中国共产党从争取执政地位,到建设和发展新中国,再到改革开放和科学发展、建设中国特色社会主义,党的历史已成为全党宝贵的精神财富,成为中华民族历史文化的重要组成

部分。"以史为鉴,可以知兴替。"乡村史志资源的挖掘与研究,有利于了解乡村发展的历史和特色,为后世提供了解先人的途径,也是乡村发展规划制订的参谋助手。

三、发挥史志资源优势,深入助力安顺乡村振兴的模式与路径

党和国家相继颁布实施的《乡村振兴战略规划(2018—2022年)》《关于全面推进乡村振兴加快农业农村现代化的意见》以及《乡村振兴促进法》均明确提出:要"实施农耕文化传承保护工程""划定乡村建设的历史文化保护线""实施乡村经济社会变迁物证征藏工程,鼓励乡村史志修编""深入挖掘、继承创新优秀传统乡土文化……推动形成文明乡风、良好家风、淳朴民风"。把保护传承和开发利用乡村史志资源结合起来,为巩固脱贫攻坚成果,推进乡村振兴工作指明了方向。

我们的农耕文明有几千年的历史,中国的历史便是从村庄发展起来的。"农耕文明的最大特点在于多样性,而文化的多样性是我们深厚的资源。保护文化的多样性是我们的主要目的。"冯骥才说,"我们大部分的非物质文化遗产都在村庄,少数民族文化也基本都在农村里。如果我们农村的文化遗产没了,农村没有了,少数民族的文化也将遭受损失。"

(一)高度重视,保障传统文化的传承

分布在各地的一个个村落,既有其自然、人文景观,文化古迹,又有活跃于这一环境中的社会生活和民俗民风。要加强对这些文化的保护和传承,做好乡村史志挖掘是基础和必要的文化工程,有了村史村志,才能讲好乡村的故事。安顺市在挖掘乡村史志文化的过程中,要以推动镇、村史志编修为切入点,高度重视史志资源挖掘工作,系统梳理总结乡村发展改革历程,汇集乡村文化资源,展现地域文化特色,记录好农村的历史文化和现代文明。此外,要将乡村史志编修经费列入财政预算,实行专项资金

保障，切实推动镇村志编修全面持续健康发展。

（二）深入挖掘，多方位开展地情研究

传统村落是农耕文明的精髓和中华民族的根基，是一个区域内民族文化和情感记忆的载体与纽带，根植于传统村落中的乡愁文化则是城市精神文明的组成构件，亦是城市魅力之关键。作为喀斯特地貌集中地区的安顺市，各个传统村落之间的文化风俗和生活风俗因地理环境限制，得到了很好的保护和传承，具有各自鲜明的地域文化特点，比如当地苗族群众喜欢依山而住，布依族群众喜爱傍水而居等，形成了安顺乡愁文化丰富多元、体系自律、界限明晰的重要特征，截至2020年，安顺市有西秀区宁谷镇小呈堡村，七眼桥镇猴场村、雷屯村、本寨村，轿子山镇秀水村，新场布依族苗族乡花庆村石头组、勇江村勇克组，东屯乡高官居委会高官组、金山村山旗组，平坝区安平街道办事处大寨村，普定县马场镇云盘村，镇宁布依族苗族自治县丁旗街道办事处官寨村官寨组，紫云苗族布依族自治县格凸河镇格丼村，安顺经济技术开发区幺铺镇磊跨村歪寨组等67个（其中西秀区30个，平坝区13个，普定县4个，镇宁自治县6个，关岭自治县1个，紫云自治县5个，黄果树旅游区7个，安顺经开区1个）传统村落，是全省传统村落比较多的市州，每一个村庄的山河、物产、民间艺术、民族风俗、节庆活动等，都彰显着传统文化的鲜明标签，持续推进乡村志书编纂，留住乡音、乡风、乡思、乡愁，保留乡土文化记忆，全面记录乡村振兴的历程和成就，整理出版系列历史文化艺术、民间传说、文史方志、乡土文献、名人列传等研究专著和资料，充分发挥优秀传统文化在乡村振兴中的"铸魂聚心"作用，为乡村振兴发展提供坚实的文化内涵支撑。当前，特别要重点围绕新农村建设和乡村振兴，多出有价值、高水平的地情研究报告，努力做到服务当今与服务未来相结合，服务政治与服务经济相结合，服务领导与服务群众相结合。

（三）宣传推广，"盘活"史志文化资源

地域传统文化的知名度，在一定程度上，更多地在于一种氛围的营造。因此，要积极搭建传统文化的宣传、交流平台，推介安顺乡村传统文化，让国内外更多的人了解和喜欢安顺的乡村。充分发挥市、县、乡、村在开发红色资源、规划管理、宣传推广中的重要作用，进一步加强红色资源、红色文化的研究、开发和利用，着力推动红色资源开发和农村生态、休闲旅游融合发展，全面促进乡村旅游提质增效。也可借鉴国内有些地区的经验，开展历史文化名镇名村的评选活动，以更好地保护、继承和发展优秀历史文化资源，给地方带来文化、旅游上的收益。要大力开展读志用志活动，充分利用现有的丰富资料和中间成果，不断加大"互联网+史志"工作力度，为群众提供多层次、广覆盖的服务网络和高质量、低成本的服务产品。要根据社会不同层次的需求，充分利用新闻媒介、影视作品、教材读本、资政论坛等形式，开展丰富多彩的读志用志活动，打造出独具特色的史志文化服务品牌，从多角度、在多层面上为乡村振兴作出积极的贡献。

（作者单位：陈恩义，安顺市职业技术学院；金艳，安顺市史志办）

乡村振兴背景下贵州新型职业农民培育研究

◀刘金新

摘要： 新型职业农民培育一直是近十年来中央一号文件中反复提及的热点，贵州自2014年实行新型职业农民培育工程以来，取得了一些成效，但在具体工作中还存在诸多不足。如何精准培育和引导新型职业农民成为贵州乡村振兴背景下一个重要的课题，本文提出了注重发挥头雁效应，精准设定培育目标和培训内容，精确选择培育方式，加强东西部培训协作，树立和践行接续培育理念等相关建议。

关键词： 新型职业农民　培育　乡村振兴

自2012年起，几乎每年的中央一号文件都强调新型职业农民培育问题。从"大力培育新型职业农民"（2012年）、"培育新型农民和农村实用人才"（2013年）、"加大对新型职业农民教育培训力度"（2014年）、"大力培养新型职业农民"（2015年）、"重点围绕新型职业农民培育"（2017年）、"新型职业农民队伍建设亟须加强"（2018年），到"实施新型职业农民培育工程"（2019年），从"大力培养懂农业、爱农村、爱农民的'三农'工作队伍""培育高素质农民"到"实施高素质农民培育计划、乡村产业振兴带头人培育'头雁'项目"（2022年），这足以看出国家对新型职业农民培育问题的重视。

一、新型职业农民培育与乡村振兴的内在耦合

乡村振兴涉及产业、人才、文化、生态、组织五大方面，是重塑城乡关系、城乡融合发展背景下的农村全面振兴。党的十八大以来，中国进入了"四化同步"立体设计、多维结合，加快推动实现实施农业农村农民现代化目标的新阶段。无论从时间节点上，还是内容要求上，新型职业农民培育与乡村振兴都存在相互推进的关系。

（一）培育新型职业农民是乡村振兴的内在要求

新型职业农民培育是实现乡村振兴的重要途径。无论是农业现代化，还是新型工业化、新型城镇化，关键是人力资源的现代化及其有序高效流动。从农民到市民，从农业到工业，不只是身份的转变，也不仅是生产方式、生活方式的调整变革，更重要的是要通过人力资本投资培养新型职业农民，让他们接受现代文化教育，掌握高新技术、必备职业技能和现代管理运营能力，能够在农业、工业，农村、城市不同的市场体系中以优异的素质接受市场经济的熏陶与考验。培育职业农民，不仅有助于实现农业现代化和提升农村经济水平、公共服务水平，更有利于推进农村剩余劳动力的有效转移，促进农民就地就近市民化，减少进城务工人员的"半城市化""边缘化"现象，缓解城镇化压力，逐步缩减城乡二元差距，进而促进新型农业现代化、新型工业化和新型城镇化的协调持续发展。可见，新型职业农民培育是新形势下加快推进农业、农村、农民现代化，实现乡村振兴的重大战略部署，也是中国现代化进程中的主要内容和措施之一。

（二）乡村振兴有助于完善新型职业农民培育机制

与"美丽乡村"新农村建设的提法相比较，乡村振兴战略更强调农村的深层次改革，是以农业生产方式、农业资本要素概念、农产品市场意识、合作社管理手段、基层治理现代化为核心的新发展理念的体现。因

此，乡村振兴战略的必经路径是培育大量的新型职业农民，乡村振兴的实现标准即是新型职业农民培育的内在要求。以乡村振兴为契机和突破口，以乡村振兴优惠政策与措施助力新型职业农民培育，有助于转变农民的传统发展理念、摆脱传统生计方式，实现脱贫可持续，而且农民的农业生产技术和经营管理技能的提高，也为脱贫攻坚和乡村振兴的衔接提供了内生发展动力。

（三）新型职业农民培育是实现乡村振兴的重要途径

马克思、恩格斯认为，农业的现代化过程其实质就是农业商品经济代替自然经济的过程，就是实现农业社会化大生产，广泛应用现代科学技术、先进的生产资料和科学的经营方式、管理方法，有效整合各类生产要素，形成比较完善的产业链条，推进农业生产的科学化、标准化、协作化、规模化和集约化。而农民是发展现代农业的主体，农业现代化必然要求从业者适应现代化大生产的要求，掌握和使用先进的科学生产技术，掌握大规模生产的管理与运营方法，从传统的农民身份向"有文化、懂技术、会经营"的职业农民转变。

一方面，新型职业农民培育服务乡村振兴。通过教育培训明确新型农民在农业现代化建设中的主体地位，使他们摆脱传统小农意识，激发他们向科技要产量，培养他们依靠质量、品牌、市场、信誉自力更生的意识。另一方面，新型职业农民培育助力乡村振兴。终身学习平台的搭建，扩大了农民接受现代化教育，享受精准政策支持和技术帮扶机会，从而提升其知识素养、技能素养和信息素养，有助于转变他们的发展理念，提高其农业生产技术和家庭经济经营技能，实现其收入来源多样化、抗风险能力增强、家庭资产迅速增值的稳定致富目的。因此，新型职业农民培育是农民依靠自身内生能力实现致富的重要途径，是服务于乡村振兴的重要手段。

二、贵州新型职业农民培育的成效与不足

经过近十年的发展，贵州已培育了一批高素质的新型农业经营主体。但受历史、区位、社会等多方面、长期的影响，贵州欠发达地区的状况短期难以根本改变。全面发挥新型职业农民培育在助推贵州振兴乡村中的作用，仍任重道远。

（一）取得的成效

1.新型职业农民总量和质量均有提升

贵州农经网数据显示，2013年，贵州计划培育各类新型职业农民仅1800名。2014年，计划培育各类新型农民逾3万人，并且细化了三类型培育目标。2015年计划培育超过了3.5万人，而2016年和2017年计划培育人数又分别比上年有所减少，但也都在2.5万人左右。2018年，贵州的新型职业农民培育进入分层次推进、分类型培育的精准化阶段，计划培育新型职业农民不少于5万人。贵州计划在2019—2022年每年开展农民综合素质提升培训人次1000万以上，以实现农民群众全覆盖。

2.初步形成了比较系统的新型职业农民培育制度体系

从2014年开始，贵州全面实施新型职业农民培育工作，计划每年安排1000万元财政配套资金用于支持扩大全省新型职业农民培育规模。贵州各地在培育工作中，紧紧围绕主导产业、重点项目、农业园区、推广体系、农村改革等农业农村中心工作，落实"分阶段、重实训、参与式"培养模式，积极探索构建"教育培训+认定管理+政策扶持"培育制度体系，较好地实现了从"培训"到"培育"的有效转变。新型职业农民培育工作启动以来，省委、省政府将新型职业农民工作纳入全省民生工程进行目标考核。贵州省1个示范市（六盘水市）、48个示范县均成立了以县领导为组长的工作领导小组，以确保项目统筹实施。

3.探索出了一些可推广的新型职业农民培育模式

如"1+1+1=益"的凤冈模式。凤冈县探索出了教育培训、跟踪服务、

政策扶持三位一体的模式。经过实践，该模式被认定为适用于贵州山区，已于2015年起在全省范围内推广。再如，按照多层次，采取多形式的培训方式，建立农民实训基地，进行全程跟踪服务的思南模式；短期培训，长期支持的石阡模式；"产+校+园（社、企）"一体的盘州市模式等。这些模式的探索和实践，不仅推动了全省的新型职业农民培育工作，而且促进了本地区农业现代化的发展，取得了良好效果。

（二）存在的不足

实地调研结果显示，受历史、区位、社会、文化等多方面、长期的影响，贵州属于欠发达省区的状况短期难以根本改变。贵州省在新型职业农民助推乡村振兴战略方面仍有很大差距。

1.培育进度慢、总量少

根据贵州农经网数据，2013—2017年贵州省新型职业农民培育任务共计12.0485万人。但资料显示，2013—2017年贵州新型职业农民培育人数并未按原定计划进行。譬如，贵州省农委在2013—2017年全省农业工作情况总结中指出，贵州"懂农业、爱农村、爱农民"的农业农村人才队伍培养步伐不断加快，累计培育新型职业农民10.1万人。2016年贵州培训新型职业农民1.14万人。从2018年起，每年将培育新型职业农民5万人以上。依据上述数据，仅2016年贵州省新型职业农民实际培育人数就比计划人数少1.36万人。

2.精准培育度不高

和中国其他农村地区情形大致一样，贵州农村地区的青壮年劳动力倾向于城市务工。贵州农村的农业经营者大致可分为四类：第一类是携带城市资本下乡的农业经营者；第二类是返乡创业大学生、农民工；第三类是候鸟型农民，即农忙务农、农闲务工的兼业型农民；第四类是生产生活领域囿于农村，以务农为第一生计来源的农民。第一类、第二类农村农业经营者属于稀缺资源。第三类、第四类农民是当前贵州农村从事农业经营的主要群体，但第四类农民年龄普遍较大，文化程度偏低，以传统种植为主，种地的主要目的也并不是获取高回报农业利润。显然，按照新型职业农民培育人选条件，文化技能水平偏低、无特色产业潜能，尤其年龄偏大的农民往往不在这些新型主体之列，但这类农民却是当前农村务农的主体力量。在城乡二元结构未有实质性改变情况下，农民向农村回流的情况不会很快出现，全面建成小康社会，并开启第一个15年现代化建设进程的任务迫在眉睫，因此，贵州除重点培养具备新型职业农民特质的农民精英外，还应从年龄虽然偏大，但却具有开发潜质的留守农民中分批次选拔培养。

乡村振兴战略下贵州新型职业农民培育工作包含三方面内容：一是根据每年农业农村部、财政部的"大专项+任务清单"测算全省新型职业农民培养任务，然后按照层级培训原则将任务划分到市县；二是各地依据主导产业、培训对象的受教育程度确定培训重点人群与培训班次；三是新型职业农民培育完成情况的考核与验收。新型职业农民培育任务的考核，主要看达到新型职业农民基本条件的农民数量及增长情况，以及培训后因技能提高、就业领域扩大带来的收入增长情况。

3.新型职业农民对乡村振兴贡献不力

调研中发现，农民普遍对新型职业农民培育工作知之甚少。在问及"您知道新型职业农民吗？"时，多数农民表示不了解，部分农民则认为新型职业农民就是咱老百姓，是上面的提法不同而已，只有极少数人表示，听说过，知道有人去培训过，还得到过一定补贴。从调研中可以看出，农民对新型职业农民这一新兴职业缺乏基本的认知。在问及"您认为当地的农业大户在本地乡村振兴方面发挥作用如何"时，有将近一半的被访者坦言，发挥的作用不大，农业大户主要是自己得到了好处，而且农民土地流转的资金不能及时发放到农户手中，有的农户仅仅得到了第一年的土地经营权流转补偿费而已。当前新型职业农民对乡村振兴的贡献力还有很大提升空间。

4.农民职业教育培育体系不能与时俱进

首先,培育理念守旧,定位不能满足乡村振兴要求。培训尚未精准对准农业农村农民现代化目标需求,在培训理念上主要是强化农业技能的实训,而不是引领农民思想观念的根本性变革,譬如没有把终身学习理念、邻里互助、人文关怀等内容嵌入学习之中。

其次,培育方式过于单一,不能针对农民个体因材施教。培育方式仍主要以县区、乡镇集中的大班课堂授课为主,教学方式方法缺少灵活性,师生之间缺乏有效互动,农民家庭经营的复杂性、个体性和差异性得不到反映和体现。与农民种养直接相关,便捷解决问题的田间地头指导、跟踪服务、现场教学等体现精准培育理念的田间学校教学模式还未广泛建立,往往使培训陷入农民被动接受、似懂非懂,听着有道理、回去不能解决现实问题的尴尬境地,培训效果不理想。

再次,教学内容刻板,尚不能满足实际需求。教材多以农业农村部开发教材为主,造成培训培育技术与当地产业发展匹配性不够。譬如,2019年贵州省培育服务产业发展的技能型新型职业农民中,精品水果产业的占32.3%、蔬菜产业的占25.4%、生态畜牧业的占16.7%、茶叶产业的占9.8%,与其重点特色优势产业发展实际不完全匹配,难以满足部分区域发展特色产业的精准需求。

最后,培训机构相对较少、师资力量薄弱。"专门机构+多方资源+市场主体"的组织服务体系没有全面形成,而且企业等市场主体参与培育工程的积极性不高,难以满足年度5万人以上的精准培育需求。另外,信息化平台运用率不高,贵州省在农业农村部开发的全国农业科教云平台的入库对象有50923人,培训学员每天上线率仅50—80人左右,占全国总数的3.2%。信息化利用率不高,省级信息化平台建设相对缓慢,作用有待进一步发挥。

三、乡村振兴战略背景下推进贵州新型职业农民培育的着力点

区域规划科学，有效结合乡村优势资源，与农户利益、兴趣、家庭资产、现时或未来职业直接相关，且培训费用与培训收益成正比增长的教育培育，才能称得上是有效率、有积极成效的培训。贵州省新型职业农民培育工作取得了一定成绩，也积累了部分经验，但却将一般性培训经验移植到乡村振兴领域，导致思路不清。贵州应以农业职业人才的振兴为突破口，深化农村综合性改革，增加培训规模，转人力资源优势为人力资本优势，逐步缩小与发达省份的发展差距，并为后发赶超战略目标的实现储备高质量的农业产业人才。

（一）培育思路的精准化

贵州的优势之一在于农村人力资源比较充沛，适合种植中药材等经济作物。在有限的经费投入下，围绕主导产业提高培育质量，把他们作为振兴乡村的领头雁，发挥其示范引领作用，逐次递进带动周边农民农业农村的现代化，是立足贵州省情，实现贵州乡村振兴的重要途径。

1.精确摸底各地整体发展状况

精准识别市情、区情、县情、乡情、村情是开展乡村振兴工作的前提。资源稀缺产生了资源配置的需要，掌握稀缺资源的市场主体，就具备了在竞争中获得比较优势的可能。因此，组织农户参与新型职业农民培育的基础性工作，首先是开展本地区与周边区域现有产业分布及资源的整体性摸底调研，重点掌握本区特色资源分布、主导产业发展规划、农业规模化程度、合作社发育状况，以及与之相关的本地产销市场容量、就业市场容量。

2.科学谋篇布局

新型职业农民培育科学规划的要义，一是根据贵州培训任务总量分解到各市的任务清单要科学规划，不能一味依据省内各市区农业人口总量按

比例分配，而是应以当地农业资源类别与丰裕程度、集约化规模与先进农机具普及程度、劳动力流动状况、农产品加工交易市场发育程度为基本依据确定培训指标，照顾重点、兼顾一般。二是职业化培育体系的设计，应尽可能提供形式不一、层次多样、大中小型产业项目培训相结合的职业化培育体系。三是以乡镇片区为基本单元，规划集中培训和田间教学的基本单元。距离太远，农民参加培训困难，尤其农忙季节，更是无暇参加，而且田间指导也做不到及时。距离太近，技术指导的需求与目前专业技术人员短缺的矛盾会更加突出，而且因产业容易趋同，培训内容相似，导致农民参与培训的兴趣下降。

3.注重发挥头雁效应

"头雁效应"就是要发挥好关键少数的示范作用，通过"头雁"的率先垂范与潜移默化地"说服"来影响更多的人跟进，从而把工作一项一项地落实好。贵州在新型职业农民培育经费投入总量不足情况下，着重发挥已有新型职业农民的"头雁"作用，是贵州面对省情总体欠发达状况短期难以改变与培育任务紧之间的理性选择。因此，在县（区）域、乡镇域内，选择存在先天自然资源、人力资源优势的一个或几个村，重点培育建立一个产教融合的实践观摩教育基地，能起到立竿见影的效果。反之，一村一品，一村一个教学点，农村全员参与、大水漫灌式的教学点布局，不但浪费资源，也容易因流于形式导致农民丧失参与培训的积极性。

（二）增量提质相结合

贵州省在加大培养返乡创业农民、退伍军人、大学生农村创业者为新型职业农民并发挥其先发优势的同时，更多地将一般性农户列入培育行列，做好新型职业农民提质和普通农民培育增量衔接工作，实现双管齐下。

1.拓宽培育对象，实现增量扩大

2018年起，贵州计划每年培训新型职业农民不少于5万人。2018年末，贵州乡村常住人口1889.28万人，农村就业人员1113.21万人，已经接受新型职业农民培育的大约20万人，即贵州还有1800多万乡村常住人口，1100万左右的农村就业人员未接受新型职业农民培训。加快贵州乡村振兴的着力点之一就是扩大新型职业农民培育规模，让更多的农民首先获得初级职业培训。

2.递进教育，巩固培育成果

与全国情况类似，近年来，贵州农民的职业转型也在加快。第一类是从事传统农作物、家畜养殖和种养的小农户，生产方式传统，农作物附加值较低，从业者主要是留守的老年人。第二类是兼业型农户，家庭无资金和技术储备，种地仅能满足日常生活需要，家庭主要劳动力农忙务农，农闲到城市务工。第三类是将土地流转给合作社，在合作社务工取得工资性收入，并凭借股份领取合作社分红收益的农民，与此对应，部分农民获得企业管理者或农业经营者身份。第四类是家庭农场主，以自有土地、房产，或租用其他农户土地，举办农旅结合的庭院经济体，或立体化种养的家庭农场。贵州新型职业农民的培育对象主要是上述第三类和第四类农业职业群体，已取得了一定成绩，但需要提质。为此，应参考德国的五级职业农民资格认定，实施循环培养和递进教育，不断巩固已有的培育成果。

（三）优化培育模式

1.精确识别农户家庭基本信息

开展新型职业农民培训，除以贵州省第三次全国农业普查主要数据和贵州每年的国民经济和社会发展统计公报为参考，更重要的是缩小统计范围，提高统计的针对性，依据家庭资产状况对职业农民进行更精准的培训分类。为此，应深入农户了解他们实际占有的农田林地、农耕机具、灌溉设备、运输工具等家庭资产，还有劳动力构成、家庭负担比，以及亲朋好友、帮扶单位等家庭社会资源。农户家庭资产状况调查的直接目的在于根据资产资源实际情况，设置有的放矢、因地制宜、精准性更强的职业教育培训内容。如以种植、养殖为主业，有一定资产基础，家庭负担比较轻的农户，可以通过典型基地的实训，引领他们学习先进科学技术，引导他们由传统种植发展到现代种植养殖，实现经济行为的多样化，从而达到持续增收的目的。

2.精准设定培育目标

把农民培育成哪种类型的新型职业农民，是实施新型职业农民培育首先要考虑的问题，精准设定培育目标是精准创新培育模式的第一步。如因旅游专业技能型人才缺乏，贵州丰富的旅游资源并未为依托经典旅游景点的乡村旅游带来多大收益。所以，贵州新型职业农民培育的整体目标需朝增加农业科技能手、旅游服务人才、农旅结合家庭农场技能型人才这个方向努力。然而，具体到不同的家庭，无论是受家庭现有资产积累的影响，还是负担比影响，抑或是受传统小农意识的影响，他们更容易接受看得见、能力可及的阶段性培训目标。因此，分层次设置培训目标，分阶段提供与目标匹配的培训内容，是关键的一步，体现了分类施策的精准性要求。精准设定培育目标因体现实事求是原则，使得培训针对性更强，而且培训兼具现代农业意识、先进实用农业技术、现代乡村文明内容，更受农村青年劳动力垂青。

3.精准设计培训内容

因中国农村地区区域空间差异特征明显，中央层面的新型职业农民培育规范更多地倾向于提出原则性的指导意见，制定宏观的标准化流程，难以周全兼顾微观层面各地、各乡村、个别农户的实际差异性。因此，各地应先摸清农户发展需求的差异性，广泛征求农民的培训诉求，设计实事求是的培训目标，然后在农业农村部开发教材的基础上，编制特色"本土教材"。在教学内容上要因产施培、因岗定培，使培训培育技术与乡村资源相适应，与当地产业发展定位相匹配，与农民现有家庭资产、文化水平、生活负担比、生产经营特长、生活习惯、可及的政策与资金支持，以及所在村的基础设施、集体经济、基层党组织战斗力相适应。只有充分考虑乡村振兴对象的复杂性、个体性和差异性，培训才有针对性。

4.精确选择培育方式

粗放的传统培训方式，已出现培训效益递减现象。新矛盾催生变革的新需求，总结有益培训经验，探究一般规律性，根据农村地区农业产业发展新特点创新培育方式，是新型职业农民培育工作的内在要求。经济空间上，贵州地理位置偏远，处于国家中心经济带边缘地位，喀斯特地貌特征不适宜发展传统农业，但传统农业的现代转型非一日之功，通信交通水利等基础设施状况的根本改善也是长期的。现有状况下，要想达到最大多数培育农民的目的，必须积极探索"互联网+乡村振兴"模式，采用集中培训与巡回培训相结合，网上培训与线下田间地头交流相结合，通用理论与专门知识相结合，家庭自学与家庭互助学习相结合，本地培养与东西部协作培养相结合等多重培育模式。重点打造田间学校型、现场指导型、项目推动型、典型示范型等培育模式，与时俱进构建混合型多维培训模式，使农民真正受益。

5.精准建设师资队伍

在师资队伍方面，除了农业广播电视学校（农民科技教育培训中心）的教师、农技推广服务机构、涉农院校、农业科研院所以及其他社会力量外，要多渠道吸引优秀人才投身于农村地区职业农民教育事业，为其培养一批"双师型"培训师资。教师和师资提供单位应具有开发定制课程，提供预约服务、定向培养、线上解答问题的意识和能力。为了提高农业专家培训新型职业农民的积极性，省、市、县（区）政府应分级匹配，为农业专家提供交通、通信、食宿补助，降低科研院所参与培训的专家型教师的职称评审资格，同等条件下优先晋级。要善于发现本地的"土秀才""土专家"，施以重点培养，提升其农业专业知识与农业生产技术技能，进而成立本地讲师团，形成具有便捷优势的"一对一"辅导员制度，对农民进行田间地头指导，与其交流经验。

（四）接续培育精准化

知识具有累积性，前面的知识影响后面的选择。新知识的接受过程，是陈旧历史知识淘汰的过程，也是农户经济行为不断优化的过程。农户行为能力既受他们决策时的知识的限制，也受行为发生过程中不断出现的新知识的影响。所以，有效率、有效益的农户教育培训，必须是一个连续性、多轮次、不断强化的过程。

1.树立接续培育理念

《贵州省第三次全国农业普查主要数据公报》数据显示，贵州1153.15万人的农业生产经营人员中，55岁及以上的有315.92万人，占比为27.4%。有93.99%的农民从事种植业，初中及以下文化程度的占95.93%，高中或中专以上文化程度者仅占4.07%。

贵州农业生产经营者呈现55岁及以上年龄者多，高中以上学历者少的"一多一少"情形。这侧面说明贵州的乡村振兴存在农业生产经营人员文化水平偏低、技术吸纳能力较弱、对乡村振兴包含的惠农政策和市场机会敏感度较低、对依靠教育培训实现致富信心不足的问题。若仅寄希望于通过一次培训，就可以实现农民的职业化与新型化，必定事与愿违。农户新型职业农民的接续培育理念，是通过培训前、培训中、培训后三个阶段，以及各阶段内含的政策连续性、信息及时性、组织的常态化体现的。首先，要把针对农户及家庭子女培训的最新培训支持政策及时通知到户、到人，针对一般农户的优惠政策至少通知到村民小组。其次，树立问题意识，自始至终、及时地将农民生产经营中反馈的问题汇集成册，做到理论与实操相结合。最后，制定后续教育重要时间节点。重点解决培训后的技术适用性问题、前期技术的更新问题、实际管理问题，达到学以致用的目的，并培养农民的终身学习理念。

2.实施多轮次培训

第一轮次，以行业培训的形式对所有农民进行集中培训，以讲授农业科普知识为主。第二轮次，筛选有劳动能力，并有强烈就业意愿，或愿意自主经营家庭农场、抑或家庭资产流转合作社，并参与合作社生产劳动的农户家庭主要劳动力进行集优、专项培训，尽快提升其经营家庭资产的能力。第三轮次，从新型职业农民中选拔部分高级职称者加入培训教师队伍，理论与实操相结合，通过身边成功农民的言传身教和典型示范，形成农民踊跃参加新型职业农民培育的乡村氛围。如此循环的多轮次培训，贵州的新型职业农民无论在数量还是质量上均可能会每隔几年上一个新台阶。为此，各地不能走只管下达任务不管培训结果，雨过地皮湿的运动式教育扶贫老路。不能贪求"教育培训+创业服务+政策服务+带动致富"培训体系建设的全面性，而是应结合农户家庭资产、政策可及能力、农户所在村资源禀赋、能人带动效应、乡村集体经济与组织程度、民主化与治理程度，因人因地施策，从而体现培育模式上的特色与创新，使新型职业农民真正助推乡村振兴，提高乡村振兴成效，为乡村振兴注入新活力。未来一个时期，坚持"不掉队"下的波浪式推进，是立足贵州"三农"实际的新型职业农民培育之路。

3.重视教育回访工作

做好新型职业农民接续培育，应从以下几方面着手。第一，信息跟踪，动态管理，及时更新。取消新型职业农民认定资格终身制，实施能进能出奖惩政策，对考核结论被认定为不具备新型职业农民资格的，及时从新型职业农民信息库中移出，对新认定的新型职业农民则要及时入库。第二，适时调整扶持政策。新型职业农民往往具有创业、持续增业的冲动和敢于冒险、不断尝试拓宽新产业领域的精神。帮扶政策应适时调整，以精准的接续培育满足新型职业农民的增业需求。第三，重点回访技术的适用性问题，着力解决技术应用中的新问题。农民所学规范化知识、标准化操作往往存在较大的现实应用性障碍，导致学不能致用。应深入调查其后期生产经营、创业投资等情况，适时实施再教育。

4.提供创业支持

贵州省为培养新型职业农民出台了一系列帮扶政策，这在一定程度上吸引了广大农民参与的积极性，但更重要的是解决他们培训后、创业中的优惠政策利用、优惠资金借贷与社会保障等方面的问题。首先，政策应当聚焦解决农村土地流转中的问题。农村土地经营权的流转为新型职业农民开展规模化农业生产与经营提供了前提条件，但制度层面、法律层面、基层实践中的困扰仍然较多，需要顶层做更好的规范、解释和引导工作。其次，提供多元创业扶持。包括提高小额贷款额度，设立专项基金，建立资金互助制度，扩大农业保险覆盖范围。最后，培训环节有效衔接。形成多元合力，要实现三个方面的有效衔接：一是农民培训需求、培训内容与就业创业需求无缝对接；二是物质帮扶、特惠金融扶持、补助资金折股与合作社收益分成衔接；三是新型职业农民培育与农村资源变资产、资金变股金、农民变股民的农村"三变"改革相衔接。

（作者单位：安顺学院马克思主义学院）

乡村振兴背景下安顺苗寨的发展路径思考

◀ 杨兴洪

摘要：安顺苗族是全市少数民族中人口第二多的民族，大多数居住在偏远高寒山区，这些地方是乡村振兴的主战场，一定程度上可以说，只有少数民族村寨的振兴，才是乡村的全面振兴，而苗寨的振兴是全市乡村振兴的重要组成部分。本文通过分析安顺苗寨在乡村振兴过程中存在的具体问题，就未来全市乡村振兴战略中苗寨的发展路径进行了尝试性探索。

关键词：乡村振兴　安顺苗寨　发展路径

2021年4月，《中华人民共和国乡村振兴促进法》颁布实施，表明了乡村振兴战略是党和国家抢抓发展的重要载体和抓手。党的二十大报告指出，"全面建设社会主义现代化国家，最艰巨最繁重的任务仍然在农村"，强调要"加快建设农业强国，扎实推动乡村产业、人才、文化、生态、组织振兴"，明确了农业强国建设在迈向全面建设社会主义现代化国家新征程中的基础性、关键性地位。因此，我们要按照"产业兴旺、生态宜居、乡风文明、治理有效、生活富裕"的总要求，不断巩固和完善农村基本经营制度，建立健全城乡融合发展体制机制，完善财政投入政策、探索建立涉农资金整合长效机制，建立健全引导各类人才服务乡村振兴长效机制，加快形成系统完备、科学规范、运行有效的制度体系，充分保障乡村全面振兴行稳致远。

安顺市现有少数民族人口115万，占全市人口的39%，少数民族人口主要居住的偏远农村，是乡村振兴的主战场，一定程度上可以说，只有少数民族村寨的振兴，才是乡村的全面振兴。

一、安顺苗寨的基本情况

在安顺少数民族人口中，苗族人口43万，占少数民族人口的37.4%，位居全市少数民族人口第二位。"十三五"期间，全市苗族村寨依托国家脱贫攻坚战略，基础设施建设极大改善，人均年收入大幅提升，产业发展逐步优化，基础教育和基本医疗保障发生了质的转变，乡村治理水平和治理能力有效提高。但是，由于千百年来少数民族固有的思想观念、文化价值和民族特性使他们在巩固脱贫攻坚成果，迈向乡村振兴的过程中依然存在许多需要艰难跨过的沟沟坎坎，苗族村寨的全面振兴存在着不可忽视的现实问题。

安顺市苗寨呈大杂居、小聚居状态，人口较集中的有紫云苗族布依族自治县的宗地、大营、猴场、四大寨，关岭布依族苗族自治县的永宁、上关、岗乌、关索，镇宁布依族苗族自治县的革利、本寨、江龙、马厂、六马，普定县的猴场、猫洞、补郎，平坝区的马场、高峰，西秀区的旧州、蔡官、新场、鸡场、岩腊等乡镇。本次抽样调查的蒙正苗族分布在西秀区的岩腊、鸡场、新场，镇宁自治县的革利、本寨、江龙，紫云自治县的猫营、白石岩等乡镇，共164个自然村寨，6100余户，3.5万人，居住区域约占700平方公里。

以西秀区岩腊乡为圆心，周边辐射镇宁自治县革利乡、江龙镇，紫云自治县猫云镇，西秀区鸡场乡和新场乡的蒙正苗族，是国家实施脱贫攻坚战略前苗族支系中生活最为困难的一个支系。"十三五"前，蒙正苗寨的基本发展状况可以概况为：生存条件恶劣、群众内生动力不足、产业支撑条件滞后、基础设施建设薄弱、传统陋习根深蒂固、教育医疗保障匮乏六大特征。2016年前该支系苗族村寨硬化通村路不足30公里，没有产业支撑，广种薄收仅仅勉强维持生计，大多数家庭依靠务工收入；水资源匮乏，基本靠望天落雨；教育滞后，文盲占比较高；人才严重不足。通过脱贫攻坚战略的实施，目前蒙正苗族地区基本实现水、电、路"村村通"，通村公路达300公里，164个自然村寨经过人居环境改善和生态移民等项目实施搬迁，有将近半数村寨进行搬迁，其中整体搬迁村寨达30余个；农业产业规划得到有效优化，蔬菜、茶业及林下经济发展已具雏形；教育、医疗、住房三保障及饮水工程大幅提升，群众生产生活发生了历史性变化。

二、乡村振兴背景下安顺苗寨发展存在的问题

由于受历史因素、自然条件、思想观念和文化背景等多方面因素的影响，蒙正苗族与其他民族，甚至苗族内其他支系苗族在经济社会发展的差距还很大。

（一）产业支撑条件不足。农业产业结构调整缺乏针对性和实效性，对市场研究分析不足，青壮年劳动力都外出打工，留守农村的劳动力素质低下，对新知识、新技术的接受能力有限，对实施农业产业化力不从心，传统农业生产思想影响严重，农业生产一般重产量轻质量，重实用轻品牌培育，加工、包装与销售近乎空白，致使农产品附加值低，经济效益差。如西秀区岩腊乡龙潭村青杠林的蔬菜产业和镇宁自治县革利乡大革窝寨的茶叶产业，规模较小、品牌效益差。

（二）人才队伍严重匮乏。蒙正苗族目前从学历结构看，有硕士研究生3人，本科58人，专科（含高职）105人；体制内干部结构仅有县处级干部3人，乡科级11人，其他体制内人员65人（其中，教师33人，大部分为民转公教师，医技人员15人，基层公务员及事业人员17人），经济、科技和

法律等相关专业人才匮乏，目前仅有执业律师1人，员额法官1人，司法调解员3人，没有农业经济科技方面的专业人才，中高级专业技术职称人员更是寥寥无几。蒙正苗族由于受早婚观念影响，大多数学生勉强完成义务教育就结婚，过早地重复走父辈结婚、成家、打工的老路，过着为生存背井离乡的日子，也因文化水平低无法融入城镇的生活，对未来没有目标和规划。在人才的教育培养上，也有典型个案，如西秀区岩腊乡的岩松苗寨，近十年来，该村已培养大学本科生20多名，而且该片区还出了第一个研究生。但这也只是个案。

（三）民族文化缺乏自信。蒙正苗族没有自己独特的文化，没有任何宗教信仰，也没有其他物种和自然形态的崇拜。唯一的崇拜是先祖崇拜。蒙正苗族的"竹王崇拜"曾于2008年列入贵州省省级风俗类非物质文化遗产名录。"竹王崇拜"贯穿蒙正苗族男女老幼生老病死的每一个环节，其服饰、风俗都很独特，但是，从历史文献记载来看，具有权威性的清代《百苗图》没有这支苗族的记载，人类学家鸟居龙藏的《苗族调查报告》也找不到蒙正苗族的踪影。由于缺乏较系统科学的研究和运用，蒙正苗族的"竹王崇拜"一直没有彰显它的文化魅力。蒙正苗族，尤其是苗族知识分子没有在自己的族谱文化中找到自信，其他青少年苗族后代也逐渐淡化本民族文化传承。青壮年打工者回乡后不少人参与赌博和饮酒，学生假期主要沉溺于手机游戏，很少有人思考民族文化的传承、开发和利用，更不要说将本民族独特的苗绣、手工艺、餐饮和演艺文化等融入乡村振兴战略中。

（四）生存环境艰苦脆弱。绝大多数苗族群众生活在典型的喀斯特地区，处于石漠化、半石漠化山区，山高沟深，耕地极少，土地贫瘠，水资源极度匮乏，生态脆弱，种植、养殖等农业产业发展受限。尽管通过脱贫攻坚战完成了近300公里的通村公里，打通了苗寨与外界的联系，但是，蒙正苗族村寨缺乏规划和布局，土地资源、水资源等依然很脆弱，在接下来的乡村振兴战略中，由于自然环境的制约，生态修复、产业发展和人居环境整治等乡村振兴的核心要素要实现，还需要付出艰辛努力。

（五）治理能力粗放低下。一是小农意识根深蒂固。部分群众"等靠要"思想严重，"小钱看不上，大钱挣不来"，进取意识不足。一些群众小富即安，得过且过，满足于现状。大多数群众缺乏对现代科技的了解和适应现代市场经济的谋生技能，特别是缺乏有针对性的职业技能培训，自身发展能力严重不足。二是陈规陋习顽固不化。因婚致贫历来是蒙正苗族的一大顽疾，天价彩礼是导致因婚致贫的最直接原因。2016年以前，蒙正苗族婚姻彩礼曾一度高达20万元，很多家庭为了娶儿媳妇，找亲戚朋友借、托人找关系到信用社贷款、请人担保借高利贷，一桩婚姻直接导致整个家庭在相当长一个时期处于贫困或极贫状态。原因是好面子攀比心理作怪，无论是婚丧嫁娶、乔迁、满月酒，都喜欢大操大办，相互攀比，结果造成大量的铺张浪费。另外蒙正苗族爱吃酒，只要听闻亲友、寨邻办酒，即使忙于上班，都得请假吃酒，特别是亲戚，即使是挂角亲戚或要好的朋友，东拉西借送礼金达数百数千，甚至上万，更有甚者借高利贷送礼。针对以上陋习，从20世纪80年代初以来的40年间，蒙正苗族的有识之士分别在西秀区岩腊、岩松，紫云自治县巴郎，镇宁自治县云盘山、猛正等苗寨先后召开过5次较大的商讨会对该支系苗族的陈规陋习进行过改革，倡导移风易俗，丧事按照风俗从简，高价彩礼也一度降到不超过6万。后因多方面原因未能巩固，暴露了村民自治的不力。三是很多苗寨对宜居环境不够重视。群众乱搭乱建和无序建房未能得到有序整治，脏、乱、差现象不同程度存在，特别是苗族聚居村寨相对较突出。

三、问题原因剖析

（一）患得患失的创业思想。脱贫攻坚期间，蒙正苗寨在各级党委、政府的支持和关心下，因地制宜制订了一定的产业规划，但是至今为止，持续稳定的产业屈指可数，这有自然条件的原因，也有人的因素。他们一方面缺乏资金和技术，更重要的是缺乏敢闯敢干的胆识和勇气，没有敢于试错和承担风险的底气,内生动力不足。一些地方仍存在要项目、等资金、靠上级的思想,"靠着墙根晒太阳、等着政府送小康""政府干、农民看"等现象依然存在。一些村寨农村基层党组织发挥领导核心作用不够,组织发动群众的方式方法陈旧,干部拍板多、农民声音少,发挥农民主体地位和作用不够。乡村本土实用技能人才缺乏,农民自主创业、自我发展能力弱。

(二)掉队缺位的文化教育。一个民族的发展,最基础的东西就是教育,这是一条颠扑不破的真理,就如20世纪20年代到50年代的石门坎一样,因为教育发展,培养出了不少的苗族硕士、博士。但是蒙正苗族的教育问题引起重视还不到10年时间,过去相当长时间,蒙正苗族教育之所以掉队和缺位,一是贫穷,读不起书;二是移风易俗工作不到位,早婚早恋,早早辍学,过早融入家庭和社会,导致代际贫困的命运一直在蒙正苗族中发展,没有得到有效的整治。

(三)自卑自弃的民族文化。一个民族的存在,除了政治、经济、人口等,还有一个最为重要的因素就是文化。文化是一个民族的精神指向和灵魂,也是这个民族存在的标志和发展的信心。蒙正苗族的文化,由于缺少专业研究人才,缺少推介平台,一直是"养在深闺人未识",所幸当前蒙正苗族中有两个苗寨做出了蒙正苗族文化的有益推介和探索,紫云的巴郎苗寨把"竹王崇拜"文化融入乡村旅游,已经取得初步成效;西秀的青杠林苗寨将苗族文化融入产业支撑,助推了产业发展。当前蒙正苗族对自己的优秀传统文化认识比较肤浅,保护还不充分。对文化的价值认识不到位,自然缺乏文化自信,需要把其与社会主义核心价值观有机结合,从"爱国、敬业、诚信、友善"入手,狠抓落实,培育文化新人,增强文化自信。

(四)与生俱来的恶劣环境。苗族是历史上的迁徙民族,千百年来,为了躲避战乱和隔阂,苗族颠沛流离,抢住制高点,只为保存有生力量,考虑的首先是生存,所以大多数苗族同胞居住之地往往是人迹罕至的高寒山区，生产生活条件极其恶劣。这在脱贫攻坚战中是最为艰难攻克的堡垒，同样，在乡村振兴战略中依然是难啃的硬骨头。乡村产业振兴基础仍不牢固，农业有产品无品牌、有品牌无规模、有规模无产业的问题依然存在，发展质量和综合效益有待进一步提升。由于受地理因素影响，农业生产结构不优，农产品供给仍以大路货为主，优质绿色农产品占比较低。加之农业科技创新能力不强，科技成果转化率低，缺少农产品从产地到餐桌、从生产到消费、从研发到市场的全产业链科技支撑。

（五）缺乏规划的思维定式。一方面蒙正苗族的生活追求相对较低，只要超过了旱涝保收，吃饱喝足略有结余的目标，就会"小富即安"。有了结余就开始琢磨着享受，不懂得把结余投入再生产，让结余产生更多的效益。没有利益责权的共存及抗风险和抵御自然灾害的思想，风调雨顺时养尊处优，一旦出现了自然灾害和突发事件，就求助无门。因此，闭关自守的思维模式，导致内在的潜力被淹没，不愿意去寻求突破口，久而久之就形成了一种生活习惯和常态。加上贪图虚荣的攀比心理，导致早婚等陋习让家庭债台高筑，对居住环境缺乏长远规划，村庄乱搭乱建和村容村貌脏、乱、差现象突出，反映了蒙正苗族在生存环境治理能力和治理水平方面还需要再认识、再提高。

四、对策与建议

从以上调查分析，以全市苗族13个支系中具有一定代表性的蒙正苗族村寨为例，探索推进安顺市苗族村寨全面振兴的实践路径。

（一）产业振兴是乡村振兴的关键。产业振兴，重点是要振兴现代农业。一要努力实现农业产业的"三稳定"，即实现生产稳定、流通稳定、农产品价格稳定，进一步延伸现代农业产业链，拓展产业价值空间。二要把现代农业和工业有机结合起来，在乡村适度发展一些农产品加工业，包括一些"五小"工业等，服务于农业和提高农民收入。通过"品种、品质、品牌和标准"大力提升农产品的附加值。例如蒙正苗族较有特色的苗家高山云雾茶、苗家小黑猪、高山林下鸡、高山荞、薏仁米、旱稻、紫薯等均是值得推广的农业特色产品。要把农业和休闲、康养有机结合起来，大力发展休闲、康养农业，包括田园综合体、体验农业、观光农业等。通过村党组织作用的发挥，凝聚乡土人才，推动现代农业产业的高质量发展，既巩固脱贫攻坚成果，又助推乡村振兴。

（二）实施乡村振兴战略，农民是主体，人才是关键。乡村人才是振兴的关键，要让更多人才愿意来、留得住、干得好、能出彩，人才数量、结构和质量能够满足乡村振兴的需要。推动乡村振兴，我们既需要培养科技人才、管理人才，也需要挖掘能工巧匠、乡土艺术家；既需要有号召力的带头人、有行动力的追梦人，也需要善经营的"农创客"、懂技术的"田秀才"。还要吸引支持企业家、党政干部、专家学者、医生教师、律师、技能人才等"新乡贤"，通过下乡担任志愿者、投资兴业、法律服务等方式到苗族村寨服务乡村振兴事业；创造条件，加强本地人才培育，造就一批扎根农村的"土专家"和农业职业经理人等。立足实际着眼未来，抓好教育的建设和发展，把教育摆在优先发展位置，加大教育投入，镇宁、关岭、紫云三个少数民族自治县的民族类中小学和市民族中学应有计划地向边远乡村少数民族倾斜招生，强化和配置民族学校教育资源，把地方民族特色文化融入校园，让乡村振兴战略基本要素得到充分保障。针对相当长一段时间尚不能消除留守儿童状况和基于民族文化发展需要，可以考虑在具备条件的学校开展双语教学，培养更多少数民族基础性人才。还要实施新型职业农民培育工程，努力提高其综合素质和职业能力。

（三）发挥乡村文化在乡村全面振兴中铸魂筑基的作用。针对群众中存在的文化发展意识淡薄的问题，加大思想教育和文化宣传，通过开展文化文艺活动、劳动技能大赛、创新大赛等方式，推动群众思想认识的提高和增强内生动力，积极主动地参与到乡村文化传承创新和乡村文化产业发展实践活动中。一要创造乡村人才引进的环境条件；二要支持乡村文化发展队伍建设；三要保护传承地方优秀传统文化，在开发利用上下功夫，比如在苗族民间的摔跤舞、迁徙舞、斗鸡舞等舞蹈和芦笙、四弦胡、蒙笛等音乐文化，充分运用短视频平台和多媒体渠道对乡村文化进行广泛宣传，扩大优秀乡村文化的社会影响力。另外，大力发展刺绣、蜡染、服饰等特色文化产业。在吸收先进外来文化优势的同时保存和发展自身优秀传统文化，推动与社会主义核心价值观有机结合，发挥"乡土性"价值，让乡土文化在现代取得可持续发展。

（四）从乡村五大振兴维度看，生态振兴不可忽视。要切实完善乡村生态振兴制度体系。乡村生态资源与环境禀赋是农村最大优势和宝贵财富，是农民赖以生存与发展的物质基础，必须采取强有力的保障措施，构建完善的生态环境制度体系，确保"绿水青山也是金山银山"。要在土地生态修复与质量保护、小流域小湖泊小池塘治理、化学农资包装废弃物回收、畜禽粪污循环利用、农村生活垃圾分类等方面，建立健全切实可行的制度规则。要推动乡村产业兴旺、生态宜居和生活富裕，培育和建设农村生态产业，在生态资源环境与经济社会发展的相互协调中，充分耦合"绿水青山"和"金山银山"的内在关系，务实做好农村生态与经济双重振兴的大文章。人居环境整治和美丽乡村建设是乡村生态振兴的重要内容。必须按照人与自然和谐统一的要求，切实补齐农村环境治理短板，加大农村"八乱"整治和生活污水治理，着力推进村容村貌整洁亮化，不断提升美丽乡村建设水平。

（五）提升农村基层组织治理能力和治理现代化至关重要。一要提升思想引领力，要加强精神文明建设，补齐农村思想政治教育的短板，引领党员群众提高思想觉悟，坚定理想信念，自觉在政治上、思想上、行动上同党中央保持一致。二要引导农村党员群众正确处理国家、集体、个人三者之间的利益关系，培养有理想、有道德、有文化、有纪律的新型农民。使广大党员群众真正成为党的政策的支持者，乡村振兴的行动者。通过卓有成效的组织动员，在带领村民发展集体经济、营造乡村文化氛围、抓好人居环境整治的生动实践中，把群众紧紧聚拢在党的周围。三要坚持以人民为中心的发展理念，积极适应和主动引领农村经济社会新变化，把服务群众、做好群众工作作为主要任务落实好，要引导农民利用好农业资源、乡村旅游资源、民族文化资源等，做好长远村寨规划和村容村貌整治，创建美丽宜居乡村。争取在条件困难的较边远乡村递进式推进一批少数民族乡村振兴试点村。四要来一场坚定不移的移风易俗革命，把老百姓身边一些陈规陋习彻底改过来。通过村里的广播定期播放近期文明道德风尚的先进事迹，定时曝光辖区范围内一些不孝、不道德、铺张浪费、大操大办等不良行为的人和事。要在广大老百姓认可的基础上，通过村支两委会议、党员大会，向群众代表征求意见等方式制定出台民约制度，"真枪实弹"地执行，发挥村规民约对陈规陋习的约束，彻底把天价彩礼钱、乱办酒席、高额礼尚往来、乱扔乱倒垃圾等陋习遏制在萌芽状态，村支两委作为村规民约的制定者、执行者，必须用好村规民约这把"利剑"，务必率先垂范，对违反村规民约制度的三亲六戚务必做到"六亲不认"，无论是谁触碰村规民约制度或顶风作案，一律严惩不贷，以零容忍的决心推动村规民约制度的顺利实施。

（作者单位：镇宁自治县人大常委会）

易地扶贫搬迁安置点就业状况调查
——以安顺市为例

◀高守应　黄猛　万江英　刘翔

"国发〔2022〕2号文件"要求贵州要建设"巩固拓展脱贫攻坚成果样板区",这就涉及包括易地扶贫搬迁成果的巩固拓展如何与乡村振兴进行有效衔接。这是贵州"十四五"的主要任务,也是到2035年必须认真抓好抓实的主要工作。

易地扶贫搬迁安置,是贵州撕掉千百年来贫困标签实现精准脱贫的重要路径和取得的重要经验之一,既是今后我们要认真抓好的"头号"工程,又是必须建成的高质量标志性工程。为开展好此项工作,我们以安顺市为例,开展深入细致的调查研究,以期找到更加科学的推进路径。

安顺市在"十三五"期间,认真贯彻落实党中央、国务院和省委、省政府决策部署,按照"搬得出、稳得住、逐步能致富"的原则和要求,规划先行,以推进城镇化为重点开展搬迁安置,同时选择条件较好的中心村进行集中安置,先后完成了18825户82161人搬迁任务。彻底解决了"一方水土养不活一方人"的问题,为打赢脱贫攻坚战作出了重要贡献。

"搬得出"的任务和问题彻底完成和解决了。关于怎么样"稳得住、逐步能致富"的问题,最关键的环节就是如何引导和帮助安置点的群众实现有效的创业就业。这项工作到底做得怎么样，直接关系到易地扶贫搬迁安置点的发展和稳定，以及能否与乡村振兴同步推进，真正实现共同富裕等问题的解决。为了巩固好易地扶贫搬迁安置点的成果，市社科联会同市移民局就此问题成立调研组，通过前期摸底，选择三种不同安置类型的12个安置点（紫云自治县猫云龙井社区、城东社区、猴场镇安置点，平坝区齐伯桃花湖村安置点、县城同心小区安置点，经开区龙井村，普定县玉秀街道玉秀社区，西秀区彩虹社区，关岭自治县断桥镇扒子安置点、县城百合街道同心社区、同康社区、镇宁自治县县城景宁小区等）进行就业状况实地调查，在调研掌握实情的基础上，我们认真总结取得的成功经验，找准还存在的困难和问题，针对性地提出相应的对策建议。

一、基本情况

"十三五"期间，安顺市易地扶贫搬迁共建成集中安置点84个，其中县城安置点16个，集镇安置点23个，农村安置点45个。搬迁18825户82161人（其中：建档立卡贫困户为17481户76488人）。为解决好易地扶贫搬迁安置点群众就业问题，安顺市采取组织推荐、集中外出就业、拓宽就地就近就业渠道、发挥以工代赈促进就业、支持搬迁群众自主创业、完善帮扶机制等多种措施，截至2022年5月，共解决了39172人就业，实现搬迁家庭"一户一人"以上稳定就业，有效促进了搬迁群众融入新型社区社会生活管理，为后续发展打下了坚实的基础。

二、经验做法及成效

（一）"稳得住"工作

"稳得住"是检验"搬得出"成功与否的前提条件，从"搬"的那天开始，这项工作就已经成为不可逆转的"硬骨头"，必须做扎实，各县区在规划的基础上，可以说是"八仙过海各显神通"，让"稳得住"工作在国务院第三方评估验收中交出了合格甚至是满意的答卷。

第一，拆除迁出地旧房，断绝再"回迁"念头。首先通过拆除旧房阻断群众再"回迁"。其次推动农村"三块地"改革，对宅基地进行复垦复绿，对承包地和复垦的宅基地进行确权。截至2022年6月，全市共拆除旧房15074栋，宅基地复垦复绿15069户2800.30亩，确权登记7064户，1384.89亩。

第二，切实解决实际问题，引导群众安居乐业。各地在学校、卫生院、农贸市场、便民服务中心、红白喜事服务中心等基础设施建设上下功夫，尽可能满足搬迁群众生产生活需要，安心在安置点落籍发展。关岭自治县、普定县，利用规划安置征用的闲置土地，给农村安置的群众每户一块微型小菜园地，既让群众传承农耕文明，又让留守人员有地种，有菜吃。关岭扒子安置点，还规划建设养猪大棚、烤酒大棚、炕腊肉大棚，集中科学养殖、规模化烤酒、提高腊肉附加值，形成烤酒—养猪—腊肉产业链发展，还通过对房屋下水道的改造和扩建，彻底解决了私搭乱建的问题，向美丽乡村健康发展。平坝、紫云、镇宁加强安置点文化活动场所建设，为搬迁群众提供休闲娱乐场所等，如平坝区桃花湖村安置点建有苗族跳花广场，红白喜事场所，既弘扬优秀传统文化，又移风易俗。另外，各安置点还运用大数据等手段加强社会治理，提高搬迁群众的安全感。

第三，提升社区服务水平，促进群众尽快融入。采取"一中心一张网十联户"网格化管理模式，网格管理人员通过定期入户排查，全面了解掌握群众就业需求和生活困难等情况，切实加以解决。设置"一站式"社区服务中心，让数据多跑路，群众少跑腿。通过建立QQ群和微信群，及时动态掌握群众需求。关岭自治县同康社区针对务工没人看管孩子的问题，在社区建立了儿童托管中心，组织志愿者常驻服务，让搬迁群众安心务工就业。

第四，建设基层组织堡垒，发挥党员先锋作用。普定县玉秀街道对玉秀社区进行摸底调查，从13个乡镇（街道）农村搬迁到玉秀社区的群众中，有55人是党员，针对这一情况，由街道党委统一把他们的党组织关系转到社区：成立党支部，充分发挥党支部的战斗堡垒作用，然后通过新成立的党支部，团结带领每一名党员发挥先锋模范作用，积极主动配合社区进行治安巡逻、环境美化绿化等工作，给普通群众做示范。关岭自治县扒子安置点，为了解决好搬迁群众与本地居民的交往交融，形成命运共同体，推荐搬迁来的优秀党员进入村支两委班子参加村务管理，带领搬迁群众主动融入新型社区社会治理。

第五，建立完善自治机制，激发群众内生动力。紫云自治县云岭街道办事处东城社区安置点，通过联合政法、人社等相关部门，建立完善帮扶机制，加强对小区特殊群众（如：精神病人、吸毒人员等）的帮扶教育，建立民主管理自治条例，推进落实。比如：有一定劳动能力的低保人员，社区推荐三次就业岗位不去的，取消其低保资格；对好吃懒做的，通过教育引导和就业培训，不积极参与就业的，一律张榜公布，让其"丢脸"主动去找事做。

（二）"有就业"状况

"稳得住"问题解决了，怎么让搬迁群众"逐步能致富"？"就业"是关键。

从我们调查了解的情况，所有易地扶贫搬迁安置点群众的就业，大致分这样三种：一是到省外打工就业；二是到县外省内打工就业；三是在家门口就业。全市各县区对这三种类型的就业采取的措施和办法基本相同：

第一，加强东西部协作，输送壮劳力外出打工就业。对年轻、有一定文化和劳动技能的人，利用东西部协作的政策和对口资源提供的就业岗位，一是落实外出务工补贴，二是加强与用工单位的协调对接，三是与人社部门联合对外出务工人员进行技术培训，然后组织和引导前往打工就业。截至2022年5月31日，易地扶贫搬迁外出务工群众达19986人。占劳动力总人数的一半以上，而且这些就业人员工作相对比较稳定，收入也很高，是安置点就业发展的主力军。

第二，与省内园区对接，向园区相关企业输送劳动力。这部分就业人员大多年龄偏大，文化程度不高，但头脑灵活，以重粗活为主，收入比到省外就业的要低一些。

第三，发展产业推进就业。到2022年5月底，全市共有扶贫车间42个，共引进21家企业，吸纳1569人就业，其中搬迁群众就业526人。关岭自治县在4个安置点均建有扶贫车间，引进12家企业入驻，可提供就业岗位781人，已解决486人就业，其中182人为搬迁群众。

第四，打造就业创业基地，促进就近就地就业。镇宁自治县在宁西街道谐美社区景宁小区安置点，以"留下一个妇女就业，稳住一个和谐家庭"为目标，在景宁小区打造占地面积2350平方米，注册资金120万元的银城趣事就业创业基地，整合雕、织、绣、染、画、品等民族特色企业入驻，既解决景宁搬迁妇女378人就业，辐射带动周边1000余人前往打工，实现搬迁妇女"楼上带孩子、楼下挣票子、居家过日子"，就业妇女每人每月收入2000元以上，还通过企业发展挖掘了10余个适宜女性居家就业的传统手工产业项目，以"银城趣事"文化产业街区为载体，引导民族手工艺人自主创业就业，传承好非物质文化遗产，形成民族特色的经济产业链，让搬迁妇女留下来就业并有了收入，家里老人不空巢，儿童不留守，家庭和睦和谐。

第五，利用公益性岗位兜底就业。公益性岗位是脱贫不脱政策的过渡性补贴政策，优先安排困难人员和特殊群体。全市共利用公益性岗位3166个，其中城镇公益性岗位2693个，农村公益性岗位473个。这些公益性岗位主要用于社区保安、卫生保洁、环境绿化、公用设施维护、物业管理、停车场管理等。虽然这些公益性岗位设置主要用来解决了部分搬迁群众就业困难的问题，但当中仍然存在优先安置有管理能力的人员作为社区管理人手不足的补缺等问题，很多还是骨干，这些公益性岗位"福利"，有些真正难以就业的人员是难以企及的。

（三）怎么让群众"就好业"

"就好业"的关键是对就业人员的培训。

各县区主要根据搬迁群众实际情况和传统风俗习惯，利用春节长假组织返乡农民工开展常规技能、就业信息等培训，这种培训，有时针对性不强，在某种程度上，有完成指标任务的成分。

当然，也有把培训作为群众就业提高自身素质和技能的一种渠道和手段，建立培训基地常态化开展就业需求培训的，着力提升群众就业技能和就业质量。关岭自治县与省人社厅合作，共同建设培训基地，争取省人社厅帮扶资金200万元支持，到目前为止，基地已建设大数据平台1个，引入人力资源公司2家、劳务公司1家、职业技能院校6所，开放LED视频宣传、现场招聘、职业技能培训、就业热线服务、组织劳务输出等功能，先后经组织开展中长期培训，如电工、焊工、叉车等工种培训10班次，覆盖群众408人次，涵盖安置点群众193人次。下一步，他们还将根据搬迁群众年龄结构、性别特征、民族风俗等，统筹开展家政、餐饮、保洁等方面的培训，提高培训的针对性和实效性。围绕"一户一技能劳动力或者创业能手"的目标，着力打造立足关岭、服务全市的集特色培训、就业推荐、公共服务就业、劳务品牌创建、创业孵化为一体的高质量就业培训基地。

（四）值得借鉴的几个亮点

第一，立足自身资源优势发展特色优势产业和延伸产业链，促进群众就业创业。关岭自治县依托中草药悠久的发展历史和资源优势，紧紧抓住东西部合作机遇，引进广州市2021年度东西部协作资金102万元在同心安置点建设全县中草药（综合）集贸市场，每逢周三赶集日人流量可达6000余人次，市场通过免租减租带动搬迁群众113人到市场就业创业。这个市场的建设发展，既推动了关岭中草药种植的健康发展，又让市场成为贵州西部中草药的集散地，推动总投资1.35亿元的"云贵高原民族道地药材交易中心"在同心社区综合产业园落地建设，建成中药材交易中心21027平方米，内置交易大厅、111个商铺、300个流动摊位和仓储库房等。道地药材集散中心,将成为吉林省北药医药投资集团有限公司在西南片区的交易中心总部,同时依托国家中药材标准化与质量评估创新联盟、中华全国工商联医药业商会中药材专委会的优强资源,以"政府+平台公司+金融机构+市场化企业"共建的贵州黔药源中药产业发展有限责任公司为运营主体,目前已有省内外800余家药商药企报名入驻交易中心。道地药材集散中心全部建成,可构建"药农+药商+药企+仓储物流"的发展格局,打造"中药种植+交易+加工+医养一体化"的全产业链条,再通过与广州协作项目利益联结,每年可提供保底分红资金50万元,提供近1000个就业岗位。同时县中医院门诊部搬到社区,与百合街道卫生院进行"医共体"合作建设与发展,全面开展中西医结合集"诊疗+理疗+康养"医疗服务,带动中医药研学基地的建设。

第二,发展集体经济,增强发展后劲。积极探索发展安置点的集体经济,增强安置点的造血功能,为后续发展降低政府投入成本,真正实现自主管理、可持续发展奠定坚实基础。

1.关岭百合街道办同康、同心社区,充分利用社区有效资源,整合财政衔接资金、东西部协作资金等共864.9万元,建成同心社区中草药集贸市场、同康社区农贸市场、创业就业移动售货亭项目、同康社区就业创业一条街,为周边经济发展提供了商铺111个,售货亭17个,市场摊位383个,由办事处下设百润公司进行统筹管理,直接带动搬迁群众就业创业179户,每年集体收益110.5万元,直接用于安置点的公共设施物业日常维护、部分公益性岗位开发、特殊困难人群的救助等,有效减少政府投入成本。

2.普定县玉秀社区,探索安置点群众物业费的收取和管理使用。玉秀街道办事处,首先与有关部门协商,按照50%的费用给所有安置点群众住房缴纳30年的维修基金,确保30年内房屋出现问题有钱维修;其次是做深入细致的调查和引导工作,按每户每年收取300元的物业管理费;公产部分全部集中统一管理使用,如玉秀社区停车场,每年可收取停车费20万元等，用于义务消防、治安联防等公益事业。此项工作的开展，为集体经济积累打下了坚实基础。

3.紫云云岭街道东城社区、松山街道城南社区、猫营镇龙井社区，依托安置点公产资源，成立公司，开展管理服务、劳务输出、家政服务、资产管理、办公用品及广告服务、汽车修理、美容经营等相关业务，提升造血功能。

4.安顺经济技术开发区龙井村安置点，引导安置群众从用水缴费开始节约用水，停车场收取维护费等，制定村规民约，自主管理，为发展集体经济奠定基础。

第三，移风易俗传承农耕文化，因地制宜发展农村产业。关岭县断桥镇扒子村安置点，结合搬迁群众生活习惯，注重传承农耕文化，整合资源发展产业，促进群众增收致富。在安置点建立养殖小区，集中规划养殖场进行养殖，共建设圈舍140个，经一事一议群众通过，决定每间收取租金100元/年，集中维护管理。自养殖场投入使用以来，养殖的农户由原来的30户增加到80余户。为了提高科学养殖水平，从安置农户中雇用一名"兽医"专业相关人员进行科学养殖指导，提高养殖效率。扒子村安置点还充分利用征用剩余的土地，划分196块菜园地，每块约50平方米，以每块50元/年的方式租赁给搬迁群众，解决了群众的吃菜问题。对于生猪养殖产生的粪便，既为微型小菜园提供了肥料，又成为周边经济作物的施肥来源，生产无公害农产品。扒子村还为搬迁群众建有炕腊肉作坊。通过调查，搬迁农户有每年冬天炕腊肉的习惯，另外有烤酒自饮和售卖的技术和习惯，因此，选择集中建设炕腊肉作坊，建集中烤酒车间，引导他们进行产业化发展。在安置点打造农业循环经济：烤酒的酒糟用于喂猪，猪出栏，就炕腊肉，除自给自足外进行对外销售。即烤酒—喂猪—腊肉，循环发展，规模生产，培育自己的酒和腊肉农产品品牌，彻底解决分散、无拳头农产品的问题，让安置点掌握"老本行"农耕文化的农户找到用武之地，也让搬迁来的农耕文化存活，并为传承人带来实实在在的利益。

三、不可忽视的问题

安顺市在解决搬迁群众就业方面总体取得的成绩是不错的，既有可圈可点的特色，又有可以借鉴学习的示范亮点。但从长远发展来看，一些问题的存在是不容忽视的：

第一，政策实施引导不到位，出现新的不公平现象。无论是城市、乡镇和村的安置点，搬迁群众受到的重视和得到的政策、资金、项目等的支持远远多于非贫困村和非贫困人口，这也是脱贫攻坚和"过渡期"期间给予的特殊政策和支持。然而，安置点的群众需要帮助解决就业问题，非安置点的群众也需要帮助，安置点住房随着家庭成员的不断增加，存在住房不够的问题，要求政府给予帮助解决，非安置点同样存在困难。安置点群众"农民市民化"花了很大的力气引导，速度就是慢，买商住房的群众为何"农民市民化"不需要更多引导转变很快？这一系列问题，如果不实事求是地看待和处理，我们的感恩教育、社会主义核心价值观的培育、新型农民的重塑等会严重缺失，会成为社会新的不公平和不稳定因素。

第二，低保兜底政策落实中救助作用有"过头"现象。比如：兜底政策主要针对特殊困难人群，这样的人群应该是逐年减少，但兜底政策的使用兑现出现偏差。有的地方吃低保的人员较多，也成了搬迁群众收入的一个重要来源。试想，如果我们不慎用低保政策，就会让社区管理干部不担当，短期作为，也因此养了一些懒人，让勤劳致富人群心理严重失衡，助长了"等靠要"思想进一步滋生。个别地方管理人员认为"公益性岗位"的开发，现在有政策资金，开发越多越好。

第三，对过渡期政策一旦结束之后怎么办缺乏深思，短期行为严重。对易地扶贫搬迁安置工作，过渡期的确有相关政策资金支撑，一旦没有了怎么办呢？比如，集体积累的发展推进缓慢，公产资源的有效利用还很不到位，物业管理费的收取和规范管理也只有个别地方进行探索，安置点产业配套发展促进就业仍然是短板，等等。比如某县某安置点，制定一年一户只收5块钱的物业费，超出部分政府补贴。调查人员问制定政策的负责人："你走了，后来的人接手，没有政府补贴怎么办？"回答："不晓得！"又如某安置点守着旁边的"开发区"，很少与"开发区"里面的企业联系，引导安置群众去就业。

第四，就业培训有"走过场"现象。本来培训就是为解决就业设计的，国家给予了宽松的政策和充分的资金支持，但实际操作中，我们有的培训只以完成参加培训的"人头"和用出去多少资金为目标来考核，从来不考核培训的质量和效果。因此，很多"好吃懒做"的人到处参加培训，帮助搞培训的人抵"人头"，他参加培训领取每天60块钱的"误工补贴"，赚取一天瞌睡也能领取60块钱的收入。这样的培训，并非个别现象。因为这样，使得我们的"培训"长期没有针对性，也没有产生应有的效果。

第五，帮扶车间创业就业不是彻底解决安置点就业的灵丹妙药。城镇安置点基本都建有帮扶车间，从调查的情况分析，帮扶车间的确解决了少部分居家就近或者就地就业的困难和问题，但对那些出不了省希望就近就业的劳动力存在的困难，就需要我们拓展就业门路和渠道，比如到县内外园区的企业去开发就业岗位等，但此项工作开展得不是很好，有的地方甚至根本没有开展，完全寄希望于建设帮扶车间去解决问题。

第六，安置点的文化传承和能人情况还是空白。调查走访中，安置点的群众都是从县内的四面八方搬迁过来集中居住落籍的，每家每户都有干部帮扶包保。问安置点搬迁来的群众中有多少人有文化传承能力，或者说有一技之长，均回答不知道。部分搬迁群众在原居住地是掌握一定优秀传统文化和民族民间文化传承技艺的，搬到新的地方就没有继续传承了，并非非物质文化遗产活态传承的"人亡艺绝"，而是人还在，找不到传承的平台和受众而已；还有一部分是有生产生活的一技之长的，比如关岭自治县扒子安置点就有50多户掌握烤酒技艺，只是我们没有去调查和发现。这项调查工作是我们存在的短板，是需要补的课程。而这项工作开展之后，既可以让优秀传统文化被激活传承弘扬，又让有一技之长的人发挥作用，促进就业观念转变，建设良好的就业生态环境。

四、对策建议

易地扶贫搬迁安置点成果的巩固与发展，产业发展、就业充分是关键，如果忽视了这个问题，要巩固和发展好现有取得的成果，就如无源之水、无本之木。因此根据调查分析，提出如下对策建议：

第一，巩固脱贫攻坚成果与乡村振兴必须有效衔接。怎么样实现"共同富裕"这个目标？既要我们重视易地扶贫搬迁安置点的帮扶，又要让非安置点地区享受到党和政府的政策红利，让大家都能感受到中国共产党和人民政府给予他们建设发展、过上小康美好生活的阳光雨露。这就需要我们在落实党和政府大政方针政策过程中，特别是在民生领域的政策落实上，既要科学精准，又要克服偏倚。让群众感受到党和政府给予的温暖，党和政府的政策落实是公平、公正、公开的。既要宣传"幸福是奋斗出来的"，又注重帮助弱势群体，帮助有志气的人发财致富。教育和引导安置点的群众转变观念，自立自强。比如：公益性岗位既要规范开发、科学设置，又要真正用到刀刃上；低保兜底政策，只能作为困难群众救助帮扶的措施之一，决不能作为稳定收入的唯一手段，防止养懒汉和出现负面作用及效应。

第二，切实转变培训方式，提高培训质量和效率，真正让培训成为指导和推进就业的先决条件。彻底转变培训只以完成参加培训的"人头"和用出去多少资金为目标来考核，有针对性地开展培训，形成良性循环的激励机制，提高培训的质量和效益。前面我们介绍的关岭自治县与省人社厅合作，把培训作为群众就业提高自身素质和技能的一种渠道和手段，建立培训基地常态化开展就业需求培训，着力提升群众就业技能和就业质量。这种培训方式是值得借鉴和学习的。

第三，积极支持有条件的城镇大中型安置点提升、新建一批配套产业园区、农产品仓储保鲜冷链基地，发展产业和延伸产业链。关岭自治县百合街道办事处同心社区的做法值得学习借鉴。

第四，探索壮大集体经济，推动安置点可持续健康发展。我们要有"紧迫感和责任感",一旦"过渡期"政策结束后,安置点怎么继续健康发展?这是必须思考的问题。过渡期有很多政策和资金对安置点进行帮扶。而发展壮大安置点集体经济是重要抓手,也是"过渡期"结束后,安置点健康发展的支撑点,是有效推动安置点可持续发展的基础和动力。要做好这项工作,需要下决心推进:一是盘点盘活公产资源,绝不能做糊涂账,要让公产带来的收益反哺到安置点群众的公益事业上;二是把"过渡期"的政策和资金用在公产的扩大和增值上,而扩大的公产和国家资金作为股份投入产业,将所产生的利润收益进行合理分配,集体收益要集中统一管理使用;三是用好用活"三变"改革政策,盘活"三块地",激活群众的积极性和主动性,使其参与创业就业,为集体积累壮大提供条件。

  第五,摸底调查清楚安置点的能人情况,发挥能人的示范带动作用。这项工作认真做好了,既可以让"死"了的优秀传统文化和民族民间文化活起来,以文化人,又能让有一技之长的人发挥他们的主观能动性,让他们的作用产生效益,带动创业就业。现在开展的素质提升工程,比如建好用好新时代文明实践中心、道德讲堂、移民夜校,都可以给予他们施展才华的平台,成风化人的工作就不需要再舍近求远了。有些农技人员还可以指导农业产业的发展。社区的自治管理他们也是可以发挥长处的。关键是我们要去调查研究,用我们的慧眼去认真发现他们,发现之后,要敢于任用,真正发挥能人效应。

  第六,探索推进物业管理的规范发展。有效推进物业管理的规范化健康发展,这是安置点群众融入城镇化,加快安置点群众"农民市民化"转变的重要而又关键的环节,也是看得见摸得着的重要抓手,一抓就见效的工作,是壮大集体积累、降低政府投入成本的一项重要工作。前面介绍的普定县玉秀街道办事处玉秀社区的做法可以学习借鉴。

(作者单位:高守应,安顺市社科联;万江英,安顺市社科联;黄猛,安顺市生态移民局;刘翔,安顺市生态移民局)

安顺市残疾人教育就业工作情况调查

◀ 冯慧敏

为深入贯彻落实习近平总书记关于巩固拓展脱贫攻坚成果同乡村振兴有效衔接的重要指示精神，进一步推动残疾人这一特殊困难群体脱贫攻坚成果的巩固拓展，全力做好2022年残疾人教育、就业创业、职业技能培训等相关工作，市残联党组决定组织调研组，对五年来全市残疾人教育就业创业工作情况开展调研。调研组在市残联分管领导的带领下，市残联教育就业科、劳动就业服务指导中心及办公室相关人员，于2022年3月至4月分赴全市6个县（区）及经开区、黄果树旅游区，深入乡（镇）、村，实地调研西秀区新合瑞丰种养殖专业合作社、普定县宏康种养殖专业合作社、镇宁贵州山和水茶业（爱心企业）、关岭全国自强模范听力残疾人王星的残疾人转股分红示范点、紫云县众宜茗山农业有限公司等14家省级示范点企业，贵州省恒爱民族风残疾人艺术团等7个市级示范点，认真听取残疾人创业带头人李宾滨、付习贵、刘家松、罗晓红、翟红燕、明功清等讲述他们自强不息的创业故事。召开座谈会，听取县（区）残联近五年来残疾人创业就业、教育培训、残保金征收使用、县（区）特殊教育学校等工作情况介绍，针对普遍存在的困难问题，探讨下一步工作思路。此次调研任务在各县（区）残联的积极配合和大力支持下顺利完成。5月初，调研组对各地上报的资料进行归纳汇总、梳理提炼，形成调研报告。

一、基本情况及主要做法

残疾人是一个特殊困难群体，需要全社会的关心、关爱和帮助，这体现了中国特色社会主义制度的优越性。残疾人教育就业问题更是解决残疾人生存权和发展权的根本途径。五年来，安顺市各级残联深入学习贯彻习近平总书记关于残疾人事业的一系列重要指示精神，在市委、市政府的坚强领导下和省残联的有力指导下，认真履行"代表、服务、管理"职责，紧紧围绕促进残疾人全面发展和共同富裕目标，积极倡导"平等、参与、共享"的现代文明理念，全力做好残疾人教育就业工作。目前，安顺市共有残疾人18.3万人，截至2022年4月，持证残疾人74360人。其中，视力残疾6702人、听力残疾4441人、言语残疾2915人、肢体残疾45257人、智力残疾3758人、精神残疾5834人、多重残疾5453人。

（一）抓好残疾人就业创业法规政策宣传。五年来，全市各级残联多形式、多渠道开展残疾人就业创业法规政策宣传活动，努力营造全社会理解、尊重、关心、帮助残疾人就业创业的良好氛围。充分利用"残疾人就业援助月""全国爱眼日""全国爱耳日""全国助残日"等活动，通过各类媒体大力宣传《残疾人保障法》《残疾人就业条例》《贵州省残疾人就业办法》《贵州省残疾人保障条例》等法规和政策，使各部门、社会各界，特别是企业法人熟悉掌握法规政策的基本精神，依法安置残疾人就业。同时引导残疾人熟悉了解国家促进残疾人就业创业的优先优惠政策，使其依法维权、自主创业，努力营造全社会理解、尊重、关心、帮助残疾人就业创业的良好氛围。

（二）着力推进残疾人特殊教育事业健康发展。全市现有县区特殊教育学校6所。五年来，市残联积极争取中央及省市各类资金支持，助推残疾人特殊教育发展。一是统筹残疾人保障金，用于全市特殊教育事业发展。2018年至2021年，全市共支持特殊教育学校建设资金113.7万元。二是积极申请学前教育儿童、残疾人大学新生资助。五年来共申请彩票公益学前教育项目资金92.1万元，资助残疾儿童307人次；争取资金39万元，资助156名残疾人大学新生入学，确保各年度上线残疾高考学生录取率和入学率达100%。三是做好特教园丁奖的申报。各县（区）残联组织特殊教育学校教师参加"交通银行特教园丁奖"评选。五年共申报西秀区特殊教育学校教师喻萍（2017年度）、镇宁自治县特殊教育学校教师彭余英（2018年度）、镇宁自治县特殊教育学校教师何英（2019年度）、紫云自治县特殊教育学校教师吴朝霞（2020年度）参加"交通银行特教园丁奖"评选。其中，喻萍、吴朝霞两位老师获奖。四是创办安顺市残疾儿童幼儿园。在市政府的大力支持下，利用市残联综合服务中心，依托西秀区特殊教育学校的教师经费、编制等资源，在全省率先创办市级残疾儿童幼儿园，社会反响较好。

（三）大力推进残疾人就业创业工作。五年来，各级残联认真贯彻落实《残疾人就业条例》《中华人民共和国残疾人保障法》等相关法律规定，以就业创业带动增收，助推脱贫攻坚与乡村振兴有效衔接。据统计，全市通过培训解决残疾人就业人数为23402人，其中，按比例安置就业人数为443人，集中就业人数为438人，个体就业人数为1564人，公益性岗位就业人数为234人，辅助性就业人数为91人，农村种养殖人数为13504人，灵活就业人数为7128人。一是按照《安顺市残疾人同步小康创业就业实施方案》，结合全市脱贫攻坚与乡村振兴有效衔接工作，有序推进贫困残疾人就业创业，帮助残疾人增收。深入实施《安顺市残疾人产业振兴行动工作任务》，创建省级残疾人创业就业示范点22个，获省级扶持资金248万元，安置带动周边残疾人就业333人。二是创建市级残疾人就业创业示范点37个，扶持资金195万元，安置周边残疾人就业444人。三是创建残疾人辅助性就业机构10家，安置残疾人就业50余人，扶持资金50余万元，有效解决就业年龄段部分智力、精神和重度肢体残疾人就业。如，2021年上半年，西秀区以打造"百合花·爱心小镇"为目标，通过税收优惠、厂房租金减免补助等方式吸引企业入驻，安置残疾人或残疾人家庭就业13人次。

（四）扎实开展残疾人就业技能培训。开展残疾人培训，提高残疾人素质和技能，是促进残疾人就业的重要手段和有效途径。通过制订年度培训计划，以政府购买服务的方式，让就业年龄段残疾人拥有一技之长，实现国家提出的"培训一人、就业一人、带动一家"的就业目的。五年来，全市共举办盲人按摩、种植、养殖、民族手工刺绣、农村医学、假发制作、农产品加工等各种培训班70余期，培训6069人次。一是引进社会优质培训资源参与残疾人就业培训，有效促进残疾人就业。在选择培训机构上，从办学资质、设施、实效性、推荐就业等方面严格审核，确保培训质量。如，盲人按摩培训项目从2017年至2021年均由安顺市西秀区康复阳光培训学校承办，考试合格率达98%以上，推荐就业人数逐年递增，全市43个盲人按摩机构几乎都有阳光康复培训学校的学员。二是开展各类农村实用技术和职业技能培训，拓展残疾人就业渠道，提高残疾人收入。为提高残疾人培训实效，有的县根据残疾人的自身特点，结合当地优势产业及就业形势进行培训，充分考虑培训的内容是否能够直接解决就业、增加收入。如，镇宁县残联与当地龙头企业贵州山和水集团有限公司合作，在培训教学中侧重培训茶叶的种植技术，培训结束后通过考核，公司吸纳残疾人及家庭成员到茶叶种植基地就业，保障残疾人和残疾人家庭就业，提高经济收入。

（五）依法推进残疾人保障金征收管理使用。征收残保金是国家促进残疾人按比例就业的重要举措，体现了党和政府对残疾人的关怀和对残疾人事业的重视。五年来，各级残联认真落实《残疾人就业保障金征收使用管理办法》《贵州省残疾人就业保障金征收管理实施办法》，把征收工作作为重点工作来抓，确保应收尽收，残疾人保障金征收金额和按比例安置残疾人就业人数逐年提升。如，2019至2021年全市收缴进入各级国库残保金达1.6894亿元，财政批复用于全市残疾人事业经费为0.5605亿元。一是抓好残保金征收宣传。全市各级残联把宣传、解读政策作为主要方法，充分利用新闻媒体、报刊宣传残疾人保障金征收和使用政策，使辖区内所有机关及企事业单位应知尽知，家喻户晓。二是为提高残保金征管效率，每年各级劳动就业服务中心对残保金征缴对象进行调查摸底、核查年审，增强准确性。三是强力实施征收新体制。2017年，安顺市政府召开全市残疾人保障金征收工作推进会，明确督查督办局、财政局、地税局、残联等部门在残保金征收工作中的职责。从2017年起，由用人单位所在地的县级主管地税机关征收，同级残疾人就业服务机构配合并年审用人单位实际安置残疾人就业人数。

三、存在的困难和问题

（一）残疾人特殊教育发展不平衡不充分。一是特殊教育经费投入不足，发展不平衡不充分等问题仍是特殊教育领域的薄弱环节。如，镇宁自治县特校因经费紧缺，无力改善办学条件，特校学生尚在走读，需要家长每天接送照顾，残疾学生读书反而成了家庭负担。如，平坝区特校进校路（校门口至平坝三中操场后门口）共计380米左右，因平坝三中操场建设未完工，此路面一直未进行铺装。加之平坝污水处理厂随时有大车通过，造成路面凹凸不平，雨天道路泥泞、积水严重、脏水四溅，晴天尘土飞扬，苦不堪言。而在校学生有部分属于肢体残疾，上下学轮椅车通行困难、寸步难行。紫云自治县特校因教育教学场地狭窄，无论是学生宿舍、教室，还是功能室、活动场地等均不能满足教学需求，造成有上学愿望的残疾适龄儿童无学可上，成为全省唯一一所没有开办初中的特殊教育学校。关岭自治县特校老校区面积狭小，远远不能满足当前的教育教学需求。即将改扩建成的教学大楼因资金拖欠问题，迟迟未能完工，导致学生仍然在老教学楼上课，一个教学班有两个以上年级，教学都是复式教学，教师授课难度大，学生学习严重受限。二是特校教师严重缺编且特色专业教师少，多为特殊教育专业和少量康复专业教师，对学生教育和学校特色发展不利。三是安顺是全省九个市州中唯一没有市级特校的地级市。西秀区特校既承担辖区内残疾学生教育任务，又承担市级特殊教育任务。由于没有市级特殊教育学校，无法整合全市的特殊教育资源，造成较大的资源浪费，成为影响安顺市特殊教育发展的桎梏。

（二）残疾人就业政策项目落实不顺畅。一是上级下拨的资金部分县（区）至今未划拨到残联账户，导致项目无法实施。如，《安顺市扶持残疾人就业创业办法》明确规定给每户扶持资金3000元以上，2021年市级下拨给西秀区残疾人创业户扶持资金14.5万元至今未得使用，仅得省级资金6万元使用（西秀区按每户1200元扶持残疾创业户50户）。二是各级虽然出台了一系列促进残疾人就业及帮扶政策，但对用人单位及企业依法按比例吸收残疾人就业的责任不够明确。一方面，不少单位存在不按规定安排残疾人就业、不与残疾人签订劳动合同、歧视残疾人等情况。另一方面，企业聘用残疾人除了残保金减免外，缺乏更多鼓励措施和灵活政策。三是适合残疾人就业的岗位不多。加之有的残疾人内生动力不足，存在心理障碍，不愿走出家门，就业意识比较淡薄，残疾人就业难、难就业仍然是社会事业的短板。

（三）残疾人培训力度不够，方式单一。一是地方财力薄弱，残疾人事业经费投入不足，仅仅依靠中央培训经费组织培训，且人均经费少。由于资金少，在残疾人实用技术培训方面，安排培训时间短、内容少，参训人员无法在短时间内全面掌握技术。二是有的培训项目与残疾人就业需求不相符，以培训促就业效果不明显。如，年年都在举办种养殖培训班，大都不适合残疾人，收效甚微，有的残疾人来参加培训班只为领取误工费。三是有的用人单位社会责任意识不强。有的仅从安全角度考虑怕麻烦，宁可缴纳残疾人保障金也不招录安置残疾人就业，导致培训出来的残疾人找不到就业岗位，对参加培训失去信心。

（四）残保金征收、使用社会效率不高。一是一些地方政府部门对发展残疾人事业重视不够。市两城区企事业单位多，经济发展较好，征收情况相对较好。有的县（区）部分单位以财政困难为由拒不缴纳残保金，征收难度大，不能全面完成。如，镇宁自治县部分单位存在不按规定缴纳残保金情况。二是地方经济发展不平衡，有的县（区）未将残保金使用纳入财政预算，如，关岭、紫云两自治县未纳入，只能"要一点、得一点、用一点"。三是虽然残保金纳入财政一般公共预算，但有的县（区）用于残疾人事业的预算比例极低，或预算开展残疾人工作的经费得不到足额批复，正常的办公运转都难以维持。有的县（区）批复使用率极低甚至为零，严重制约了全市残疾人事业发展。如西秀区2020至2021年度残保金共征收入库2788万元，绝大部分被政府统筹使用，预算仅批复使用92.16万元用于残疾人事业。紫云自治县2021年征收入库343.17万元，预算仅批复10.62万元。关岭自治县2021年入库310.38元，预算批复使用15万元。镇宁自治县批复使用金额不到入库总额的10%。普定县2021年残保金批复使用为零。

（五）项目资金被挤占或挪用较为普遍，严重制约了全市残疾人事业发展。近年来，由于受疫情影响，县（区）财政普遍困难，中央及省、市下达到各县（区）的残疾人项目资金大都被挤占或挪用，导致很多项目无法实施或半途而废。较严重的县（区）如西秀区，从2019至2021年度，上级安排用于残疾人创业就业、示范户培育、教育等资金225.89万元（其中：省级资金51.34万元、市级资金174.55万元）没有得到使用，影响正常的工作开展。市级拨付给西秀区特校资金10万元（安市财社〔2019〕82号残保金经费用于特殊教育9.5万元；安市财社〔2021〕91号市级残疾人事业发展补助资金用于特殊教育0.5万元）迟迟未到位，导致有些工作推进困难。

（六）残联基层组织力量薄弱。县（区）残联编制少，乡镇残联无编制，残疾人工作大都由乡镇社会事务办工作人员兼职，一年仅有中央拨的1400元作为残疾人专职委员报酬。村级残协工作人员由村支两委人员兼任，无报酬且服务面广、事多繁杂，有的甚至没人愿意干，未打通服务残疾人"最后一公里"。如，在摸底残疾人就业培训需求方面的问题上，由于缺乏人手，一方面残疾人不知道国家对残疾人培训有优惠政策，另一方面残联找不到适合参训的残疾人。

四、几点建议

残疾人事业是中国特色社会主义事业的重要组成部分，是崇高的人道主义事业，充分保障残疾人权利、全面增进残疾人福祉、提高残疾人发展能力、促进残疾人平等参与权，是社会主义制度的本质要求，也是社会公平正义和文明进步的重要标志。由于残疾人的特殊性，使之成为最需要民生保障和社会帮助的特殊困难群体。

（一）加大工作力度，不断提高残疾人特殊教育质量，促进安顺特殊教育健康发展。一是认真贯彻落实《安顺市"十四五"特殊教育发展提升行动计划》（安市教通〔2022〕52号）。新时期残疾人教育高质量发展应是系统、全面、均衡、全方位的。特殊教育的发展要遵循特殊教育发展的客观规律，构筑适合特殊教育特点的办学模式，走因材施教、多元化、特色化的办学之路。二是加强残疾人义务教育与职业教育、学前教育协调发展。特别是义务教育阶段要真正做到零拒绝、全覆盖，让有求学愿望和能力的残疾学生有学可上，让他们有一技之长，能够自食其力立足社会，共享人生出彩的机会。三是加大经费投入，完善学校软硬件设施，设置学校专业校医，让残疾人学生学在学校、住到学校，同时加强特教教师队伍建设，尽快补齐特色专业教师。四是深化特殊教育体制改革，以安顺市西秀区特殊教育学校为基础，组建安顺市级特殊教育学校，构建安顺市县（区）特殊教育学校体系，建立安顺市特殊教育集团。整合全市特殊教育资源，在业务指导、技能拓展、办学管理等方面加强对县（区）学校的引领示范，更快更好地把专业技能、新兴教学理念传播到县（区）学校，实现安顺市特殊教育的高质量发展。

（二）全面贯彻新国发2号文件，努力发挥各方面的作用，促进残疾人增收。围绕"提高和改善民生水平"核心问题，落实各级残联关于残疾人的各项惠残政策，努力发挥政府、残联组织、社会、市场、残疾人个体等各方面积极性，持续推动残疾人产业帮扶。一是实施好"残疾人产业振兴行动工作"，健全完善残疾人创业就业示范基地帮扶机制，加大对省级市级示范点、示范基地示范户的扶持力度。二是努力争取各级残联项目资金的扶持。比如，创建更多农村残疾人乡村振兴产业基地、乡村振兴残疾人工作示范点、残疾人辅助性就业机构等，让更多残疾人就近就业创业，增产增收。三是积极争取东西部协作帮扶残疾人项目资金，加大对残疾人创业的扶持力度，增强东西部残疾人帮扶协作精准度，千方百计促进残疾人就业创业。

（三）严格项目资金使用，保障资金专款专用。鉴于近年来县（区）财政困难，上级划拨的项目资金被政府统筹使用的实际，为保障各项惠残政策的落实，建议上级划拨的项目资金直接划拨到县（区）残联专户上。

（四）持续加大残保金宣传力度，严格规范残保金用途，最大限度发挥残保金的社会效益。残疾人就业保障金是扶持残疾人就业、帮助残疾人平等参与社会生活的专项资金。一是各级残联充分利用新闻媒体宣传残疾人保障金征收和使用政策，提高残保金征收率。二是按照《贵州省残疾人就业保障金征收使用管理实施办法》，纳入地方一般公共预算统筹安排，主要用于支持残疾人就业和保障残疾人生活。在规范使用残保金的前提下，让残疾人保障金最大限度用于残疾人事业发展。三是积极争取地方党委、政府对残联工作的支持，提高市、县两级残保金的使用率，切实解决残疾人创业就业经费投入不足的问题，确保更多的残疾人得到国家的帮扶，让残疾人感受到党和政府以及社会各界对他们的关怀与爱心。

（五）持续抓好残疾人就业创业技能培训，创新培训方式，提高残疾人自我发展能力和市场竞争力。一是加大职业技能培训资金投入和培训力度。合理延长培训时间，丰富培训内容，着眼高技术人才的培训，增强残疾人自我发展能力和市场竞争力。二是创新职业技能培训方式。各级残联残疾人就业服务中心以实际岗位和市场需求为依据，制订切实可行的培训计划，对残疾人进行定向职业技术培训，最大限度解决市场用工需要。同时，提高残疾人参训的积极性和主动性，采取实地观摩、专家现场释疑等新形式开展培训。三是加大协作联系，进一步加强残疾人培训与各相关部门的联系，完善培训就业登记、信息服务、中介、再培训等服务，打破部门之间、地区之间、城乡之间的隔阂，将残疾人就业市场纳入社会劳动力市场体系建设当中，实现残疾人及家庭增产增收。

（六）做好残疾人自强模范先进事迹的材料收集和宣传推广，广泛宣传正能量，讲好安顺残疾人故事。通过主流媒体和新媒体等多种途径和方式，广泛宣传残疾人创业示范典型自强不息、不向命运低头的斗争精神，引导激励残疾人以先进为榜样、靠奋斗创造美好幸福生活，增强劳动致富的信心和动力。

（七）持续推进残联组织改革，努力实现基层残联组织建设改革和服务能力创新取得新突破。健全农村基层残疾人组织，密切联系和服务残疾人。一是认真贯彻落实中国残联、省残联改革方案及实施办法，抓好市、县残联改革情况的组织检查。持续推进乡（镇、街道）残联有形化建设，着力推动解决基层残联无编制、专职委员报酬低等问题，全面提升基层残联服务能力。二是落实中国残联、民政部《关于加强和改进村（社区）残疾人协会工作的意见》，进一步加强村残协规范化建设，切实发挥联系、维权、服务等方面的基础作用。努力打造"党委领导、政府主导，残联协调，部门实施"的残疾人事业新格局，着力提高残疾人的获得感、幸福感和安全感，为推进"十四五"期间残疾人事业高质量发展作出积极的贡献。

附件：

1. 安顺市2017—2021年省、市示范基地统计表
2. 安顺市2022年特殊教育学校学生分类统计表
3. 安顺市残疾人就业情况统计表
4. 安顺市2017—2021年残疾人培训情况统计表
5. 安顺市2018—2021年残疾人就业保障金征收使用统计表

（作者单位：安顺市残联）

附件1

安顺市2017—2021年省、市示范基地统计表

扶持资金单位：万元

县（区）名称	2017年 省级 创建数	2017年 省级 扶持资金	2017年 市级 创建数	2017年 市级 扶持资金	2018年 省级 创建数	2018年 省级 扶持资金	2018年 市级 创建数	2018年 市级 扶持资金	2019年 省级 创建数	2019年 省级 扶持资金	2019年 市级 创建数	2019年 市级 扶持资金	2020年 省级 创建数	2020年 省级 扶持资金	2020年 市级 创建数	2020年 市级 扶持资金	2021年 省级 创建数	2021年 省级 扶持资金	2021年 市级 创建数	2021年 市级 扶持资金	扶持资金合计
西秀区	1	12	2	10	1	10	1	5	1	10	1	5	2	20	1	8	1	10	1	5	95
平坝区			1	5			1	5													10
普定县	1	20	2	10	1	10	1	5	1	10	1	5	2	25	1	6	1	10	1	5	96
镇宁自治县	1	12	1	5	1	10	1	5							1	6	1	15	1	5	73
关岭自治县	1	12	1	5	1	20	2	10	2	10			1	10	1	8	1	10	1	5	90
紫云自治县	1	12	1	5			1	5	1	10	1	5			2	11			1	5	53
经开区											1	5									10
黄果树旅游区											1	5			2	11					16
合计	5	68	8	40	4	40	8	40	4	40	8	40	5	55	8	50	4	45	5	25	443

附件2

安顺市2022年特殊教育学校学生分类统计表

学校名称	听力残疾（人）	视力残疾（人）	智力残疾（人）	幼儿班（人）	合计（人）
西秀区特殊教育学校	43	30	74	6	153
平坝区特殊教育学校	13	5	70		88
普定县特殊教育学校	10	0	56		66
镇宁自治县特殊教育学校	5	0	95		100
关岭自治县特殊教育学校	11	2	55		68
紫云自治县特殊教育学校	22	2	46		70
总合计	104	39	396	6	545

附件3

安顺市残疾人就业情况统计表

单位：人

地区	就业总人数 合计	就业总人数 男	就业总人数 女	按比例就业 人数	按比例就业 本年新增	集中就业 人数	集中就业 本年新增	个体就业 人数	个体就业 本年新增	公益性岗位就业 人数	公益性岗位就业 本年新增	辅助性就业 人数	辅助性就业 本年新增	农村种养加 人数	农村种养加 本年新增	灵活就业 人数	灵活就业 本年新增
市本级	0	0	0	0	0	0	0	0	0	0	0	0	0	0	0	0	0
西秀区	3410	2501	909	153	1	151	0	821	0	54	0	13	0	1209	0	1009	0
平坝区	1413	1050	363	16	1	21	0	25	0	5	0	0	0	427	0	919	0
普定县	6822	5061	1761	42	0	27	0	78	0	6	0	12	0	3776	0	2881	0
镇宁自治县	4115	3216	899	75	0	97	0	102	0	9	0	24	0	3341	0	467	0
关岭自治县	3603	2780	823	27	0	24	0	87	0	123	0	22	0	2754	0	566	0
紫云自治县	2705	2169	536	58	0	40	0	99	0	10	0	13	0	1592	0	893	0
经开区	731	547	184	45	0	68	0	267	0	21	0	7	0	150	0	173	1
黄果树	587	443	144	27	0	10	0	85	0	6	0	0	0	243	0	216	0
合计	23386	17767	5619	443	2	438	0	1564	0	234	0	91	0	13492	0	7124	1

说明：本表统计的数据是动态数据，统计截止时间为2022年5月15日。

附件4

安顺市2017—2021年残疾人培训情况统计表

单位：人

县（区）	2017年	2018年	2019年	2020年	2021年
安顺市	0	0	0	0	0
西秀区	261	198	152	261	154
平坝区	0	166	64	0	114
普定县	2	276	180	2	174
镇宁自治县	279	198	187	279	136
关岭自治县	175	160	109	175	117
紫云自治县	167	238	168	167	152
开发区	68	48	59	68	65
黄果树	59	55	47	59	74
合　计	1011	1339	966	1011	986

附件5

安顺市2018—2021年残疾人就业保障金征收使用统计表

单位：万元

县（区）	2018年度		2019年度		2020年度		2021年度	
	入库数	财政审批使用数	入库数	财政审批使用数	入库数	财政审批使用数	入库数	财政审批使用数
市本级	880	615	1073.15	612	1104.54	602	1093	712.64
西秀区	1305	864.75	1358	482	1335	0	1453	0
平坝区	340.8	0	762.47	100.69	755.08	53	683.79	61.32
普定县	393.6	43.6	509.68	211.73	375.48	301.85	526.68	0
镇宁自治县	295.2	176.3	411.8	217.3	358.46	82.81	397.52	70.51
关岭自治县	277.6	49.33	431.92	189.26	378.67	107.42	301.38	15
紫云自治县	326.16	139.1	446.49	73.5	388.82	89.44	343.17	9.67
开发区	259.8	147	689.39	114.75	590.05	86.92	378.19	107.84
黄果树	84	116.31	125.62	82.89	138.65	62.48	138.65	63.32
合 计	4162.16	2151.39	5808.52	2084.12	5424.75	1385.92	5315.38	1040.3

安顺市殡葬改革工作情况调研报告

◀ 裴莉

殡葬问题是关系到每一位老百姓的重大民生问题，在推进建立法治政府，构建社会主义和谐社会的时代背景下，生态文明的理念愈加融入新时期殡葬改革和管理中来，在此趋势下，近年来，安顺市殡葬改革工作秉承节约土地、保护环境、移风易俗、减轻群众负担的宗旨，在绿色殡葬、人文殡葬的建设道路上进行了积极的尝试和探索，并取得了一定成效。但随着经济社会的不断发展，人民群众对殡葬服务的需求不断提高，也反映出安顺市殡葬改革工作在制度建设、基层设施建设、服务水平等方面存在的问题和短板。结合工作实际，笔者以问题为导向，对安顺殡葬改革工作进行了调研，为党委、政府解决重大民生问题提供决策依据。

一、殡葬改革工作基本情况

（一）火化区域划定情况。所有县（区）都制订了殡葬改革实施方案，划定了各自辖区内的火化范围和推进时间表，出台了一系列加强殡葬管理的政策措施，积极推行火葬。其中：平坝区、普定县将所辖行政区域纳入火化区；镇宁、关岭、紫云将县政府所在地纳入火化区，还分别将公路主干道两侧部分乡镇（村居）纳入火化区；西秀区、开发区、黄果树旅游区印发文件规定所辖行政区域全部纳入火化区，但西秀区、开发区目前仅有城区及国家公职人员实行火化，城中村未全部实行火化，黄果树旅游区仅有国家公职人员实行火化。2021年火化遗体7772具，全市火化率43.89%，其中：西秀区30.58%，平坝区71.56%，普定县76.05%，镇宁县36.16%，关岭县35.37%，紫云县25.5%，开发区38.38%，黄果树旅游区5.67%。

（二）集中治丧情况。西秀区、开发区的主城区开展集中治丧，但城中村及各乡镇未实行集中治丧；普定县、镇宁县、关岭县、紫云县已启动县城集中治丧工作；平坝区和黄果树旅游区未实行集中治丧。2021年全市集中治丧停放数2068户，集中治丧率26.61%。其中：西秀区887户，平坝区75户，普定县158户，镇宁县252户，关岭县79户，紫云县112户，开发区505户。

（三）殡仪服务情况。目前安顺市共有殡仪服务中心（殡仪馆）7个，其中市级1个，为市殡仪馆；县级6个，分别为平坝区忆江南殡仪馆（含火化场）、普定县殡仪服务中心、镇宁县殡仪服务中心、关岭县殡仪服务中心、关岭县恒发殡仪馆（含火化场）、紫云县殡仪馆（含火化场）。市殡仪馆面向全市提供治丧（两城区治丧点共3个，可用悼念厅共33个）、遗体接运、冷藏、火化服务，其余县（区）殡仪服务机构按照属地管理为辖区内丧属提供遗体接运、冷藏服务，平坝区、紫云县还可为辖区内群众提供火化服务。

（四）公墓建设及入葬情况。目前全市共建成经营性公墓7个，其中国营公墓1个，民营资本投入公墓6个；城市公益性公墓3个；农村公益性公墓235个，分别为：西秀区78个、平坝区0个、普定县120个、镇宁县28个、关岭县0个、紫云县0个、开发区2个、黄果树旅游区7个。2021年全市火化遗体7772具，进入公墓安葬的骨灰为3918具，其中：进入经营性公墓安葬1413具，进入城市公益性公墓安葬460具，进入农村公益性公墓安葬2045

具。骨灰入公墓率为50.41%。

（五）违法违规私建坟墓整治工作情况。按照市委、市政府主要领导对违法违规私建坟墓有关现象的批示要求，市级成立了安顺市整治违法违规私建坟墓工作领导小组，制订印发了《安顺市整治违法违规私建坟墓工作方案》，对相关工作进行了细化安排。各县（区）相应成立了工作领导小组，细化制订了工作方案，扎实开展违法违规私建坟墓整治工作。全市通过违法违规私建坟墓专项整治，拆除活人墓53座，排查整治骨灰二次装棺违规乱埋乱葬9座，绿化遮掩坟墓201座。2022年，为认真贯彻落实李炳军省长在安顺调研时的指示精神，根据市委主要领导的批示要求，扎实组织开展"活人墓"专项整治工作，制定印发了《关于全面摸清殡葬领域突出问题的通知》《关于开展"活人墓"问题集中专项整治工作方案》，组织市场监管、自然资源、林业、农业农村、水务、综合执法等部门密切配合，深入推进"活人墓"整治工作。全市共整治"活人墓"734座，整治碑石加工销售点352个，取缔火葬区棺木加工销售点121个。

二、近年来殡葬改革工作取得的成效

（一）殡葬工作机制不断完善。2015年市政府常务会研究决定下发《安顺市户籍人口免除基本殡葬服务费用实施方案（试行）通知》（安市民发〔2015〕70号）文件；2016年市9部门联合转发贵州省民政厅等9部门《关于贯彻落实民政部等9部门〈关于推行节地生态安葬的指导意见〉的实施意见》的通知（安市民发〔2016〕74号）；2017年市人民政府办公室印发《关于进一步加强惠民殡葬工作的通知》（安府办函〔2017〕107号）。全市各县（区）深入贯彻落实国家、省、市关于推进殡葬改革的决策部署，全市6个县（区）相应制订了殡葬改革实施方案，划定了各自辖区内的火化范围和推进时间表，出台了一系列加强殡葬管理的政策措施，积极推动殡葬改革事业发展。

（二）大力推进火化，提高火化率。近年来，在殡葬改革政策、措施的保障下，各县（区）不断深入推进殡葬改革，大部分县（区）都制订完善了殡葬改革方案，大力推进火化。随着全市火化范围不断扩大，安顺市火化率从2008年的9%提高到目前的59.95%，火化遗体数相应从1498具上升到8116具。其中，平坝区、普定县殡葬改革措施到位，率先在全市实现全县（区）行政区域100%火化，全市火化率逐年提升。

（三）殡葬基础设施建设进一步完善。逐步建立起较为完善的殡葬服务网络体系。全市建有殡仪服务中心7个；建成市、县两级火化场4个并投入使用；建成经营性公墓7个，县级城市公益性公墓3个，农村公益性公墓235个。开发区城市公益性公墓拟建墓穴6万座，项目已完成主体工程建设。关岭县公墓建设项目进入2020年新增专项债券项目，获得资金额度1.68亿元。

（四）惠民殡葬措施成效显著。按照"保基本、广覆盖、可持续"的原则，满足群众殡葬需求、维护群众殡葬权益，市政府逐渐将基本殡葬服务纳入政府公共服务保障范围。2015年安顺市委、市政府将免除全市户籍人口基本殡葬服务费列为"十件实事"之一，对全市户籍人口遗体火化、接运、骨灰寄存、单间停放、遗体消毒清洁五项基本殡葬服务费720元进行免除。2017年，市政府办出台《关于进一步加强扩面增项奖补惠民殡葬工作的通知》（安府办函〔2017〕107号）文件，对节地生态安葬亲属给予1000至3000元奖励。这些政策实施以来，全市共计减免金额近2600万元，解决了超过3.5万丧户的基本殡葬服务需求。

三、殡葬改革工作存在的问题

（一）殡葬管理制度不健全，殡葬改革执法监督难。一是殡葬政策法规滞后。2012年修订的《国务院殡葬管理条例》弱化了民政部门针对殡葬违法违规行为的查处力度，贵州省民政厅按照中央有关条例，对殡葬管理原则性、倡导性条款多，针对性较弱，对违法违规丧葬行为的惩罚力度小，违法成本低。二是县（区）无殡葬管理机构。各县（区）殡葬服务管理存在无机构、无编制、无人员问题，基本上没有专门从事殡葬服务管理的机构和人员，机构改革后，各县（区）从事殡葬改革的力量严重削弱，原有的殡葬执法大队因事业单位改革，职能已全部划到综合执法局，殡葬服务管理职能尚未厘清，制约全市殡葬改革的推动，加大了殡葬改革工作管理难度。

（二）殡葬改革工作发展不平衡。2009年以来，虽然各县（区）都制订出台火化区划定及殡葬改革工作推进方案，但除平坝、普定外，普遍存在火化区域推进缓慢的问题。各地在火化工作中推进力度、节奏不统一，推进不平衡，尤其是西秀区、开发区、黄果树旅游区，火化率低于全市平均水平。两城区的城中村和平坝区尚未实行集中治丧。农村公益性公墓建设除普定县实现乡镇全覆盖外，其余建设数量达不到工作要求，甚至有的县是空白。

（三）火化范围拓展慢，县区推进不平衡。尤其是西秀区、开发区、黄果树旅游区，虽然出台殡葬改革实施方案规定所辖区域全部纳入火化区，但是推进不力，西秀区和开发区目前仅有城区居民及国家公职人员实行火化，黄果树旅游区仅对国家公职人员实行火化。西秀区火化率30.58%，开发区火化率38.38%，低于全市火化率。各地在火化工作中推进力度、节奏不统一，推进不平衡。

（四）财政投入不足，殡葬设施公益性发挥不足。目前全市殡仪馆（殡仪服务中心）和城镇公墓建设除市级为殡仪馆自收自支事业单位贷款建设，镇宁县为国有企业投入外，其余县（区）均通过招商引资民营资本建设，殡仪服务公益性体现不足。按照规划，全市应于2015年建成691个农村公益性公墓，因规划用地、无资金投入等原因，目前仅建成235个，且因农村传统丧葬风俗"向山""风水"等思想影响，已建成的农村公益性公墓墓穴62650个，截至目前仅使用9278个，使用率为14.8%。

（五）殡葬改革政策宣传不足，思想引导还需加强。群众对推进殡葬改革的重要意义认识不够，政策知晓率不高。特别是在农村，传统丧葬风俗根深蒂固，大办丧事现象依然存在，让老百姓接受支持厚养薄葬、遗体火化、集中安葬等还需加强宣传引导。

（六）殡葬改革执法统筹力度不够，职责不清。机构改革后，各县（区）殡葬执法职能已划转到综合执法部门，执法体制和职责尚未厘清，导致殡葬乱象有所抬头，执法统筹不够，执法成效不明显。

四、对策和意见

（一）提高思想认识，强化殡葬改革组织保障。殡葬改革事关千家万户，事关社会稳定和谐，殡葬改革是推进移风易俗，促进乡风文明和乡村振兴的重要内容。我们一定要进一步提高认识，各级都要加强殡葬改革的组织领导，把殡葬改革工作摆上重要议事日程，形成"党委统一领导、党政齐抓共管、民政组织协调、相关部门各负其责、群众积极参与"的殡葬改革领导体制和工作机制，一级抓一级，层层抓落实。将实施殡葬改革工作与完善社会治理、推进生态文明建设、经济社会发展等结合起来，进一步担当作为，加大推进殡葬改革力度。进一步理顺市、县综合执法工作职能职责，将殡葬执法工作作为县（区）综合执法重要工作内容，加大对殡葬违规行为查处力度。

（二）深入推进集中治丧。我们要根据实际情况明确集中治丧范围，合理缩短治丧时间，制定出台针对困难、特殊群体集中治丧的优惠政策，不断深化丧事风俗改革，规划和建设殡仪服务集中治丧场所，引导群众办理丧事活动遵守公共秩序、爱护公共设施、保护生态环境、革除治丧陋习、树立文明新风。已建成殡仪服务集中治丧场所的，必须实行集中治丧。在城市建成区和有条件的乡镇（街道），治丧和悼念活动必须在殡仪馆、火葬场及殡仪服务站内进行，禁止占道停尸治丧，对不便于在规定的集中治丧场所办理丧事活动的边远乡村，可以在不妨碍周边居民正常生活、不污染环境、不影响村容村貌等情况下，就近办理丧事活动。

（三）统筹规划农村公益性公墓建设。各县（区）将农村公益性公墓建设与乡村振兴战略同规划、同部署、同推进。按照"科学规划，合理布局"原则，根据县（区）人口数量、年平均死亡率等实际，测算出未来几年墓地墓穴数量，合理编制农村公益性公墓墓穴设施规划，将规划纳入经济社会发展总体规划，争取将农村公益性公墓项目打捆列入中央预算内投资、地方政府专项债券投资，多渠道筹集资金开展项目建设。因地制宜，合理利用历史埋葬点，将农村公益性公墓建设与农村集中历史埋葬点改造相统一，为实现集中安放（葬）设施城乡全覆盖目标任务提供规划保障。要按照规划引导群众实行集中安葬，进一步采取疏堵结合方式有效制止乱埋乱葬行为，倡导不留坟头或以树代碑等安葬方式。依法坚决打击"住宅式墓地""豪华墓""活人墓"等乱埋乱葬行为。

（四）发挥党员干部带头作用。推行殡葬改革要切实发挥党员干部示范带动作用，各级党员干部，特别是领导干部要站在讲政治、顾大局的高度，坚决贯彻落实省委办公厅、省政府办公厅《关于党员干部带头推动殡葬改革的实施意见》，带头文明节俭治丧、节地生态安葬、文明低碳祭扫，并加强对其亲属和身边工作人员办理丧葬事宜的教育和约束，以正确导向和行为示范带动广大群众革除丧葬陋俗，弘扬新风正气。

（五）加大宣传力度，推进殡葬移风易俗改革。各级各部门要充分利用电视、报纸、网络、手机短信、宣传展板和宣传车等多种方式，深入开展殡葬法规政策和党员、干部带头推动殡葬改革先进事例的舆论宣传，以强大的宣传声势，为殡葬改革顺利推进营造良好的舆论环境。进一步加强宣传，逐步教育引导群众转变传统丧葬观念，接受殡葬改革新政策、新理念，让群众理解殡葬改革，为推进工作打好思想基础，确保殡葬改革工作顺利推进。

（作者单位：安顺市民政局）

审慎稳妥推进安顺市农村集体经营性建设用地入市改革
——基于平坝区塘约村的试点经验

◀ 代凯锋　王俊

摘要：有序推进农村集体经营性建设用地入市改革是新国发2号文件赋予贵州的一项重要改革任务。当前，改革形势由"稳妥有序"转为"审慎稳妥"，严格控制试点县数量，强调规则意识，守牢制度和法律底线。塘约村1.26亩集体建设用地入市是安顺市首例，在入市准备、入市流程、受让人选择、产业选择等方面做到了全过程审慎稳妥。集体经营性建设用地入市的价值不在于入市增值收益，而在于二次开发，不能搞"土地财政"。是否入市应主要基于农村产业发展需要，出让方和受让方要提前做好供需对接，避免盲目入市。依法做好国土空间规划、确权登记、基准地价制定等入市前准备工作，杜绝违法违规用地，确保同权同价。健全集体经营性建设用地入市供后监管制度，提高土地使用效率。

关键词：集体经营性建设用地　入市　审慎稳妥　塘约村

有序推进农村集体经营性建设用地入市改革是新国发2号文件赋予贵州的一项重要改革任务，对激活农村资产，发展集体经济，提高农民收入具有重要意义。农村集体经营性建设用地入市是党的十八届三中全会部署的重大改革任务，为稳妥有序推进改革，2014年12月31日，中共中央办公厅、国务院办公厅印发《关于农村土地征收、集体经营性建设用地入市、宅基地制度改革试点工作的意见》，分两批在全国33个县（市、区）开展改革试点工作。2019年8月，在全国33个试点经验基础上，全国人大常委会对《土地管理法》进行了修订，明确规定农村集体经营性建设用地可以直接进入市场交易，从法律上为农村集体经营性建设用地入市流转、进而为构建城乡统一的建设用地市场扫清了障碍。2022年9月，中央全面深化改革委员会第二十七次会议强调农村集体经营性建设用地入市改革必须审慎稳妥推进。从部署改革、依法授权、试点探索，到修改土地管理法，再到实质性推进入市交易，历时约9年之后，中央提出要"审慎"，反映出该项改革的复杂性。

一、改革形势："稳妥有序"转向"审慎稳妥"

2022年9月6日，中央全面深化改革委员会第二十七次会议审议通过了《关于深化农村集体经营性建设用地入市试点工作的指导意见》。会议强调，推进农村集体经营性建设用地入市改革，事关农民切身利益，涉及各方面利益重大调整，必须审慎稳妥推进。相比2022年中央一号文件"稳妥有序"的表述，此次深改委会议改为"审慎稳妥"。

（一）如何理解"审慎稳妥"

对于一项稳妥有序推进了约9年，已经具备法律基础和较为充分的实践准备的改革事项，中央深改委会议在研究出台指导意见时，之所以还要强调"审慎稳妥"，主要基于"两个事关"的考虑，即"事关农民切身利益，事关各方利益重大调整"。土地制度是国家的基础性制度，农村土地集体所有制是社会主义公有制的重要组成部分。农村集体经营性建设用地入市改革涉及农村土地集体所有制、农村集体产权制度、土地用途管制、土地市场化配置机制、土地增值收益分配机制等多个领域，涉及农民集体、土地受让方、地方各级政府等多个利益主体。改革过程中还必须严守土地公有制性质不改变、耕地红线不突破、农民利益不受损这三条底线，还要落实永久基本农田、生态保护红线、城镇开发边界等三条红线。农村集体经营性建设用地入市与已经运行成熟的国有建设用地入市在入市主体、产业准入、用途管制、利益分配、市场监管等方面有很大的不同，具体推进过程中比前者更复杂，更加需要系统集成的制度规则，必须审慎稳妥推进。

（二）如何做到"审慎稳妥"

从第二十七次中央深改委会议精神来看，"审慎稳妥"主要就是严格条件、规范程序，包括以下四个方面：一是强调试点数量稳妥可控，试点县（市、区）、试点乡（镇）、试点村的数量预计会受到严格的控制；二是强调规则意识，坚持同地同权同责，在符合规划、用途管制和依法取得前提下，推进农村集体经营性建设用地与国有建设用地同等入市、同权同价，在城乡统一的建设用地市场中交易，适用相同规则，接受市场监管；三是强调不能突破法律底线，必须坚持节约集约用地，坚持先规划后建设，合理布局各用途土地。四是强调不能突破制度红线，必须严守土地公有制性质不改变、耕地红线不突破、农民利益不受损，落实永久基本农田、生态保护红线、城镇开发边界等空间管控要求。

二、塘约实践：做到全过程审慎稳妥

2020年8月，省自然资源厅发布《关于加快集体经营性建设用地入市试点工作的通知》（黔自然资函〔2020〕884号），将平坝区作为全省12个试点县（区）之一，开展集体经营性建设用地入市工作。平坝区根据土地利用现状和城乡规划，结合产业发展需求、区位优势、实际用途等条件，选定位于乐平镇的塘约村石头寨组跳花坡1.26亩集体建设用地作为入市试点。该宗地于2021年8月10日在平坝区人民政府网站发布挂牌公告，9月10

日成交，规划用途为商业设施用地，使用年限40年，出让价款为56万元，竞得人为安顺市平坝区乐平镇塘约村金土地专业合作社。塘约村1.26亩集体建设用地入市是安顺市首例，为安顺市审慎稳妥推进集体经营性建设用地入市改革提供了经验借鉴。经实地调查研究，本文认为，塘约村1.26亩集体经营性建设用地入市做到了全过程审慎稳妥，符合中央精神，其经验做法值得深入总结、学习借鉴。

（一）入市条件完全成熟

1.依法决策。塘约村的集体经营性建设用地入市过程充分体现了农民意愿。2021年5月10日，平坝区塘约村股份经济联合社（村集体经济组织）召开村民代表大会，讨论塘约村1.26亩集体经营性建设用地入市事项。会议应到村民代表32人，实到32人，以32票通过、0票反对、0票弃权通过了入市决议，充分尊重了农民意愿，保障了农民的知情权、参与权、决定权，体现了农民的主体地位。

2.权属清晰。该1.26亩集体经营性建设用地位于塘约村石头寨组。2013年，原平坝县人民政府在颁发集体土地所有权证时，将包含该宗土地在内的约24.6公顷建设用地依法全部登记在塘约村村集体名下，所有权人为"平坝县乐平镇塘约村农民集体"，即现在的"平坝区乐平镇塘约村股份经济联合社"。由此表明，虽然该宗地块位于塘约村石头寨组，但所有权人并不是该村民小组，而是村集体，权属状况清晰，无争议，故入市决议无需在村民小组内部讨论。

3.符合规划。为有序推进乡村振兴，2018年，塘约村委托安顺市建筑设计院编制完成《安顺市平坝区塘约村村庄规划（2018—2035）》。该版规划建立在原《土地管理法》关于"农民集体所有土地的使用权原则上不得出让、转让或者出租用于非农业建设"的基础上，上述1.26亩土地在《规划》中的用地性质为采矿用地。2019年8月26日，全国人大常委会修改《土地管理法》，明确"土地利用总体规划、城乡规划确定为工业、商业等经营性用途，并依法经登记的集体经营性建设用地，土地所有权人可以通过出让、出租等方式交由单位或者个人使用"。基于此规定，为促进村集体经济进一步发展，塘约村根据产业发展需要和土地实际用途等调整了村庄规划，将该1.26亩土地的用途由采矿用地调整为商业用地。平坝区人民政府于2021年5月16日批准了调整后的村庄规划。至此，该1.26亩集体经营性建设用地具备新的《土地管理法》关于入市交易的全部法律条件。

（二）入市手续依法合规

塘约村根据《平坝区农村集体经营性建设用地就地入市流程》（平府办发〔2021〕16号）要求提交了相关入市材料，经过乐平镇人民政府审查，提交平坝区环保、林业、自然资源等部门审核后，由平坝区自然资源局委托有资质的评估机构依据《贵州省土地估价师协会关于印发集体建设用地定级与基准地价评估技术指引（试行）的通知》（黔土估协发〔2021〕6号）进行评估。平坝区人民政府批复评估价格后，塘约村股份经济联合社会同乐平镇人民政府拟订入市方案。方案在塘约村进行5天的公示，无异议后，经平坝区自然资源局审核，报区人民政府审定、出具入市批复文件，再由区自然资源局土地矿产资源交易中心组织交易。该宗土地以挂牌方式交易，具体流程包括委托申请、发布信息、组织交易、成交确认、结果公示、签订合同。交易成功后，区不动产登记中心依法为受让人办理集体经营性建设用地使用权登记。

（三）受让人选择稳慎

塘约村1.26亩集体经营性建设用地的受让人为安顺市平坝区乐平镇塘约村金土地专业合作社（以下简称金土地合作社）。金土地合作社是塘约村村办企业，现有社员921人，涵盖了塘约村绝大部分农户，入股土地3881余亩，涵盖了塘约村绝大部分农用地，目前有管理人员6人，全部由村支两委干部担任。金土地合作社成为竞得人，事实上确保了该宗土地使用权牢牢掌握在村集体手中，该宗土地今后的开发利用能充分体现村集体意愿，收益完全由村民共享。这种模式既激活了土地资源，增加了农民要素收入，又确保了土地公有制性质不改变、耕地红线不突破、农民利益不受损。

（四）产业选择符合实际

经过充分的市场调查，塘约村1.26亩集体经营性建设用地入市后，意向将其打造成为一个相对集中性的"有房有舍、有庭有院、有土有田"的商业农庄项目，主要客户来源为贵阳市闲暇居民。规划用地周边为灌木林地和旱地，塘约村计划将其作为商业农庄配套的果园及农用地，以商业农庄项目带动林果、蔬菜种植，不断提升土地价值、延长产业链，推动一、二、三产业融合。当前，因沪昆高速改扩建，按照扩建方案，将有一条匝道经过该宗土地附近。为发展壮大集体经济，金土地合作社根据匝道修建规划重新进行了项目规划，拟以土地资产评估溢价入股，与第三方合作建设乡村振兴实践基地，正在拟订招商方案。

三、意见建议：基于塘约的经验

（一）正确认识入市作用，不搞"土地财政"

塘约村1.26亩集体经营性建设用地入市激活了土地资源价值，实现了土地由资源到资产的转变。但由于区位条件、土地用途管制等因素影响，集体经营性建设用地入市直接价值并不可观。该宗土地入市成交价格为56万元，扣除入市成本后，实际增值收益只有9万余元，在交纳调节金后，塘约村获得的直接收益不到5万元，该笔资金用作塘约村的产业发展资金，以及补贴村民缴纳的基本医疗保险费用。塘约村是安顺市集体经济发展较好、区位条件较为优越的行政村，理论上讲，其土地价值高于一般的行政村，土地上市增值率尚不足10%，其他农村地区如果有土地入市，增值率预计会更低（基准地价也是影响土地价格的基本要素之一。该宗土地上市时，平坝区尚未制定公布农村集体经营性建设用地基准地价，而是参照国有土地有关做法进行评估）。按照产业发展规划，该地块建成商业农庄后，除了商业农庄带来的直接收益，还能根据项目发展需求，带动周边地块发展直接面向消费者的果蔬种植和采摘业务，进一步延长产业链和农产品价值链，从而壮大集体经济，增加农民收入。这表明，依靠集体经营性建设用地入市在农村搞"土地财政"，依靠"卖地"赚钱，短期内壮大集体经济是不现实的。农村集体经营性建设用地入市的真正的作用是为二次开发提供了条件，其价值在于土地开发利用情况以及由此带来的收益。根本上讲，取决于农村产业发展情况。

（二）提前做好供需对接，避免盲目入市

土地出让方与受让方提前做好土地供需对接是农村集体经营性建设用地成功入市十分关键的环节。根据塘约村的经验，土地供需双方应在入市前就入市方案，特别是用地指标（面积、容积率等）、发展规划等进行充分沟通对接，以提高入市成功率和土地开发利用效率。如果土地面积超过了受让方实际需要，会增加受让方的取得成本。有关部门批准的土地指标与受让方规划的建设指标相差太大，也会增加受让方的开发成本，增加了土地流拍的风险，最终影响农村产业的发展。塘约村该宗土地入市的特殊性在于，出让人是塘约村集体经济组织——塘约村股份经济联合社，竞得人是村集体领办的企业——金土地合作社。供需双方事实上都是塘约村村集体经济的经营管理者，因此该宗交易的供需对接是完全信息对称的，完全根据产业发展需求来安排土地指标。事实上，塘约村还有另一宗面积约5亩的建设用地符合入市条件，考虑到当前产业发展对建设用地需求并不大，村支两委决定暂不入市交易，后期根据商业农庄项目发展情况以及交通条件等因素酌情考虑入市。同时，由于地方政府背负较重债务压力，外省有些地方在试点时，存在国有平台公司取得集体经营性建设用地使用权后，将其用于抵押贷款以缓解地方政府债务的情况，也存在利用集体经营性建设用地建设商品房的情况。这些现象很大程度上对农村土地集体所有制造成了破坏，损害农民长远利益，不利于农村长期稳定和农业健康发展。类似现象警示我们，在推进改革试点中一定要基于乡村产业发展实际需求谨慎谋划集体经营性建设用地入市，严守土地公有制性质不改变、

耕地红线不突破、农民利益不受损的原则底线，不要为了其他目的盲目入市。

（三）做好入市前准备工作，杜绝违法违规用地

根据塘约村的试点经验，结合第二十七次中央深改委会议要求，本文认为，安顺市推进集体经营性建设用地入市改革，必须依法稳妥做好以下三个方面的入市前准备工作。一是坚持规划先行。根据笔者在安顺市自然资源局了解的情况，目前安顺市本级和各县（区）国土空间规划尚未得到自然资源部批复，再加上各县（区）财力有限等原因，新一轮的村庄规划普遍没有编制完成，大部分行政村甚至没有启动村庄规划编制工作。二是加快确权登记。安顺市目前集体建设用地确权登记进度较慢，截至2022年7月，全市农村集体建设用地发证率只有63.24%。以上两个因素是集体经营性建设用地入市的法定条件，应该在扎实稳妥推进、条件成熟的基础上再谋划入市工作，不可操之过急，以免产生法律风险。三是加快配套制度建设。第二十七次中央深改委会议强调规则意识，推进农村集体经营性建设用地与国有建设用地同等入市、同权同价，其目的是切实保障农民利益。根据塘约村试点经验，统一的交易平台和制定基准地价是集体建设用地与国有建设用地同权同价的基础。审慎推进集体经营性建设用地入市，必须在城乡统一的建设用地市场上交易，适用相同的交易规则。应提前对集体经营性建设用地进行分等定级、明确地价，建立与国有土地相衔接的集体经营性建设用地价格体系，科学评估入市土地价值。

（四）健全集体经营性建设用地入市供后监管制度，提高土地使用效率

集体经营性建设用地入市后，受让方是否按照入市方案和双方约定进行土地开发利用，用地项目建设是否严格按照有关方案开工建设、是否违规占用农地、是否严格遵守土地使用指标、项目验收后是否保持规定经营用途、规划标准调整等，都需要监管。一旦用地企业闲置土地、开发低密

度别墅式酒店变相出卖、改扩建原有建筑，将缺少相关部门及时管控。农村集体经营性建设用地入市后的开发利用涉及多方主体，需要提前明确厘清农村集体经济组织、自然资源主管部门、项目主管部门、林业部门、环保部门等在集体建设用地开发利用中的监管责任，防止土地闲置、变相开发房地产、突破土地利用指标、破坏生态红线等违法行为。目前，安顺市农村集体经营性建设用地入市只有塘约村1个案例，虽然在试点过程中也没有建立完善的供后监管制度，但是已经通过试点发现了问题，也在逐渐完善相关制度，为其他县（区）开展试点提供样本。

（作者单位：中共安顺市委党校公共管理教研部）

"镇宁蜂糖李"产业发展经验与品牌质量发展建议

◀ 陈霰

摘要：本文根据"镇宁蜂糖李"的产业发展经验和品牌质量的打造，试图找到一种发展乡村特色农业的模式，希望能对贫困山区脱贫致富及县级层面的乡村振兴有一些参考作用。

关键词：镇宁蜂糖李产业发展　品牌　质量

一、"镇宁蜂糖李"产业发展经验

镇宁布依族苗族自治县党委和政府在十八大以来对李子产业的发展非常重视，带头抓产业发展。以六马镇为例，主要发展经验有以下几点。

首先，抓好宣传，发挥老百姓自身动力，结合推动山地农业经济的思路着手。党委、政府多次组织乡级、村级基层组织召开研究如何发展六马山的农业经济的会议，先解决乡级、村级基层组织的认识问题，再对群众进行宣传。通过讨论研究，大家认为六马有自身的特色文化、历史底蕴，以六马油桐为例，六马桐油品质优良，作为出口免检产品富了几代人，油桐产业的消亡使原来县份上最富饶的六马日益贫困，六马人应该追逐先辈的步伐，要做自己的产业，重振六马的雄风，必须要找适合的产业来做，像做油桐一样来发展产业。从2005年开始到2013年，8年的实践证明，六马李子已经在贵阳水果市场打开销路，来六马收购李子的老板越来越多。四川水果商表示：一是六马李子提前上市，卖完后当地李子才上市；二是品质、口感有别于四川的李子，特别是蜂糖李比四川李子更好，这些说明六马李子得到了外面市场的认可，要大胆推广，大规模发展。老百姓对种植蜂糖李有顾虑，怕没法种粮食、怕种不好、怕种出的李子运不出去、怕没销路。党组织发动村干部、党员通过场坝会、田间地头、走村串户等动员老百姓，帮他们算经济账，种李子就算只卖1元一斤都比种苞谷强，六马不是主要的产粮区，粮食不够吃，只要种出李子卖出去，可以买粮吃。而且，李子未挂果的前三年可以套种苞谷，三年后李子不挂果或挂果不好砍掉就行了，不影响粮食栽种。通过20世纪八九十年代六马富裕的生活水平和现状进行对比、讲解、宣传，把群众的发展思路打通。

其次，村干部带头种植。村看村，户看户，群众看党员，党员看干部。六马乡基层党组织和广大党员把发展和壮大特色产业作为脱贫致富的途径，坚持党组织引领，发动村干部带头种植蜂糖李，充分发挥党员干部的带动作用，发挥党员干部在产业发展的表率作用。

第三，争取项目资金支持。用项目资金整合退耕还林资金对种植蜂糖李的农户进行补助，解决农户怕种不好的后顾之忧。2013年六马党委、政府争取到4000亩的退耕还林资金和20000亩规模的蜂糖李产业项目资金1000万元。这样，一部分群众看到其他种植户有不错的收益，自发跟着种植，一部分群众在动员和项目资金支持下种植了蜂糖李。到2014年，蜂糖李种植项目资金覆盖达30000亩，加上原有的20000亩四月李，六马李子有了5万亩的种植规模，对项目没有覆盖到的区域，政府宣传现在虽然没有补贴但会继续争取项目支持，发动群众大量种植，以期形成一定规模。2015年群众种植的积极性高涨，宣传动员的问题已经解决，党委、政府调整了扶持方向，将资金主要投入到机耕道、小水窖等基础设施建设上。在发动群众方面，六马党委、政府采取用群众发动群众的办法，组织集中积极性高的群众，把道理讲清楚，把政策说清楚，解释清楚，路通了，方便了，以后也能节省运输成本。先做通了一部分村民的工作，再让群众做群众的思想工作，群众会自行协商涉及机耕道修建的无偿让出土地，避免出现扯皮、阻工的情况，也节省了土地赔偿资金。因蜂糖李种苗供不应求，2016年，李子种植面积增加到10万亩，已经形成规模种植。在市委、市政府、市扶贫办的帮助和协调下争取到了青岛对口帮扶的100万项目资金，在一个月内修建了45公里5米宽的机耕道，解决了种植、运输困难，机耕道延伸到哪里，李子产业就延伸到哪里。这种群众发动群众的模式从2015年开始一直延续至今，随着近几年脱贫攻坚对基础设施建设力度的加大，对产业扶持力度的加强，如今六马的每座山都有硬化的机耕道，机耕道到哪李子就铺到哪。

镇宁整个南片区地理位置相近，气候相似，几个乡镇的党委、政府一直在沟通、商量，抱团发展。在六马镇的带动下，选择了同一发展模式，均以蜂糖李为主，四月李为辅大规模发展李子产业，做成了"一县一品"。

对外宣传和市场推介上，一是采取上下联动的方式，争取上级政府和部门支持。凡是有省、市领导来调研，必定推荐介绍蜂糖李。到李子成熟的季节邀请相关部门到镇宁蜂糖李产区进行考察、调研，一方面推介蜂糖李的口感、发展优势，另一方面推介蜂糖李产业的带动效应，给老百姓带来的收益，获得了省、市相关部门的肯定和认可，加大了对产业的支持力度。二是通过媒体加大宣传力度。邀请电视台、报刊、自媒体等从李子开花赏花到果子成熟品鉴，运用现代化宣传手段提高蜂糖李的知名度。三是在市场销售上，政府带头把价位提高。在蜂糖李产量还不高时，商户收购价格仅每斤10元左右。为提高售价政府每年划拨一定资金，给农户收购，统一价格，在李子售价仅每斤4—5元时，将价格定在每斤至少18元，提高蜂糖李的价值。2016年，为使市场规范有序，六马党委、政府投资30万元在果园村建了一个农贸市场，专门用于李子的集中收购和销售，按照果子大小来分级定价，改变了以往满街都是销售点造成交通堵塞、售价凌乱的情况。此外为方便储存投资建设了冷藏库。

为更有效地保护好"镇宁蜂糖李"品牌质量及推动蜂糖李产业链的健康发展，提升镇宁蜂糖李品牌的知名度和美誉度，在县委、县政府坚强的领导和各部门高度的重视下，镇宁蜂糖李曾多次获奖：2017年"镇宁蜂糖李"在第十六次全国李杏学术交流会暨第四次全国优质李鉴评会上荣获"全国优质李金奖"荣誉称号；2019年"镇宁蜂糖李"入选中国农业品牌；2020年六马镇（李子）选入全国"一村一品"示范村镇名录；2021年镇宁自治县六马镇入选国家农业产业融合发展项目建设名单等，有效推动了蜂糖李特色产业向规模化、产业化、品牌化的方向发展。蜂糖李产业基地处处果花烂漫、香飘山间，春色美不胜收。小李子大产业，既富了农民的口袋，又绿化了荒山，生动地诠释了习近平总书记提出的"绿水青山就是金山银山"的绿色发展理念，实现了经济效益与生态效益的有机融合。据不完全统计，镇宁蜂糖李种植面积已达20.76万亩，采收面积达11.2万亩，产量达4.98万吨，产值达18.9亿元，带动建档立卡贫困户2685户11760人。

镇宁蜂糖李产业为脱贫攻坚奠定了坚实的基础，为有效衔接乡村振兴，蜂糖李如今规模化、产业化、市场化的同时也带来了诸多的问题和难题，为了更好地保护"镇宁蜂糖李"品牌及蜂糖李产业链的健康发展，我们经过多次讨论和分析，对一系列问题提出了一些建议，现简要汇报如下。

二、品牌质量发展与建议

（一）品牌发展现状分析

1.品牌发展速度较快

近几年，各地已经成功注册"×××蜂糖李"品牌数几十上百个，不仅仅是镇宁自治县，全国不同地区都在注册。2017年，"镇宁蜂糖李"地理标志通过国家农产品地理标志认证，并荣获"全国优质李金奖"荣誉称号。2019年，"镇宁蜂糖李"入选中国农业品牌目录。受到蜂糖李的影响全国有多省份多地都在申请某"李子"国家农产品地理标志登记。

2.产品覆盖领域较广

经过几年的发展，蜂糖李大面积育苗，全国都在销售，真真假假蜂糖李遍布全国多个城市，种植面积每年都在成倍增长，西南地区较为密集，临近镇宁的各地州市基本都有蜂糖李，都在做自己的品牌塑造和品牌推广，未来几年周边城市将会陆续推出"××李"品牌，因地区的差异推出的亮点和手法不同，竞争日益激烈，甚至出现了在镇宁主产区六马买到的蜂糖李有可能不是当地产出的蜂糖李而是来自周边其他产区的情况，严重扰乱了镇宁蜂糖李市场。

3.农产品登记种类较多

农产品地理标志登记由最初的集中在种植业特别是粮食领域，已发展延伸到畜牧、水产、山特等多个产业。农产品品牌就更多了，某一个产业都可以延伸一系列的产业链。其中，关于蜂糖李产业及产业链的就有"蜂糖李苗""蜂糖李干""蜂糖李酒""蜂糖李蜜""蜂糖李肥""蜂糖李包装""蜂糖李保鲜袋"等，每个产品都可以登记注册自己的品牌和自己的知识产权，主产品"镇宁蜂糖李"品牌又因为管理管护水平差异、几个主产区区域气候有差异、土壤成分差异、上市时间差异等给"镇宁蜂糖李"一系列的品牌管理管控带来了巨大的压力。

4.品牌防伪标志的缺失

"镇宁蜂糖李"已经获得国家农产品地理标志认证，但是该品牌还未开发地理标志防伪标志，通过广泛宣传，"镇宁蜂糖李"品牌效应不断扩大，成为拉动镇宁蜂糖李主产区农民增收的一条重要渠道。随着"镇宁蜂糖李"产业及产业链的不断发展，不法商贩提供的蜂糖李中掺杂有四月李、外来品相相似的其他品种的李子等，"镇宁蜂糖李"品牌目前没有相关防伪标签和相关管理机制进行品牌保护和产品品控。

"镇宁蜂糖李"主产区种植规模不断扩大，未来几年产量也将成倍增长，因果期周期较短，相关配套设施和现有冷链设施配套跟不上，农业基础设施建设不足等严重影响了蜂糖李的可持续发展。

（二）产业发展建议

1.加大政策扶持

"镇宁蜂糖李"品牌保护及蜂糖李产业链的健康发展是一项复杂、持久的系统性工程，必须采取行政、市场和法律等综合性措施加以引导。县委、县政府及相关部门制定镇宁蜂糖李市场管理办法，对镇宁"蜂糖李"规范立法，统一市场管理保护。应把"镇宁蜂糖李"品牌保护及蜂糖李产业链的健康发展工作列入各级政府经济发展规划和年度目标任务，加大对镇宁蜂糖李品牌主产区基地的扶持，在土地使用、银行信贷、税收、农业投入等方面实行优惠政策，建立激励机制。大力培育品牌经营主体，搞好蜂糖李产业链的其他农产品品牌的评选认定，充分调动地方政府和企业创建品牌的积极性。引导龙头企业和农村经济合作组织从事"镇宁蜂糖李"地理标志农产品生产并进一步带动周边农户参与。加大对蜂糖李产业链的相关认证机制，加大对证书持有单位和个人的扶持力度。将蜂糖李产业链品牌培育、申报、保护，标准制定，宣传培训，产品质量监督，抽查抽检等所需经费列入年度财政预算。

2.加大品牌宣传、培训

各级政府加大"镇宁蜂糖李"品牌宣传力度，通过电视、广播、报纸、网站等各种媒体进行宣传报道，定期定向对"镇宁蜂糖李"企业及产业链企业进行专题培训，利用互联网媒体"抖音""快手"等进行品牌推广，及时公布获得保护的产品名录、地域保护范围、合法生产企业等相关信息。积极培育蜂糖李产业链新型经营主体，鼓励和支持龙头企业、农村经济合作组织等带动广大农民扩大蜂糖李的生产。加大蜂糖李及相关产业链的知识产权保护的宣传培训，提高生产经营者依法使用品牌和地理标志的自觉性，营造全社会重视品牌和地理标志保护的氛围。

3.加快拓展市场营销

充分利用"镇宁蜂糖李"品牌营销，加快拓展"镇宁蜂糖李"销售网络及"镇宁蜂糖李"产品管理管控。包装进行统一规划设计，统一销售价格，做到多型号、多规格统一风格，突出"镇宁蜂糖李"集体商标，突显"镇宁蜂糖李"的优质优价。

（1）要继续加大"镇宁蜂糖李"专题展会、推荐会、交流会的力度。要以办展办会助力"镇宁蜂糖李"品牌推广、产业链培育和开拓市场，促进"镇宁蜂糖李"及产业链升级，不断提高展会展销的成效。同时，相关职能部门应积极创造条件，组织蜂糖李相关产业及产业链企业参加国内外的一些展销活动，把经贸活动与开拓市场结合起来，进一步融合开拓市场，促进合作，不断扩大"镇宁蜂糖李"品牌在国内外市场的影响力。

（2）加快外埠市场开发。以北上广深等一线城市及地区为重点，不断建立和完善具有镇宁特色的配送中心、联盟店和专营店。特别是要注重以北京、上海、广州为中轴，进一步扩大市场覆盖面，加快向周边省市和地区辐射延伸。在巩固经济发达地区市场的同时，要进一步加快内陆省份的市场开发，不断开辟新的区域市场，切实拓宽"镇宁特色"农产品销售渠道。

（3）积极培育销售蜂糖李龙头企业和商协会。蜂糖李龙头企业和商协会是打造品牌、开拓市场和牵动市场健康发展的核心力量。龙头企业的发展在很大程度上决定着"镇宁蜂糖李"及产业链集群的实力和竞争力。蜂糖李商协会的发展在行业管理管控、技术研究、市场推广、资源整合等方面都会产生重要影响。

4.加强质量追溯

镇宁蜂糖李品牌的保护最根本、最有效的方法是给蜂糖李建立身份档案，保障和提升"镇宁蜂糖李"产品的质量和安全，着力维护生产经营者和消费者的合法权益。蜂糖李产品溯源强化证后监管工作，完善防伪标志征订和产品溯源创建工作，发挥证书持有通过例行监测，有效保证监督、指导、服务职能。强化"镇宁蜂糖李"基地农户生产记录管理系统，加强农产品质量的可追溯管理；成立蜂糖李地理标志质量监管和专项检查领导小组，并将执法检查结果及时向社会公开或可在线系统查询。在"镇宁蜂糖李"管、养、护各环节，结合全省农产品地理标志专项检查，对相关基地及市场例行检查，实现源头上控制。依照有关法律、法规，定期开展执法检查，打击假冒伪劣蜂糖李及产业链农产品，为"镇宁蜂糖李"品牌保驾护航。

(作者单位：中共镇宁自治县委党校)

安顺南部地区避寒产业调查及其发展路径思考

◀ 高守应　万江英

安顺市地处长江和珠江上游分水岭，北高南低。境内的西秀区、平坝区、普定县，年平均气温在15℃左右，海拔适宜（1000—1800米之间），因此，冬无严寒，夏无酷暑，舒适期长。而南部地区的镇宁、关岭、紫云三个自治县的南面均以北盘江为界，与黔西南布依族苗族自治州接壤，海拔在450米到1000米之间，地处河谷和坝子地带，冬季平均气温都在10℃左右，没有霜期。

安顺的北部，"避暑"产业开发相对较早，在西秀区的旧州、刘官、双堡等乡镇的一些村落基本形成规模，以刘官乡的大黑村最有名，产业发展可持续性比较强，成为夏季火炉城市居民到此"避暑"的标杆，对周边的示范带动效果明显，"避暑"产业的发展，推动了康养旅游产业在安顺的发展，成为乡村旅游的特色亮点。

而安顺的南部，过去因为交通、通信等设施落后，进出条件差，冬季温暖的资源禀赋没有得到重视，"避寒"产业开发，人们敢想，但不敢做。一句话，条件不允许。所以，"避寒"二字没有人愿意提起。如今，沧海桑田，安顺南部地区已经发生了翻天覆地的变化，"十三五"脱贫攻坚工程的实施，彻底撕掉了千百年来绝对贫困的标签，特别是交通、通信条件的极大改善，为"避寒"产业的开发提供了良好的条件。

为推动安顺南部地区"避寒"产业的开发，我们先后到镇宁自治县的六马、简嘎、沙子、良田和关岭自治县的岗乌、上官、断桥等乡镇最有条件的村落进行"避寒"产业开发情况的调研。

一、避寒产业必须具备的基本要件

（一）"避寒"的由来

"避寒"一词，意思是御寒、免受寒冷；天气寒冷时移居温暖之地。我们当地讲的到温暖的地方"过冬"。

《黄帝内经·素问·移精变气论》："往古人居禽兽之间，动作以避寒，阴居以避暑。"《后汉书·南蛮西南夷列传·冉駹》："土气多寒，在盛夏冰犹不释，故夷人冬则避寒，入蜀为佣。"晋朝常璩的《华阳国志·蜀志》："故夷人冬则避寒入蜀，庸赁自食。"说明古时候人们生存或者养生，到寒冷的冬天就会选择移居到温暖的地方"避寒"，"避寒"已不是今天我们的发明创造。

（二）"避寒"产业的发展现状

"避寒"作为产业发展，在中国，海南省做得最好，历史也悠久。改革开放后，广西、云南紧随其后，发展如火如荼。贵州最有条件开发"避寒"产业的黔西南布依族苗族自治州，也已经起步，但仍然不理想。安顺南部地区有开发"避寒"产业的资源禀赋，但至今还没有重视。

（三）"避寒"产业开发的要件

除必须有良好的交通、通信条件和可以长久居住的基础条件外，开发"避寒"产业还要有以下要件：

第一，气温舒适度。冬季三个月气温舒适度要在70%左右，过热和过凉的天气不超过30%。第二，空气清洁度。PM2.5指数不超标。第三，环境优美度。山水相融、森林覆盖率高、无视觉、听觉的污染。第四，生活便宜度。交通便捷、通信畅通、食品绿色安全，有基本的医疗、文化、体育、娱乐等公共服务设施。

二、安顺南部适合"避寒"产业开发的基本情况（以镇宁、关岭为例）

（一）交通基础设施

镇宁自治县南部最有条件开发"避寒"产业的是六马、简嘎、良田片区，"十三五"以来，惠水至兴仁高速公路建成通车，沿途设置了六马、乐印、坝草三个收费站，方便了进出，同时通过脱贫攻坚工程的实施，六马、简嘎、良田的通村、通组公路全部建成通车，镇宁县城至北盘江坝草码头的公路提等改造完成，为"避寒"产业的开发创造了良好条件。"十四五"期间贵阳到兴义的铁路将从这三个乡镇穿过。

关岭自治县沿北盘江自东向西的断桥、上官、花江、新铺、岗乌等乡镇，都有适合开发"避寒"产业的条件，其交通条件包括320国道、沪昆高速和沪昆高铁，以及正在建设的六枝到黔西南布依族苗族自治州的安龙高速，通村通组公路比较完善。

（二）按照"避寒"产业必需的要件，选择符合标准的个案做粗略分析

1.镇宁自治县

（1）简嘎乡的芭怀。这里20世纪80年代及之前曾经是镇宁自治县的一个公社建制，1992年建镇并乡撤区，并入新建的简嘎乡至今。芭怀距离乡政府简嘎6公里，海拔490米左右，冬季无雨，无霜期超过330天，是镇宁自治县南部最有名的布依族村寨，属布依族第一土语区，文化丰富多彩，比如"了年""三月三""四月八""六月六""吃新节""煮生节"等，至今原样保存，原始古朴。镇宁自治县委县政府2018年曾经规划，在那里

建设一个贵州最大的"亚热带风情园",后因各方面原因停工至今。但农产品加工厂已经建成投产,热带水果基地已建成。原有公社建制的设施至今还保存良好;村级医疗等机构健全,比周边村相对完善。

（2）良田乡的乐印。乐印和芭怀差不多,也是布依族村落,已经申报成功列入国家级传统村落保护名录和特色民族保护村寨,也曾经是乐印公社所在地,后建镇并乡撤区并入良田乡。惠水至兴仁高速公路穿村而过,并设有乐印匝道,车辆要进出简嘎、良田、沙子必须从乐印通过,是镇宁南部的交通枢纽。

（3）良田乡的坝草。这里有北盘江上的坝草码头,是安顺从北盘江通达广州的起点最大的码头。海拔最低450米,该村种植的火龙果最出名,在海拔520米的半山上,应用电灯光照让火龙果增产增收,种植地也已经成为年轻人"520"爱情打卡点。村内相关医疗、文化设施齐全。北盘江河谷风光秀丽。

以上三个点,食品绿色安全,有安全保障。

2.关岭自治县

（1）岗乌镇的小盘江。小盘江位于光照水电站下游,马马崖水电站库尾,海拔在500米左右。从沪昆高速岗乌站下站,过上甲千年布依古寨即可通达,村的北面山上是关岭最大的光伏发电站,山上山下风光秀丽,寨前的马马崖库区常年碧水映照,风光宜人。

（2）上关镇的乐安。乐安是一个以布依族为主的多民族杂居传统村落,北盘江上游修建的梯级水电站——董箐电站库区让这里山清水秀,湖中岛屿鸟语花香,是关岭自治县的甘蔗、火龙果、芭蕉基地,种植面积都在2000亩以上。村中的"国画山"是驴友徒步必到的打卡点。"国画山"后面直线距离约两公里的地方就是断桥镇木城河下游"冰臼"景区（关脚电站下面）。这里不仅民族文化丰富,自然风光秀丽,还有待深度开发的乐安温泉资源。从关岭到兴仁二级公路出口大约走三公里水泥路可通达村委会。

（3）断桥镇的董扎。董扎是关岭自治县正在打造的美丽乡村之一，靠近关脚电站，坐落在木城河下游的河谷坝区，依山傍水，田亩耕畴，其寨前的木成河在董扎境内形成的"冰臼"奇观，已经开发对外开放。董扎以马姓为主，居民主要为布依族，有列入国家级第一批非物质文化遗产保护名录的铜鼓十二调，其中的迎送铜鼓仪式在其他地方都失传了，只有他们还完整地保留着，而且每年春节初一到十五，全寨都要举行这一迎送活动，热闹非凡。从断桥有到打帮的四级油路通达。

乐安与董扎可以统筹规划开发。

三、"避寒"产业开发的市场分析

就安顺而言，大约从20年前开始，就有一部分退休人员分别到"避寒"产业做得好的地方买房或者租房，移居到那里进行冬季"避寒"，我们常说"过冬"，过着候鸟式的养生生活，"避寒"时间从当年的10月底到次年4月底，差不多半年时间。通过调查，以海南为主，从海口到三亚，文昌到东方的县城都有到那里置业或者租房"避寒"的。近年广西的北海、防城港大规模开发"避寒"房地产业，因房价相对较低，吸引了不少人到这两个地方买房或者租房"避寒"。云南以口岸多和天然的亚热带气候形成的异域风光和民族风情招揽了不少人到那里"避寒"，多以村落民宿的方式，因价格低廉，交通、生活便利，文化生活丰富、民族风情浓郁等，吸引人们到西双版纳、景洪等县的传统村落租房"避寒"三至五个月时间，据了解，安顺过去的人不少。

目前，"60后"正处于退休高潮，这批人与"40后""50后"的生活方式、生活习惯和心理因素都是不同的。首先，就消费而言，这批人员的消费比较现代化，相对收入也较高，"避寒"消费水平自然就高，"避寒"需要高质量，多希望康养结合。其次，这批人的孩子大多是独生子女，没有多少负担，"避寒"养生需求自由选择空间极大。再次，这批步入老龄化的人群，"避寒"不仅仅是找一个温暖的地方把冬季过了就行，他们需要相同情趣和志向的人抱团在一起，让后半生过得有意义，体现他们在"避寒"地的存在价值。这批人员是"避寒"产业开发的重要消费潜在市场。

除此之外，我们还了解到市内及周边一些企业老板，不想舍近求远去外地"避寒"，他们希望就近"避寒"过冬，而且还希望政府为其提供搭建"避寒"产业开发建设的平台，让他们参与其中，让他们成为"避寒"产业开发建设的参与者，同时是"避寒"产业的消费者。

根据以上调查，我们提出一个大胆的设想：我们进行实地调查研究的地方，对照"避寒"产业的要件，都可以进行"避寒"产业的开发，让一些打算退休之后离开贵州去"避寒"的人，选择留下来到这些地方去"避寒"过冬，不再舍近求远。

这并非我们的奇思妙想或者异想天开。第一，我们选择调查的地方都有先天良好的资源禀赋可供"避寒"产业开发；第二，农业产业或者旅游产业在这些地方都有良好的发展，形成了一定的规模，有的地方还有企业参与经营；第三，只要进行引导，让参与农业经营的企业主动参与"避寒"产业的开发，增加他们的收入来源，他们都有意愿助推"避寒"产业的开发建设。第四，这些地方的基础设施基本完善，完全可以包装"避寒"产业项目对外招商引资，有效引入社会资本参与开发建设，市内一些小老板也有投资"避寒"产业的想法，希望通过投资空间拓展弥补企业自身的短板，可以去找切入口。

四、存在的困难和问题

"避寒"要作为"产业"进行开发，就目前情况，始终困难重重，我们调查分析，存在以下瓶颈问题：

（一）人们对"避寒"产业还很陌生，亟待提高对"避寒"及其产业开发的认识

在我们的走访调查中，讲起"避寒"这个词，很多人都感到很陌生，如果说让其形成产业，都感觉不可思议。比如：简嘎乡的公路边，一块大石头上镌刻了"贵州小三亚"。我们问这样做的目的，没有人给我们一个清晰的答案。无论是乡镇干部还是村级领导，对他们脚下这片土地上，冬季温暖的气候资源怎么开发，没有人认真调查研究，也没有借鉴"避暑"产业开发的好经验，利用冬季的"温暖"进行"避寒"产业开发的思考。始终追随传统的自然风光和民族风情等旅游产业开发雷同模式，难以突出个性和特色。总之，"避寒"产业在安顺南部地区还是一片空白，也因此给我们留下了一张可以画"避寒"产业这张最新、最美图画的高质量白纸，为安顺南部地区"避寒"产业开发建设留下充足的空间。

安顺南部地区酷热的夏天对生产热带水果的确是最大的优势，但又是传统旅游产业和康养的劣势。这些地方，比如生产的芒果、火龙果、芭蕉、百香果、蜂糖李等品质绝对一流，作为热带水果生产基地没有任何争议，但要做到快旅慢游很难。要真正让人留下来长住，就得有效利用冬季温暖等资源禀赋开发"避寒"产业，让人们到这里愉快地度过温暖的冬季。

（二）严重缺乏"避寒"产业开发的规划思路和相关基础设施建设配套

我们重点调查的乡镇和村，关于"避寒"产业开发，都没有系统的思路和打算，有的从来就没有思考过这个问题，因此对于有资源禀赋开发"避寒"产业的地方，都没有从交通、医疗、文化、体育、集贸市场、农产品加工等方面进行有效的布局和建设。

"人无我有"的东西做得极少，而"人有我优"跟风的事情做得多，做成功的极少。"避寒"产业就是"人无我有"的事情，可以下决心去研究推动和实践。

五、对策思路

"避寒"产业，对于当前的安顺来讲，还是一个比较陌生的词汇。镇宁和关岭北盘江河谷地带和支流河谷坝区，是"避寒"产业发展的黄金地带，是笔者选择重点调查的地方，开发"避寒"产业，资源禀赋最佳。怎么样让"避寒"在安顺南部地区形成产业？笔者认为，可以从以下几个方面入手：

第一，转变发展观念，突破传统思维方式，全方位宣传"避寒"产业对于安顺南部地区乡村振兴的重要作用。要从市级层面充分认识到"避寒"资源禀赋在安顺南部地区形成产业的必要性和重要性，推动相关地方和部门进行"避寒"产业开发的宣传，提高思想认识，转变传统观念，形成市、县、乡、村充分利用资源优势开发"避寒"产业的共识；接着通过开展深入细致的调查研究，聘请专家团队进行规划发展的编制，找准突破口，试点探索，科学启动开发建设工作。

第二，开展"避寒"产业市场调查，拓展投资空间和投资渠道，抢占市场高地。首先，只要我们的宣传到位、规划到位，整合相关项目到最有条件的地方补齐"避寒"产业开发的相关短板，是能够吸引投资者进入投资的。比如已经在那里开展农业产业化建设的企业。其次，从市内及其周边的企业入手，努力创造条件，让他们去投资。比如旅游地产或者闲置村落的整体修缮打造民宿等。再次，对外招商引资进入参与开发建设。还有，就是对闲置的农村宅基地进行确权，之后转让给有钱投资到那里"避寒"的人对旧房进行修缮，与农户签订租用20年或者30年的合同，到期交回所有权人。

第三，从现在开始，找准重点，围绕"避寒"产业的开发，整合农业、交通、医疗、文化等乡村振兴有关项目集中到最有条件开发"避寒"

产业的地方建设，为"避寒"产业的开发提供最便利的条件和基础支持，降低外来投资者的投资成本，提高建设速度，尽快形成收益，提升市场潜力。

第四，选择最有条件开发"避寒"产业的地方进行试点打造，做示范带动。比如关岭自治县上关镇的乐安，可以与断桥镇的董扎一体规划实施，充分利用乐安温泉资源和董扎木城河段"冰臼"资源的独特性，进行系统开发，融旅游、康养为一体，拓展"避寒"的内容。镇宁自治县良田乡的坝草，可借助坝草通达广州的北盘江码头优势，打造"避寒"产业基地的同时，打造畅游董箐水库、花江大峡谷、板袍、弄染等景区景点的旅游集散地，从而示范带动乐印、芭怀等地的"避寒"产业发展。通过这两个点的试点探索，有效带动周边有条件的村落加入"避寒"产业发展这支队伍。

安顺市新型综合能源发展调研报告

◀ 张贵喜

按照《安顺市社科联关于开展2022年学术年会征文活动的通知》文件要求，为认真贯彻落实新国发2号文件"加快推动新型综合能源基地建设"的相关要求，结合安顺市发展和改革委员会工作实际，由笔者牵头做好新型综合能源发展的专题调研工作，基础产业科、体制改革科、城乡统筹科相关人员参与。5月下旬至9月，笔者与相关科室负责同志分别多次到关岭自治县、镇宁自治县、紫云自治县、普定县、西秀区等地开展实地调研，并向市直各相关部门收集资料，形成调研报告如下：

一、安顺市发展新型综合能源的基础条件

（一）国民经济社会及能源产业发展总体情况

"十三五"以来，安顺市坚持以高质量发展为统领，积极应对宏观经济发展环境的变化，努力化解国家产业政策调整等多层面因素叠加的影响，经济社会保持平稳较快发展。同时，坚持把安全发展、清洁发展、高效发展作为能源发展总目标，以加快能源多元化进程，协调推进城乡能源基础设施建设，促进能源产业快速健康发展。

2021年，全市地区生产总值1078.91亿元，比上年增长9.0%。按产业分，第一产业增加值191.48亿元，增长8.1%；第二产业增加值328.36亿元，增长8.7%；第三产业增加值559.07亿元，增长9.6%。三次产业结构比由上年的18.2∶30.6∶51.2调整为17.8∶30.4∶51.8。人均地区生产总值43763元，比上年增长9.2%。全年全市规模以上工业增加值比上年增长12.0%。全年全市固定资产投资比上年增长0.4%，其中，工业投资增长7.9%。能源工业总产值达到152.3亿元，同比增长29.8%；能源工业增加值占全部工业增加值的比重达到33.8%，占比较2020年提升3.2个百分点。能源项目固定资产投资完成67.4亿元，同比增长28.5%。能源发展已成为工业发展的重要支撑，是推动经济社会发展的主要动力之一。

（二）煤炭资源及发展概况

根据《安顺市煤炭勘查规划》，安顺市境内垂深2000米以内的预测区面积为3166.1平方公里，全市已探明的煤炭资源量共26.57亿吨，未占用资源量尚有15.58亿吨。其中：普定县资源量9.11亿吨，未占用资源量5.3亿吨；平坝区资源量3.6亿吨，未占用资源量1.75亿吨；西秀区资源量4.65亿吨，未占用资源量2.01亿吨；紫云县资源量0.69亿吨，未占用资源量0.49亿吨；关岭县资源量6.94亿吨，未占用资源量4.83亿吨；镇宁县资源量1.58亿吨，未占用资源量1.2亿吨。

（三）水能资源

安顺市水能资源蕴藏量大，分布相对集中，技术可开发量为159.29万千瓦，以北盘江水能资源最为丰富。大型水电站分布集中，均在北盘江河流干流。中小型水电站在主要水系和安顺市各地均有分布。目前主要可开发的小水电站及大中型水库资源位于红辣河、打帮河区域。在抽水蓄能方面，可依托光照、马马崖、董菁、黄花寨等大型水电站坝区以及"十四五"规划的紫云县红辣河水库等区域实施抽水发电。在部分高差较大、集雨面积较广的地区也可实施抽水蓄能电站项目。

（四）风资源

安顺市平均海拔高度在1102—1694米之间，全境海拔高度560—1500米，具有山岳气候的典型特征。根据各县区及相关企业实地调研预估，全市风速5米/秒以上的风电可开发量为241万千瓦。资源主要分布在普定县（大约可开发80万千瓦）、关岭县（大约可开发50万千瓦）、镇宁县（大约可开发45万千瓦）、紫云县（大约可开发40万千瓦）、西秀区（大约可开发16万千瓦）、平坝区（大约可开发10万千瓦）。目前全市已建成的风电项目装机为17.8万千瓦，剩余可开发资源量大约223万千瓦。若考虑低风速风电开发，预计安顺市风资源量可开发量不低于300万千瓦。

（五）太阳能资源

根据贵州省气象研究中心数据表明，安顺市太阳辐射值3600—4500兆焦/平方米，在不排除生态红线等限制性因素，以年平均可利用日照小时数不低于950小时，坡度不高于35度的标准测算，安顺市可开发的光伏资源总装机规模为3153万千瓦。由于光伏发电已实施平价上网政策，地面分散式光伏发电项目很难具备竞争力，以整块土地超过300亩测算，按照本次全市上报三区三线调规的，适合光伏发电的土地面积大约为21万亩，按山地光伏1万千瓦占地200亩计算，光伏发电技术可开发约量为1000万千瓦，目前全市已建成装机253.6万千瓦，剩余资源量大约750万千瓦，具备较大的发展空间。

（六）地热能资源

安顺市浅层地热能资源开发利用分析主要针对地下水地源热泵、地埋管地源热泵进行换热条件分区。安顺市地下水地源热泵热交换条件好的区域面积为657.60平方公里，占总面积的7.16%；热交换条件较好的区域面积为374.66平方公里，占总面积的4.08%。地埋管地源热泵换热条件较好的区域面积1343.36平方公里，占总面积的14.62%。全市中深层地热能（水热型）资源中，天然出露温泉2处，现已实施并完成的地热井7口，开发利用的地热井仅2口，当前的利用率仅占资源量的1.5%，且利用方式仅为洗浴、疗养，利用方式单一。地热能资源开发尚具备较大发展空间。

（七）能源市场拓展空间

安顺市地处黔中腹地，区位优越、交通便捷通畅，距省会贵阳仅90公里，是全省交通网络发达、快速便捷的地区。境内黄果树机场、沪昆高铁、黄织铁路、沪昆高速、普盘高速、惠兴高速、都香高速等交通大动脉纵贯东西南北，还有即将建设的陆海大通道隆百铁路、北盘江航线、沪昆铁路复线等项目，形成了集航空、高铁、普铁、高速、水运等种类齐全的重要交通枢纽。依托安顺市煤炭、新能源、地热能等资源禀赋，一方面可形成能源特别是电力供给的重要基地，利用资源优势发展新型建材、供热、装备制造、煤化工等产业；另一方面可利用优越的区位条件，为黔中经济区乃至西南地区提供重要的能源保障。

二、存在的困难和面临的挑战

（一）能源工业发展面临环境制约

随着世界性能源危机、环境恶化等问题日益凸显，低碳经济浪潮正在以不可阻挡之势席卷全球，国家在环境和资源管理上严格标准、严格执法，因此安顺市能源高质量发展既面临着煤炭资源等开发与环境保护之间的矛盾，也面临煤电污染物排放与严控排放总量之间的矛盾，还面临风能太阳能等新能源资源开发利用与严守生态保护红线等矛盾，能源产业发展难以全面扩张。

（二）产业政策调整增加了新能源开发成本

随着新能源发电项目的不断增多，新能源电力供给过剩的情况将会越发凸显，并网消纳的问题难以大面积解决。2016年以来，国家对新能源发电补贴逐年进行下调，2021年以后实施的光伏发电和风电项目已全面实行平价上网，加上受新冠疫情影响，光伏组件价格上涨，导致项目投资成本增加、产值减少，将影响企业投资积极性，新能源项目开发难度进一步增大。

（三）传统电源产能释放不足

随着国家对电力产业政策的重大调整，火电、水电等发电设备平均利用时间持续偏低，产能释放不足，发电量增长幅度较小，占比有所下降。加上兼并重组后的许多煤矿企业对煤炭市场持观望态度，同时受缺乏资金、煤矿矿界重叠等因素影响，矿井技改工作推进缓慢，加之受疫情影响，煤矿复工达产率不高，原煤产量下滑，电煤长协履约率低，一定程度上影响了火电发电量。

（四）受生态红线和电力消纳限制，风能、太阳能资源优势短期内难以充分发挥

安顺市局部地区风资源、光资源条件优越，开发价值较大，但受生态保护红线、国土、林业、矿产压覆等多重因素的影响，许多风电项目难以办理用地手续。另外，由于国家对新能源上网电价政策的调整，新冠疫情及全球能源危机造成光伏、风电等组件价格上涨，新能源项目短期内面临亏损状态，难以全面铺开。

三、发展新型综合能源的对策及建议

（一）着力推动电力源网荷储一体化建设

根据《国家发展改革委国家能源局关于推进电力源网荷储一体化和多能互补发展的指导意见》（发改能源规〔2021〕280号）精神，按照省委、省政府关于推动新型综合能源基地建设的总体部署，依托盘江煤电集团此次来安顺投资建设的盘江普定电厂及其新能源、抽水储能电站项目，除安顺市配比给盘江煤电集团的新能源项目份额外（约占火电发电量的50%），

还可吸纳其他企业开发的可再生能源项目进入电厂外送通道，确保火电（发电约占45%）与水电（发电约占8%）、光伏发电（发电约占30%）、风电（发电约占15%）、天然气发电（目前约占2%，未来还将增加）等配比均衡，可再生能源外送通道发电占比可达到55%，高于国家要求的50%，由此打造以盘江普定电厂及其配套的新能源项目为核心电源支撑、以火电送出线路为主网线、以市境内大工业用电企业及周边地区高耗电企业为消纳主体、以抽水蓄能电站为用电低谷期电源储能设施及用电高峰期稳定电源的"源网荷储"一体化项目，着力打造从电源侧到用电侧的"源网荷储"一体化示范试点。一方面可解决盘江煤电集团电力消纳问题；另一方面可降低安顺市及黔中地区用电成本，增强本地工业企业竞争力，优化招商环境，吸引东部优势产业转移，形成良性发展格局。

（二）着力推动煤电铝一体化建设

积极鼓励支持开发安顺市已探明但尚未明确开发业主的15.58亿吨煤炭资源，按每年开发500万吨测算，尚可开发约300年，可大大降低用煤成本；另外加大黄果树铝厂改造升级力度，并依托充足的电源优势吸引其他地区过剩的电解铝指标，提升产能并扩大生产规模，同时还可促进下游铝加工及建材产业链发展。一方面将极大提升安顺市用电需求，解决新增电力就地消纳和增强调峰能力；另一方面为新型综合能源基地建设的市场拓展打开空间。

（三）着力推动煤电附加产业发展

依托现有的安顺电厂和即将开工建设的盘江普定电厂，可充分利用粉煤灰、脱硫石膏等剩余产品，发展下游加工产业，延长产业链。此外，利用余热产生的蒸汽进行供热，搭接从电厂至各大工业园区和安顺中心城区的供热管网，在原有供热半径（以电厂为中心，大约方圆20公里）区域外建设中转加热站（实施分布式能源项目），逐步扩大供热半径，既可建设环保绿色型城市和工业园区，也可极大提升电厂效益。

（四）着力打造大型煤炭储备基地

依托安顺优越的区位条件，在隆百铁路镇宁货运站周边布局建设大型煤炭储备基地，既可辐射六盘水、毕节、黔西南等煤源较好的地区，又可辐射贵阳、黔南、黔东南等煤源较差的地区，甚至可辐射广西北部。从成本上来测算，在大批量运输（每年不低于500万吨）的情况下，从六盘水、毕节运输1吨煤到煤储中心，运费只需20元。而六盘水、毕节本地的煤通过汽车运输，每吨煤的运输成本也达到了20元。但在向外运输的成本上，安顺市比毕节、六盘水每吨煤要低约30元，因此，在安顺布局建设大型煤炭储备基地，具备运输和价格上的优势。可积极抢抓国家支持煤炭储备基地建设的政策机遇，建议以市政府平台公司为主导，按照年静态储煤量不低于100万吨、年周转量不低于1000万吨的规模加快推动大型煤炭储备和交易中心建设。一方面可更加确保国能安顺电厂和盘江普定电厂电煤；另一方面可依托该项目将煤炭资源聚集整合向外销售，赚取峰谷期价差，提升企业造血功能。

（作者单位：安顺市发展和改革委员会）

山地特色城镇化之安顺路径研究

▸ 黄海波　郭永祥　王涛　陈燕

摘要：《国务院关于新时代支持贵州在西部大开发上闯新路的意见》强调全面推进以人为核心的新型城镇化。这就要求贵州不断优化城镇空间布局，提升城镇品质，做强城镇经济，提升治理水平，加快推进贵阳—贵安—安顺大都市圈、遵义大都市圈建设，加快新型城镇化进程，为多彩贵州建设提供战略支撑。安顺作为黔中经济圈的重要一环，必须提质增效，做强镇域经济，增强人口承载力、内需带动力和发展竞争力，走出一条山地特色新型城镇化道路；提升城镇居住质量、基础设施质量、基本公共服务质量和生态环境质量，打造宜居宜业、有韧性的创新、智慧、绿色、人文之都；突破经济增长极限，打造黔中城市群火车头。

关键词： 山地特色城镇化　安顺　路径

2022年国发2号文件即《国务院关于支持贵州在新时代西部大开发上闯新路的意见》强调要全面推进以人为核心的新型城镇化，培育发展黔中城市群，增强要素集聚能力，打造区域高质量发展增长极；贵州省政府也发布了《贵州省"十四五"新型城镇化发展规划》及《贵阳—贵安—安顺都市圈发展规划》《遵义都市圈发展规划》，提出要坚持以习近平新时代中国特色社会主义思想为指导，深入贯彻习近平总书记视察贵州重要讲话精神，坚持以高质量发展为统揽，全面落实"一二三四"总体思路，不断优化城镇空间布局、提升城镇品质、做强城镇经济、提高治理水平，加快建设贵阳—贵安—安顺都市圈、遵义都市圈，加快推进新型城镇化进程，为建设百姓富、生态美的多彩贵州提供战略支撑。安顺作为黔中经济圈的重要一环，要走出一条山地特色新型城镇化道路，大力提升城镇居住品质、基础设施质量、基本公共服务质量和生态环境质量，做强城镇经济，增强人口承载力、内需带动力和发展竞争力，打造宜居宜业、宜韧、创新、智慧、绿色、人文之城，突破经济增长极限，成为黔中城市群建设的火车头。

一、基本情况

新型城镇化是贵州"闯新路"的一个重要抓手。作为新时代推动贵州高质量发展的强大引擎，2021年，贵州新型城镇化实现了"五个大提升""3个100万""三改""强省会"等重大行动全面推进。城镇承载能力全面提高，城镇质量明显提高，城镇经济水平不断提高，城镇治理能力加快提高。贵安、市（州）中心城市、县城分别新增城区人口19万、22万、21万人左右；2022年，贵州省计划新开工棚户区改造2万套（户）、完成棚户区改造12万套（户），新开工老旧小区改造21.32万户，完成背街小巷改造2304条，新增城市地下管网2100公里。

以人为核心，以生命安全和身体健康为基础，以高质量发展为导向，享受城市生活，城乡统筹发展的山地特色城镇化，是贵州省和安顺市在西部大开发中闯新路的路径选择。做强镇域经济，坚持以城聚产、以产兴城、产城融合，加快总部经济、金融服务、研发中心、商贸会展等向都市圈中心区域集聚，加快镇域工业经济、服务经济、消费经济、创新经济发展，加快城乡一体化发展，激发县域经济发展活力；提升城镇品质，实施城市更新行动，统筹推进棚户区改造、城镇老旧小区改造、背街小巷改造和城市管网改造，建设宜居、韧性、创新、智慧、绿色、人文城市，这是今后贵州发展山地特色城镇化道路的根本遵循。

（一）贵州特色山地城镇化进程综述

贵州省目前正处在常住人口城镇化率50%的重要发展节点，在更高起点上面临着推进城镇化道路提档升级、特色塑造的要求。"十三五"期间，按照"做强中心、带动周边、辐射乡村"的总体思路，塑造具有山地特色的城镇体系新格局。《贵州统计年鉴》数据显示，城镇化率从1978年的12.1%到2000年的23.9%，再到2010年的33.81%；2011年全省城镇化推进大会对城镇化带动战略进行全面部署，重点围绕城镇化带动战略"带动"做文章，2013年城镇化率达到38.2%，提高4.4个百分点。城镇化规划建设的一系列新规，彰显出田园风光、山地生态、特色建筑等风貌，打造出一座座体现城市发展与自然保护和谐统一的"绿色新区"和"生态新城"。2020年，通过实施提升城镇品质"十大工程"和做强城镇经济"八项举措"，常住人口城镇化率超过50%，比2015年提高7.99个百分点以上；户籍人口城镇化率为43%以上，提高约10.8个百分点；新增城市道路480.65公里，建成城市社会公共停车位3.47万个，开工改造老旧小区6.03万户、棚户区4.93万户，城镇新增落户农业转移人口和其他常住人口128.84万人，城镇建成区面积达到1875平方公里，增加417平方公里。"山为景、桥隧相连、组团式、集约化"的山地特色新型城镇化道路，为多彩贵州创造百姓富、生态美的新未来提供了强大动力。2022年贵州省重大工程和重点项目中，新型城镇化项目有1322个，年度计划投资高达2618.11亿元。特色小城镇发展的"贵州经验"在国家层面得到了高度认同。正如新华社智库专题报道评价的那样："贵州小城镇建设成效显著，探索出了欠发达地区发展小城镇可复制、可推广的经验模式"。

（二）安顺特色城镇化建设的成绩及经验

1.安顺高质量发展新型山地城镇化顺利推进。安顺地处贵州省中西部，地处长江水系乌江流域分水岭地带和珠江水系北盘江流域，是世界典型的喀斯特地貌集中地区，山地丘陵占总面积的85%。安顺生态优势明显，低纬度、高海拔、多云雾、寡日照、微风习习、负氧离子含量高、太阳辐射低、雾霾低；环境优美，年平均气温14.6℃，空气清新干净，城市空气质量优良率达100%。全市旅游资源面积占比高达12%，是全国平均水平的12倍。既要金山银山，更要绿水青山，安顺把保护生态环境与建设新型城镇化有机统一起来，探索资源优势向发展优势转化路径。作为全国25个国家新型城镇化综合试点地级市之一，安顺立足自身实际，做足山地文章，走出了一条有别于东部、异于西部其他省份、异于省内其他地区的新型城镇化发展路子，把可复制、可推广的经验和模式提供给全省和全国。2014年底，安顺市被列为国家新型城镇化试点城市，成为全国25个地级市试点城市之一，是贵州省唯一一个国家新型城镇化地级市试点。安顺创新体制机制推动特色山地城镇化每年都有大提升，2020年实现常住人口城镇化率61%、户籍人口城镇化率47%。"十三五"以来，安顺抢抓新型城镇化综合试点机遇，以"新型城镇化+"为工作主线，深入推进"一分三向"安顺新型城镇化模式和"1+N"镇村联动模式，以每年一届的新型城镇化推进暨小城镇建设发展大会为抓手，统筹基础设施、脱贫攻坚、生态环境等各项工作，"一城三区"中心城市框架基本形成，山地特色新型城镇化示范点屹立于黔中大地。因地制宜，传承文化，健全交通运输网络。结合山区地形地貌特点，安顺利用现有湖泊、山坡突出景观营造，使景观串联起来，相互辉映。安顺推进中心城区166块山地公园绿地建设，突出山水文脉、山水相依、山中有城、城中有山，呈现出"望得见山、看得见水、记得住乡愁"的秀美风光；在文化传承上突出城市根脉，保护历史文化街区，保护传统建筑，保存文化遗产，保留民族风情，守住城市之根、文化之魂、精神文化之家；完善交通路网，让城市更宜居更宜游。人文景观、旅游景点等与城市生活空间紧密相连，良好的户外健身、休闲散步、观光游览的交通环境，提高了市民休闲生活的便利性。

2. 创新体制机制，赢得城乡建设黄金发展期。安顺市以户籍制度改革为抓手，制定《关于深化户籍制度改革的实施意见》"1"个主体文件，明确户籍制度改革的基本原则、目标任务和保障措施，配套出台《安顺市居住证管理办法》《安顺市农村产权制度改革措施》等一整套涵盖教育保障、就业创业、养老医疗保险、基本公共卫生等领域的"12"个配套文件，着力解决农业转移人口基本公共服务问题；实行"1+N"镇村联动城镇化建设模式，以1个集镇为中心，辐射辖区N个村，加快农村基础设施、公共服务设施改造建设，构建"以镇带村、以村促镇、镇村融合"的镇村一体化联动建设发展模式，实现城乡一体化、产城互动化、农民市民化、乡村美丽化；坚持"全域安顺、产城互动、景城一体、城乡统筹"和"创一流精品、传千年经典"的理念和打造山水田园、绿色生态、宜居宜游、开放创新、历史文化"五型"城市的战略部署，在水道、慢道、城市轨道建设上，在宜居、宜业、宜游等方面做精。安顺先后荣获全国文明城市提名城市、全国最佳宜居城市、全国十佳特色休闲城市、全国最美城市等称号。

二、安顺山地特色城镇化建设存在的主要问题

安顺山地特色城镇化建设取得了一定成效，但区域经济的带动能力还相对滞后，发展过程中面临的困难和矛盾还不少，主要表现在：

（一）综合实力不强，辐射能力弱

无论是省会城市，还是市（州、地）中心城市，都存在综合实力不强，城市竞争力不强，产业结构调整缓慢，第三产业发展水平不高，城市基础设施相对滞后，对区域经济的辐射带动作用比较弱等问题。经济占比低于30%的省会城市都属于省会弱市，聚集的金融、产业、项目、人才等都会弱一些，贵阳作为省会的强聚集弱于成都，贵阳辐射带动贵安、安顺的能力自然就弱一些。尽管经过几十年的建设，安顺的城镇化得到了长足

的发展，但经济转轨进程缓慢，城市经济总量小、功能不全、辐射力弱、带动力不强，安顺市2021年GDP总量为1078.91亿元，在贵州省市（州、地）排名中位居末位；同时，行政区划调整相对滞后，行政区划整体性、稳定性极强，调整幅度总体趋缓，调整成效参差不齐，在很大程度上成为制约区域经济发展的瓶颈，一市辖一区的现象较为普遍，在促进区域资源合理配置、统筹区域协调发展等方面存在诸多不便；具备条件的"县改市""镇改办""乡改镇"步伐全面缓慢，极大地制约区域经济尤其是新型工业化、城镇化、农业现代化的协调发展。

（二）发展规划滞后，统筹能力弱

特别引人注目的贵阳—贵安—安顺都市圈建设，为安顺下一步全面融入贵阳一体化发展注入了强劲动力。但大贵阳圈目前还没有整体的统一规划。规划编制主体与实施主体的不一致，需要各市（州、地）、县（市、区、特区）的发展规划的细分和整个贵阳—贵安—安顺都市圈的整体统筹，而在各地的规划中，区域规划的总体思路、发展原则、产业布局、各方面的"衰减"和"增益"最终都可能导致区域经济规划流于形式。各板块都有各自的发展规划，一些板块相邻区域的规划没有实现有效衔接，导致功能定位、产业发展等诸多雷同甚至重复，影响资源的配置，造成人力、物力、财力的浪费，对板块经济的发展形成了严重的制约。

（三）结构调整迟缓，带动作用弱

从行业结构来看，大中小城市的产业布局要整体规划，各有差异化，但目前还没有更具战略前瞻性的产业布局，这一点必须在"十四五"发展中引起高度重视，要把东西部合作的机遇应用好，因为产业布局和产业升级是美好生活的基础。在黔中经济区，贵阳三次产业结构相对优化，二、三产业比重大，对城市经济的引领作用较强，其余市、区的产业结构调整步伐相对较慢。从非公经济的角度来看，非公经济是国民经济的主要补充，能体现区域经济活跃度。在"十四五"期间要高度重视非公经济的"56789",就是贡献了50%的税收,60%的国内生产总值,70%的技术创新成果,80%的就业岗位和90%的企业数量。多年来,非公经济发展成效有目共睹,但要高质量发展,仍然存在"小、散"等突出问题,"小"即经济总量小,安顺市非公经济比重高出全省17.5个百分点,达到52.5%,疫情的影响也加剧了非公经济发展困境。"散"就是多数处于松散状态,"散兵游勇"的局面和"急功近利"的行为还没有从根本上得到改变。

三、对策建议

(一)要实现规划引领和整合作用的突破

落实三个先行,即:规划先行,产业先行,基础设施先行。大贵阳都市圈统一构建城市产业布局和城市规划布局,实现产城互动、产城融合式发展。将高新技术产业和现代制造业、现代服务业、现代都市农业的比重布局及区域落地;推进水、电、路、气、讯和垃圾处置、污水处理、变电站等基础设施的建设。进一步细化功能分区,明确功能定位和发展方向,提出分领域、分阶段的重点建设工程,并统筹组织实施。引导各地在确保区域功能布局、生态环境、基础设施、公共安全的基础上,根据建设发展实际,科学确定用地布局和发展时序,形成层次清晰、相互衔接、以总体规划为依据、以专项规划为支撑的规划体系。注重规划实施督查评估机制。建立完善城市管理长效机制,统筹建设过程中的统一动作、统一信息、统一调度、统一探索。建立统一的指挥系统,提升管理水平。加强规划的约束力和控制力,加强对发展规划执行情况的跟踪分析和动态监控,建立完善规划执行联动机制。

(二)要实现基础设施建设同城化的突破

加快大贵阳行政圈、交通圈建设,学习借鉴成都、西安等发达都市区的合理做法,加大城镇基础设施建设力度,把路网作为城市基础设施的重中之重,实施一批重点路网工程,以路网建设带动城市扩容提质;将供水设施、节水系统及水源建设、污水处理、再生利用、废弃物无害化处理、电力供应等和贵阳市协同发展，同步建设，统一标准。在三改项目中不断提高城镇燃气普及率和保供率；加快地下管网的系统化、网络化、立体化和交通基础设施同城化建设。实施电子政务畅通工程，按新国发2号文件中提出的政务信息资源共享共建共融的要求，加快构建电子中心和协同办公平台，实现党委、政府政务信息资源共享、网上协同办公。让都市圈更具城市魅力，城乡更加协调，城市生活更加便捷高效。

（三）要实现公共管理与社会服务的突破

完善户籍管理，探索推进以人为单位的户籍管理制度，取消农业户口和非农业户口的性质划分，按实际居住地向居民户口迁移，加快推进农业转移人口市民化，增加城镇常住人口落户数量。建立居住证制度，对未落户的农业转移人口，推进以居住证为主的属地化管理制度。推动实行医保、社保、养老保险、工伤失业保险等"一卡通"。健全就业政策和服务体系，在公共就业服务平台、信息化服务网络等方面加强对接，形成人力资源统一市场。加快撤乡建镇步伐。进一步加快行政区划调整，优化行政区划布局，加快推进撤乡设镇各项工作；支持安顺市打造全省重要综合旅游区，打造贵阳经济圈重要组成部分。实现城市的六要素高质量，即"菜篮子、果盘子、花盆子、肉袋子、药箱子、奶瓶子"。支持安顺先导区改革创新，实现发展提速，让城市的美好成为百姓共享幸福的家园。

（四）要实现在数字+现代服务业等N种业态上的突破

安顺作为贵阳—贵安—安顺都市圈建设的重点区域，要主动作为，积极推进基础设施互联互通，思考和积极布局融入"强省"行动的基础。突出融合互补，联动谋划产业发展，结合安顺市已有的产业基础和区位优势，打造优势互补的产业集聚区。全力优化营商环境，倡导贵人服务，包容活跃、利企富商的政策环境，诚实守信的信用环境，通过"放、管、服"改革，让安顺成为投资兴业的热土。发展大数据服务业+现代物流、现代金融、电子商务、商务会展、人力资源服务业、文化旅游、现代商贸等生活性服务业。整合各类资本要素，构建以政府投入为导向、社会投入为主体、金融信贷为支持，服务业企业融资渠道拓宽的要素配置投入机制。积极抢抓政策机会，要有紧迫感和责任感。贵州省第十三次党代会提出：要加快形成大企业"顶天立地"、中小微企业"铺天盖地"的良好局面。发展大数据基础设施相关产业，大数据应用服务产业，以此带动大数据在企业、社区、群众中的应用和消费。加快数字城乡、数字山地多种业态，构建数字山群、智能山群、智慧山群，让市场对资源配置要素发挥作用。依托安顺四通八达的交通优势，将构建国际国内大开放格局的理念贯穿在城市建设的战略部署中，进一步凸显安顺的康养生态优势、交通区位优势、军民融合的产业优势，率先建成内陆开放型经济新高地的安顺样板。

（五）要实现在打造全域旅游升级版上的突破

立足全域旅游，注重安顺旅游资源排查数据的精准和布局，实现航空、铁路、公路、水路等多种运输方式的相互衔接，做到快进慢游的统筹，提升全市旅游服务的高质量突破。增强旅游综合接待和服务能力，完善各类旅游配套设施。旅游与文化融合，挖掘文化内涵，丰富旅游业态，促进旅游与体育、养生、养老、影视、林业、农业等产业深度融合。加快重点景观、精品线路建设。做出特色，做出品牌，大力引入公司化+大数据管理城市，使智慧城市、高效节能、环保、文明、安全等要素在大数据场景下得到更好应用。围绕健康和医疗服务+大数据+公共卫生服务系统等方面，打造"大数据+大健康"的数字健康产业。在城市的绿化、亮化、净化、序化方面推进城市整治工程，把城市的碧水蓝天、十五分钟生活圈及现代化发展结合起来，让绿水青山更有效地成为百姓的"幸福不动产"和"绿色提款机"。

（六）要实现在创新发展差异化建设上的突破

贵阳—贵安—安顺同城化，以一张蓝图绘到底的绵延不绝之力，久久为功，以差异化特色小镇、差异化主导产业、差异化旅游康养工程、差异化协同发展为根本，实现资源资金项目高效应用。大中小城市合理布局，城镇和开发区与田园综合体、公铁交通设施、永久基本农田等，合理、有效、高效地按照"三区三线"的制度严格安排。一体化中的差异化体现在大城市智能化服务型城市提升方面，如会展、演艺、文化等功能的提质，中小城市产业配套和制造业布局合理，小城镇农村农业产业功能和休闲度假康养、生态安全等功能的完善。要摸清家底，认清形势，找准方向，联动衔接，推动每一类城镇和农村都发展得更加健康和可持续，为不同类型的人群提供机会，满足他们对美好生活的向往，促进共同富裕，形成共享、共建的美好家园，提升城市的综合竞争力。

山地特色城镇化立足山地特色，尊重自然，崇尚道法，以自然为美，突出文化特色。"十四五"期间贵州新型城镇化发展，是现代化建设的不二法门。安顺必须抓住"强省会"的重大战略机遇，加快建设创新型山地特色城镇，以高质量发展统揽全局，围绕"四新"主攻"四化"，使旧城改造、新区开发和小城镇建设并行同驱，恪守四个到位：思想认识到位，组织领导到位，责任落实到位，机制建设到位，努力把安顺打造成贵阳—贵安—安顺都市圈宜居宜业宜游的百万人口城市和黔中城市群经济社会发展的重要增长极。我们相信，安顺山地特色城镇化在"十四五"期间一定能取得高质量的发展。

（作者单位：黄海波，中共安顺市西秀区委党校；
　　　　　　郭永祥，西秀区住房和城乡建设局；
　　　　　　王　涛，中共安顺市西秀区委党校；
　　　　　　陈　燕，中共安顺市西秀区委党校）

关于安顺水运发展的思考

▶ 刘浪

摘要： 加快补齐安顺市水运发展短板，构建综合交通运输高质量发展体系，为建设幸福美好新安顺作出水运新贡献。笔者就学习贯彻落实党的二十大及国发〔2022〕2号文件精神，抢抓发展机遇，分析安顺市水运发展存在的问题并思考重点工作，提出建议。

关键词： 水运　发展　思考

一、安顺水运发展现状

安顺市地处长江、珠江水系分水岭，主要通航水域有长江水系乌江流域引子渡库区、夜郎湖库区及邢江河，珠江水系北盘江流域龙滩库区库尾段、董菁库区、马马崖库区、光照库区以及王二河库区、龙宫通漩河、格凸河等。安顺市通航水域面积194.07平方公里，通航里程459.3公里，在全省属旅游大市，有黄果树、龙宫、格凸河、花江大峡谷等多个涉水景区、景点，水路运输主要以景区水上旅游客运及沿江、河、湖、库周边群众短途出行为主。全市涉水企业15家，各类船舶2104艘，持有船员适任证书人员805人,船员培训机构1家,船舶修造厂1家,便民码头(停靠点)67个,乡镇渡口120道。2022年完成水路旅客运输量64.56万人次,周转量215.66万人公里。

安顺水运对本市经济社会发展贡献不足,是综合交通运输发展中的短板,水上交通安全工作保持了连续十三年"零死亡""零事故"的监管目标,但水上交通安全基础依然非常薄弱,安全形势仍然十分严峻。水运发展主要存在以下问题:一是南下珠江水运物流大通道尚未形成,区间短途货运物流成本高,还未形成"公转水、铁水联运"交通运输模式。二是格凸河、花江大峡谷等多个涉水景区、景点"航运+旅游"未呈现深度融合发展。三是水上交通安全监管力量薄弱,安全形势仍然严峻。

二、安顺水运发展的重点工作思考

安顺水运发展,要坚持以问题为导向,远期要打通"南下珠江"水运通道,同时看到通道形成后安顺市存在的问题。近期要推进库区"航运+旅游"融合发展,同时要牢牢守住水上交通安全底线。

(一)积极响应贵州"南下珠江"水运出海通道建设

1.打通"南下珠江"水运通道具有的基础条件。贵州"南下珠江"水运出海通道,主要是通过南北盘江—红水河到达广西来宾市后,可选择钦州港或珠海口出海。20世纪70年代前,南北盘江—红水河仍是黔中、黔西南地区与两广的一条水路通道,当时有木帆船490艘,将棉纱、布匹、食盐、日用百货等物资运至黔中,又从黔中把桐油、药材、甘蔗、红糖等土特产运往两广等地,是当时比较繁忙的水上航线。随着国家西部大开发战略的实施,南北盘江—红水河成为"西电东送"的重要能源基地,一座座水电站相继建成,虽暂时阻断了航道,但同时形成了南北盘江—红水河优良的高等级航道。截至目前,红水河上的岩滩、大化、百龙滩、乐滩、桥巩五个水电站通航设施都已经全部建成,红水河龙滩水电站1000吨级过船设施也即将开工建设，为南北盘江—红水河全线贯通打下了基础。

2.打通"南下珠江"水运出海通道具有的重大意义。打通"南下珠江"水运出海通道，有利于推动内陆开放型经济试验区建设提档升级。新国发2号文件明确了贵州"四区一高地"的战略定位，要求统筹对内对外开放通道和平台载体建设，把打造"内陆开放型经济新高地"作为贵州开放型经济试验区升级版。目前，贵州已有机场11个，高速公路里程8010公里，空陆交通对外运输体系健全，但对外水路交通仍然是短板，打通"南下珠江"水运出海通道，将是贵州经钦州、珠海南下出南海进最便捷的水运交通线，对贵州融入粤港澳大湾区发展有重要意义，为探索"大湾区总部+贵州基地""大湾区研发+贵州制造"等创新发展模式提供条件。

打通"南下珠江"水运出海通道，有利于打造黔中改革开放先行区。新一轮西部大开发、西部陆海新通道建设、珠江—西江经济带建设等国家重大战略深入实施，为打造改革开放先行区带来重大机遇。打通"南下珠江"水运出海通道，对促进贵州融入北部湾经济区和粤港澳大湾区联动发展、探索水运大通道沿线产业链互补协作模式，形成良好招商聚群效应有着重要的意义。

打通"南下珠江"水运出海通道，有利于推动产业提档升级。经实地调研测算，水路物流运输成本是公路的1/3、铁路的2/3。打通"南下珠江"水运通道，加快推进交通运输结构调整，将会大大降低物流运输成本，吸引更多企业到贵州投资兴业，推动本地企业扩产提能，带动相关旅游企业做优做强，促进山地公园、农旅融合、红色旅游品牌建设，推动旅游业的蓬勃发展。

3.打通"南下珠江"水运通道具有的政策支持。党的二十大报告提出，要加快构建新发展格局，着力推动高质量发展。贵州地处长江、珠江上游，是西部水运较为发达的地区，畅通北上长江、南下珠江的水运大通道，积极融入区域发展，既是国家战略要求，也是助推贵州高质量发展的必然需要。打通"南下珠江"水运出海通道，充分发挥水运具有运量大、能耗低、绿色低碳环保的优势特点，是实现降低物流成本、提升产品竞争力的最好抓手，是学习贯彻落实好党的二十大精神的最好诠释。习近平总书记在第二届联合国全球可持续交通大会上的主旨讲话，赋予交通成为中国现代化开路先锋的新使命新定位，为进一步加快行业发展提供了根本遵循。党中央、国务院印发了《国家综合立体交通网规划纲要》，这是我国历史上第一个由党中央、国务院发布的中长期综合交通运输规划纲要，一批重大交通项目将纳入国家规划得以实施。

新国发2号文件提出，畅通贵州对内对外开放通道，打通北上长江、南下珠江的水运通道；省第十三次党代会报告明确提出，全力推进内外开放，打通北上长江、南下珠江的水运通道，深度融入长江经济带发展；中共中央、国务院印发的《扩大内需战略规划纲要（2022—2035年）》指出，加快交通基础设施建设，提升水运综合优势，在津冀沿海、长三角、粤港澳大湾区推动构建世界级港口群，支持建设国际航运中心，加快长江等内河高等级航道网建设，为发展水运出海大通道提供了政策支撑。新国发2号文件围绕"四区一高地"战略定位，对七项重点任务、103项重大政策、139个重大项目、11个重要基地、13个试点、12个示范等进行了部署，其中就包括南北盘江—红水河航道提等升级，实施南北盘江—红水河生态保护修复等重大项目，为打通黔中南下出海大通道提供了政策支撑。

（二）打通"南下珠江"水运出海通道面临的关键问题

安顺市坝草港区位于北盘江中下游左岸，港区码头路域占地面积83亩，生产及辅助生产建筑面积1509平方米，建有500吨级货运泊位1个，250吨级泊位1个，年货物吞吐量64万吨，年客运量25万人次。港区码头自2011年建成后其主体功能未得到充分发挥，主要制约因素有两点：一是龙滩水电站大坝碍航导致码头货物无法实现长距离运输；二是龙滩电站库区常年水位线在黄海高程330米左右，与坝草码头航道高程375米相差45米，坝草至望谟县乐园段航道"年通航保证率"仅约30%。

在省委、省政府的坚强领导下，省交通运输厅、省发展和改革委的推动下，红水河龙滩水电站1000吨级过船设施也即将开工建设，按照建设计划，该过船设施在2026年左右建成，安顺将面临坝草至乐园段航道年通航保证率不足和现有的坝草港口功能不足的关键问题。

坝草港是国家规划西南水运出海中线通道及《贵州省水运发展规划（2012—2030年）》中港口布局规划的地区港口之一，是安顺唯一的水运出海通道。港区陆路距镇宁县城105公里、距安顺城区127公里、距省会贵阳238公里，惠水至兴义高速公路直达坝草港区。港区水路距望谟县乐元镇（库区尾水变化段）37公里，距龙滩水电站大坝230公里，距即将开工建设的平陆运河约800公里，距离广州磨刀门港口1366公里，是水路交通最近的西南水运出海通道。

水路通航必备的两个条件是航道和港口码头。因此，安顺要超前谋划着力解决提高坝草至乐园段航道的年通航保证率和坝草港口功能升级改造，确保与红水河龙滩水电站1000吨级过船设施同步建成。

（三）推进库区"航运+旅游"融合发展

近年来，安顺市多方发力，大力推进旅游业高质量发展，深入推进"旅游+"融合发展，安顺在全省属旅游大市，有黄果树、龙宫、格凸河、花江大峡谷等多个涉水景区、景点，景区水上旅游航运成为景区主要内容。为加快推进"航运+旅游"深度融合发展，要及时编制《安顺市航运旅游发展规划》，以"康养福地·瀑乡安顺"城市品牌建设为支撑，依托黄果树、龙宫、格凸河、花江大峡谷及其他库湖区水运条件和沿线生态资源、人文景观、红色文化、民族风情等诸多旅游资源，将航运旅游作为切入点主动融入"山地公园省·多彩贵州风"品牌，打造特色精品水上旅游线路，带动安顺水路运输转型升级。充分展示神奇秀美的山地水域风光，展现江河流域所蕴含的深厚红色文化、悠久历史文化和多彩民族文化，服务旅游产业化发展，努力建设康养旅游示范区。

（四）牢牢守住水上交通安全底线

始终保持高压态势，压紧压实行业监管责任。要系统深入学习习近平总书记关于安全生产重要论述，始终坚持"人民至上、生命至上"，牢固树立安全发展理念，强化组织领导，把做好水上交通安全工作作为巩固党史学习教育成果来落实，狠抓水上交通安全生产责任措施落地。

强化水上交通安全监管执法，狠抓问题隐患排查整治。全面推进水上交通安全本质提升"9个制度"执行落实，突出辖区水上交通安全监管重点，对客流集中航线、码头（渡口）、涉水旅游景点等重点场所，涉客运输的水运重点企业，客船、客渡船、旅游客船、乡镇自用船等重点船舶实施重点监管。

强化水上交通风险防控，全面筑牢安全防线。按照属地管理原则，切实压实政府、企业、监管部门责任，筑牢安全底线。强化水路运输从业人员、船员资质能力管控，规范船舶航行、停泊作业行为；不断加强对水运企业、船舶的监督。

强化部门联动协作，形成齐抓共管良好格局。主动加强与渔政、旅游、教育、水务、环保等部门联动，进一步建立健全海事、渔政、旅游部门联合执法机制，加大联合巡航执法力度，严查渔船违法载客载货、旅游企业不规范经营等违法违规行为。

强化水上安全宣传教育，确保安全意识深入人心。切实做好水上交通安全宣传教育，增强水上交通从业人员和群众水上安全意识，持续深入推进"五进"水上交通安全宣传活动，提升广大群众的防护意识。

三、安顺水运发展工作建议

近期，省人民政府办公厅印发了《贵州省水运体系发展行动方案》，成立了贵州省推进水运体系建设领导小组，安顺也成立了工作专班，基本形成了政府引导、部门联动、社会响应、各方推动的工作格局。

第一，坝草至望谟县乐园段航道处于库区回水变化段，"年通航保证率"仅约30%，建议在望谟县乐园规划建设反调节航电枢纽工程，以提高稳定回水变化段水位，确保回水变化段"年通航保证率"达90%以上。

第二，安顺坝草港口1000吨级泊位建设项目已纳入《贵州省水运体系发展行动方案》重点任务推进，建议将坝草港口经营项目纳入安顺市招商引资项目库，以便实施坝草港口改扩建。

第三，北盘江花江大峡谷旅游项目因北盘江属安顺市与黔西南布依族苗族自治州界河，水上旅游航运资源丰富、开发潜力极大，且涉及黔西南布依族苗族自治州贞丰县及安顺关岭、镇宁县，建议由安顺市级层面组织开发，打造安顺"航运+旅游"深度融合示范项目。

第四，建议加大安顺水运发展工作经费的投入，市级财政按照资金跟着项目走的原则，通过新增一般预算等筹措资金用于水运发展。市交通运输、财政、发展改革等部门要加强与上级部门沟通对接，最大限度争取国家、省级资金投入水运项目。各金融机构要大力支持绿色水运发展，在港口建设、船舶建造等方面提供期限长、利率低的贷款支持。

（作者单位：安顺市交通运输局、安顺市地方海事局）

奋力推动安顺商业经济高质量发展

◀ 罗廷勇

摘要： "新国发2号文件"的颁布，为安顺市商业经济发展带来了重大机遇，要立足安顺商业经济深厚的历史底蕴和良好的发展势头，进一步认清面临的困难、问题、挑战和机遇，从商贸流通体系、市场体系、城市商圈、产业升级、对外开放、人才队伍建设等方面发力，奋力推动安顺商业经济高质量发展。

关键词： 安顺市　商业经济　机遇与挑战　高质量发展

2022年1月27日，国务院印发了《关于支持贵州在新时代西部大开发上闯新路的意见》（国发〔2022〕2号，以下简称《意见》）。《意见》强调，要全面贯彻党的十九大和十九届历次全会精神，按照党中央、国务院决策部署，坚持稳中求进工作总基调，完整、准确、全面贯彻新发展理念，加快构建新发展格局，着力推动高质量发展。商业经济是国民经济的重要组成部分。商业经济高质量发展，是推动国内大循环和国内国际双循环、加快建设富美新安顺的战略选择。

安顺的商业经济有着深厚的历史积淀。安顺历史上曾经是贵州西部物资集散中心和商贸要地，商品经济发达。乾隆、嘉庆年间，渐次形成了东从常德经镇远，东北从重庆经遵义，南从梧州经独山，西南由百色经兴义，西从昆明经盘州，北从泸州经毕节的物资集散地。联翩而来的客商在安顺开设商铺，经营着从各地运来的洋纱布匹、日用百货、化工五金……又从本地贩出烟草桐油、药材茶叶……日趋活跃的商品流通，使其成为商铺林立、商贾云集的"旱码头"。《续安顺府志》载：洋货匹头，争奇斗艳；商业之盛，甲于全省。

安顺的商业经济得益于开放风气之先。1978年，关岭自治县顶云公社创造了"定产到组"的承包制经验，是全国实行农村改革最早的典型之一。1988年，时任贵州省委书记的胡锦涛同志指导安顺建立了"多种经济成分共生繁荣改革试验区"，是贵州最早放开个体、私营经济发展的区域。改革开放的风气滋养了安顺人商业经营的天赋和思想，最好的例证是西秀区华西办事处管元村创办的小商品市场，在20世纪90年代发展成为西南地区规模最大、品种最齐全的商品批发市场之一，被国家市场监督管理总局评为全国文明市场，这是安顺商业经济发展史上浓墨重彩的一笔。

安顺的商业经济呈现良好的发展势头。"十三五"期间，社会消费品零售总额突破千亿元大关，达到1230.9亿元；产销对接成果丰硕，累计销售农产品129.1万吨，销售金额104.16亿元；市场体系逐步完善，建成示范性农贸市场4个、惠民生鲜超市30个、标准化菜市场32个，完成15个农贸市场改造，打造15条商业步行街；外向型经济稳步发展，全市共完成货物进出口10.27亿美元；电商工作取得重大突破，全市6个建制县（区）获批国家级电子商务示范县，安顺市被商务部列为跨境电商零售进口试点城市。

总体上看，"十三五"期间，安顺商业经济发展步伐加快，宏观形势总体向好，但发展中也面临不少困难和问题，挑战与机遇并存。

从面临的困难和问题看：一是顶层设计欠缺，商业发展规划编制滞后。近年来虽然开展了相关商业规划的编制，但缺乏充分的调研和论证，与城乡规划、国土空间规划衔接程度低，缺乏约束力。二是市场基础薄弱，市场体系建设投入不足。冷链物流、公益性农贸市场投入不足，专业市场存在同质化、低水平重复建设情况。三是商圈规模较小，消费增长缺乏有效支持。市、县（区）中心城区尚未形成配套齐全、功能完善的商圈，特色步行街少；批零住餐企业结构不优、实力不强。四是外资外贸企业少，招商引资后劲乏力。外向型经济发展缓慢。截至2021年12月，安顺正常经营的外资企业仅有10家、外贸企业有20家。实际利用外资数为零。五是缺少专业人才，干部队伍建设有待加强。缺少懂规划、管理、经营的专业人才；商务干部队伍人员编制严重不足；各县（区）商务部门均挂靠工贸局，工作力量薄弱。

从挑战和机遇看：在挑战方面，从国际看，国际疫情和美国对华政策是最大的外部不确定因素，国际市场预期不稳，外向型经济发展严重受阻。从国内看，国内经济全面恢复的基础不稳固，巩固商务发展向好态势仍然面临着诸多困难。从省内看，安顺经济总量小、人均水平低，经济结构不优，市场主体不强，进出口总额、实际利用外资等指标在全省排位都比较靠后。省内其他兄弟地市对商贸工作高度重视，安顺面临巨大的竞争压力。在机遇方面，从国际看，区域全面经济伙伴关系协定（RCEP）签署为中国发展带来新机遇。从国内看，我国率先控制疫情，率先在主要经济体中实现经济正增长，为做好商务工作提供了稳定的国内环境。我国发展仍然处于重要的战略机遇期，巩固拓展脱贫攻坚成果、构建新发展格局、区域发展战略叠加带动，将为安顺的商业发展提供新机遇。从省内看，《意见》强调，要统筹国内国际两个市场两种资源，统筹对外开放通道和平台载体建设，深入推动制度型开放，打造内陆开放型经济试验区升级版，建设内陆开放型经济新高地。全新的开放平台和开放通道必将全面激发安顺商业经济发展的内生动力。从市内看，全市农产品流通体制改革进一步补齐短板，"产销对接"形成较为成熟的工作模式和运行机制，顺畅接续乡村振兴；消费市场新业态、新模式不断涌现，为消费稳定增长打下良好基础。只要我们抓住机遇、乘势而上，必定能够实现安顺市商业经济发展的历史性跨越。

2021年2月，习近平总书记亲临贵州视察调研并发表重要讲话，对贵州的发展寄予殷切期望。习近平总书记关于新发展阶段、新发展理念、新发展格局的重要论述，为"十四五"时期贵州的发展指明了方向和道路，是我们发展商业经济的根本遵循。我们要认真学习贯彻习近平总书记的重要论述，牢牢抓住"新国发2号文件"给安顺商业经济发展带来的重大机遇，按照商务工作"三个重要"的新定位，紧密结合安顺实际，出实招、使实劲、求实效，推动商业经济高质量发展。

一、数字赋能，加快商贸流通体系建设

我们要切实把建设现代商贸流通体系作为构建新发展格局的重要战略任务来抓，通过"数字赋能"，推动安顺商贸流通体系更加顺畅高效。

（一）建设完善现代商贸物流网络。积极建立商贸与物流业的联动机制。积极推进工商企业物流业务外包。引导工商企业将原材料采购、运输、仓储、流通加工、整理、配送等物流服务业务从主业中有效分离出来，交给第三方物流企业经营，努力降低物流成本。支持企业建立商贸流通智慧物流大数据中心，完善提高商贸物流信息化、数据化水平，有效降低流通环节物流成本，构建智慧企业。加大商贸物流标准化建设。

（二）大力培育商贸流通市场主体。加快招商引资步伐，积极引进像"货车帮"这样的智慧型流通企业，造就一批特色化、专业化发展的智能型中小企业。培育一批具有供应链整合能力、有效引导生产、推动内外贸融合的龙头企业。着力培育一批拥有自主品牌和知识产权、主业突出、核心竞争力强的现代流通企业。支持有条件的流通企业建立跨区域流通网络。鼓励商贸企业与生产企业的合作，研究开发零售商自有品牌，提高商贸企业核心竞争力。

（三）加快现代物流园区建设。积极推进黔中商贸物流园区和物流中心建设，培育发展一批现代物流园区、区域性商品集散（分拨）中心。逐

步完善以商贸物流、快递物流、冷链物流、生产物流为支撑的现代物流体系。发展应急物流。以大型商贸企业、物流园区为依托，建设救援物资集散中心，支持商贸物流企业建设肉类、果蔬应急储备库和应急配送中心，构建重要应急物资的监管、生产、储备、调拨和紧急配送体系。

二、规划先行，构建完善的现代市场体系

2021年1月21日，中共中央办公厅、国务院办公厅印发了《建设高标准市场体系行动方案》，我们要以此为契机，加快构建体系完整、机制健全、统一开放、竞争有序的现代市场体系。

（一）加强专业市场规划建设。安顺目前共有各类专业市场30余个，建筑面积达40万平方米，但由于缺少规划，网点布局不尽合理，集聚效应不明显。要根据安顺的特色资源和特色产业优势，加大规划编制和实施的力度，推动商品市场创新发展，进一步提升现有专业市场的集聚效应，培育一批商品经营特色突出、产业供应链服务功能强大、线上线下融合发展的商品市场示范基地，不断扩大商品流通规模，增强市场流通集聚辐射力。

（二）加快发展各类零售业态。支持和引导企业对中小型超市、购物中心等进行改造升级、布局调整和功能更新，提升档次和服务水平。引进2至5家全国知名连锁超市及连锁百货品牌企业，奠定超市、百货店作为零售网点主力业态的地位；有步骤地增加家居建材、家电、汽车、通信产品等品类的大型专业店的配置；围绕安顺生态观光、休闲度假、餐饮娱乐等内容打造中型主题购物中心。在地价低廉、交通便利但商业基础薄弱的新城板块，尝试引入具有较强市场号召力和客源吸引力的工厂直销中心。

（三）加快餐饮业转型发展。重点培育"百年滋味"等面向大众消费的连锁经营餐饮企业，大力支持以经营安顺小吃为主的特色餐饮企业，努力推进餐饮企业大众化、产业化、品牌化、特色化发展，引导高中端餐饮企业经营转型，促进餐饮行业结构性调整，支持引进国内外知名餐饮品牌落户安顺，鼓励打造餐饮品牌发展连锁经营，推动"互联网+餐饮"模式发

展。继续举办安顺小吃美食节等相关活动,大力宣传安顺美食,引导、促进餐饮消费。

三、文旅结合,打造特色鲜明的城市商圈

城市商圈,是一个城市范围内的零售、批发、餐饮、生活服务、娱乐、物流、配送、仓储等各类企业经营场所和设施的总和。合理的商业网点布局,是建立高效流通系统的保障。

文化和旅游,是安顺商业繁荣的两翼。打造特色鲜明的文旅商圈,是近年来城市更新、产业结构调整过程中的重要举措,作为旅游城市,必须在文旅商圈(街区)上发力,通过商圈(街区)的改造提升,迭代升级,建立起安顺城市新地标、打造安顺旅游新名片。要聚焦安顺城市文化、民俗文化、历史文化三个方面,挖掘、提取、聚焦文化内涵,形成差异化的主题定位,打造以旅游购物及本地特色餐饮为主的购物型文旅商圈。

(一)推动城市商圈的规划和发展。加强与城乡规划、国土空间规划衔接,增强商业网点规划的约束力。优化商业网点布局,切实为金融保险、现代商务、文化创意等高端现代服务业预留发展空间。着力提升传统商圈的现代商贸功能,延续老城区的商业繁华度。加快推进沿城市周边区域新的城市商圈打造。引进一批城市综合体项目,逐渐带动其所在区域的整体商业氛围,并形成新的商圈。

(二)加快打造特色鲜明的步行街。加大对安顺历史文化街区等特色商业街的培育和提升改造力度,打造一批特色鲜明的一流步行街。在规划设计上要在对标国内一流街区的同时兼顾安顺特色。在此基础上优化街区环境,统筹周边商业资源,提高商业质量;同时,注重增强步行街的文化底蕴,依托安顺的自然禀赋、历史文化和建筑风格将其融入步行街建设和改造之中,发挥地方特产、老字号的带动作用,实现城市现代化和人文底蕴的和谐统一。

(三)加快居民服务业的规划和发展。立足于将安顺建设成为宜居、

宜业、宜游生态旅游城市，切实加快居民服务业的规划和发展。在条件成熟的社区规划建立社区商业中心，打造高水平的社区商业便民服务体系。降低物流成本，切实解决好农副产品价格偏高的问题。坚持大数据引领，大力发展互联网+生活服务业，全力打造生活服务业发展的新业态。推进城市一刻钟便民生活圈建设，以多业态集聚形成新的社区服务商圈。

四、电商引领，助力乡村振兴和产业升级

电子商务是当前内陆城市增强经济竞争实力，赢得资源配置优势的重要手段。目前，安顺在大数据统计系统中的网络店铺数量已达4600余个。要继续大力推进电商供应链建设，壮大电商销售主力，加快电商产业升级，助力乡村振兴。

（一）着力发展农村电子商务。安顺6个建制县（区）均为国家电子商务进农村示范县，目前已建成农村电商服务站近700个，要用好用足支持政策，将发展农村电商与乡村振兴有机衔接，统筹政府与社会资源，推动实施"数商兴农"，打通"黔货出山"通道。要优化农村电子商务环境，推动农村网络覆盖和农村物流快递网络建设，建设乡镇、村级物流快递站点，有效配套农村电商物流分拣配送环节，确保农产品上行渠道畅通无阻。鼓励农产品生产及流通企业利用网络平台开展批发零售，拓宽销售渠道。

（二）大力培育电子商务龙头企业。吸引一批国内外知名电子商务企业总部、区域总部和营运中心落户安顺，加大与知名电商企业的合作力度。培育和壮大本地电商企业，支持市内电子商务企业采用先进技术，创新商业模式，整合各种资源，拓展发展空间。每年培育1—2家电子商务重点示范企业，形成一批具有较强示范作用和推广价值的企业群体。

（三）强力推进电子商务平台建设。加强与淘宝网、京东商城等电商巨头的沟通交流，利用大平台提升电子商务发展质量与水平，吸引更多电商落户安顺。鼓励本土电商企业成立自主平台，发展成为安顺的"阿里巴

巴"。依托产业集群和专业市场，重点在中药材、特色农产品、旅游产品等领域打造全国领先的，具备交易、物流、支付等功能的行业电子商务平台。

五、借道出山，扩大商贸对外开放

"十四五"规划纲要明确提出："推动进出口协同发展""引导企业深耕传统出口市场、拓展新兴市场"。

（一）积极推进商贸区域合作。紧紧抓住RCEP协议签订的重大机遇，深度融入"一带一路"、长江经济带、粤港澳大湾区等国家战略，探索与共建国家和周边地区商贸合作新途径，培育具有国际竞争力的商贸产业集群。紧紧抓住广州帮扶安顺的重大机遇，提升安顺商贸流通业对外开放水平。抢抓长江经济带、珠江—西江经济带、粤桂黔高铁经济带、黔中经济区等战略机遇，适当采用"借道出山"和"借港出海"的模式，加强与其他区域在商贸服务方面的交流合作。

（二）加大商贸招商引资力度。要抓好项目储备，结合实际谋划一批市场前景好、产业关联度高的商贸流通业项目，强力推进项目招商工作。要完善商贸服务设施，引进一批国内外品牌折扣企业落户。把商贸流通业引资重点瞄准国内外先进业态、先进管理技术和商贸品牌，提高商贸项目招商引资效益。加快实施招商引资项目承接平台建设，不断完善基础设施。稳步发展进口商品直销等新型商业模式，汇聚国际品牌和时尚名品，引领时尚消费潮流。

（三）推动内外贸一体化发展。外贸连接国际国内两个市场、两种资源，抓好外贸，能更好畅通国内大循环、促进国内国际双循环。要加快推进内外贸融合发展，探索内陆加工贸易"就地配套""内外兼销"发展模式，鼓励内外贸企业之间的兼并重组与合作，重点培育一批具有产业链整合能力、内外贸结合的大型商贸流通企业。鼓励流通企业与外贸企业、制造企业合作，建立供应链联盟、品牌联盟、营销联盟等组织形式，借助外贸企业、制造企业品牌网络和旅游企业营销网络拓展国内外市场的流通网络。

（四）建设跨境电商发展体系。紧紧抓住安顺被商务部等六部委列为跨境电商零售进口试点城市的重大机遇，培育引进若干家跨境电子商务企业，推进若干家传统外贸企业应用跨境电子商务开拓市场。积极申报保税物流中心（B型），建立跨境电子商务支撑体系。打造跨境电子商务服务中心，建设跨境电子商务平台，以信息流带动物资流、资金流、人才流、技术流，促进资源配置优化。打造跨境电子商务孵化基地，为跨境电子商务企业总部集聚提供平台，对中小型物流和跨境电子商务企业进行孵化。培养跨境电子商务实训、实操、实战人才，打造进出口商品体验基地，提供跨境电子商务企业进出口商品实体体验店。支持有条件的大企业建设海外仓。通过3至5年努力，逐步实现"买全球卖全球"的目标。

六、强化保障，抓好人才和干部队伍建设

按照"大商务"要求，聚焦高素质专业化，做好商务急需紧缺人才引进，加强商务干部队伍建设。

（一）完善商务人才引进机制。突出商务领域重点产业、园区和企业聚集人才的主体地位，积极推行"人才+项目"的引才模式，重点引进能推动产业转型升级、企业集群发展的领军人才、创新创业人才及团队，引导高层次人才向科研、生产和基层一线流动。健全服务人才工作机制，确保引进的高层次人才留得住、用得好。

（二）实施商务人才培养战略。要依托高等院校、职业院校和培训机构，加快培养安顺急需的对外贸易、物流、电子商务、信息服务、会展等方面的专业人才。支持企业加大对企业经营管理人才的培训力度，不断提升职业化水平和推动产业转型升级的能力。探索建立安顺市商业经济发展智库，将国内外资深专家学者纳入智库，为安顺商业发展提供智力支持。

鼓励支持事业单位科技人员离岗创业、到企业任职，在实践中锻炼提高经营管理能力。

（三）加强商务干部队伍建设。要积极争取各级党委、政府的支持，大力解决基层商务部门中人员、编制紧缺的突出问题，配齐配强商务干部队伍。要加强商务干部培训，着力提高干部队伍驾驭现代商业经济的能力和水平；要持续推进作风建设，提振干部队伍干事创业的精气神。努力建设一支政治过硬、业务精湛、作风优良、敢于担当的商务干部队伍，为全市商业经济繁荣发展提供强有力的干部保障。

好风凭借力，送我上青云。"新国发2号文件"的颁布，为安顺商业经济的发展带来了新的重大机遇。借势上位、借力发展是安顺各级各部门当前一项重大而紧迫的政治任务。我们要进一步加强对文件的学习，结合实际抓好贯彻落实，以安顺商业经济的大发展助推全市经济社会高质量发展。

（作者单位：安顺市商务局）

乘"新国发2号文件"东风全力做好安顺党校科研工作

◀ 吴宏才

摘要： 在习近平总书记视察贵州一周年、2012年国发2号文件发布十周年之际，2022年国发2号文件出台了。2012年国发2号文件颁布以来，贵州的经济社会发展成果显著，与全国同步完成脱贫攻坚任务，实现全面建成小康社会。新国发2号文件结合贵州在新时代面临的一些突出困难和问题，有针对性地为贵州在新时代西部大开发上闯新路提供了政策支持，有助于贵州探索富有特色的高质量发展新路，并将与全国同步基本实现社会主义现代化的目标任务。

党校作为党的干部教育培训的专门机构，科研工作与教学工作同等重要，必须齐头并进地发展。通过学习新国发2号文件精神，深入开展调研，结合安顺党校科研工作实际，特著此文，以供读者参阅。

关键词： 新国发2号文件　安顺党校　科研

在习近平总书记视察贵州一周年、2012年国发2号文件发布十周年之际，2022年国发2号文件出台了。这是党中央、国务院推动新时代西部大开发形成新格局、促进区域协调发展的重大举措，也是贵州发展史上又一个具有里程碑意义的大事。2012年国发2号文件颁布以来，贵州的经济社会发展成果显著，与全国同步完成脱贫攻坚任务，实现全面建成小康社会。这是贵州千百年的历史发展丰碑，贵州人民彻底撕掉了贴在头上的贫困标签，并正在乘借新国发2号文件的东风，与全国一道为实现第二个百年奋斗目标而努力。新国发2号文件突出时代特色、坚持问题导向、注重目标设定，结合贵州在新时代面临的一些突出困难和问题，有针对性地为贵州在新时代西部大开发上闯新路提供了政策支持，有助于贵州探索富有特色的高质量发展新路，并提出了"到2035年，经济实力迈上新台阶，参与国际经济合作和竞争新优势明显增强，基本公共服务质量、基础设施通达程度、人民生活水平显著提升，生态环境全面改善，与全国同步基本实现社会主义现代化"的目标任务。

新国发2号文件指出："发挥改革的先导和突破作用，大胆试、大胆闯、主动攻，解决深层次体制机制问题，激发各类市场主体活力，增强高质量发展的内生动力，保障和改善民生，为推进西部大开发形成新格局探索路径。"因此，贵州的各行各业都在借力新国发2号文件带来的发展机遇，努力做好本职工作。党校作为党的干部教育培训的专门机构，科研工作与教学工作同等重要，如同车之双轮、鸟之双翼，必须齐头并进地发展。学习新国发2号文件精神，结合安顺党校科研工作实际，做如下思考：

一、近年来安顺党校科研工作取得的成就

1.打造了科研平台。安顺党校始终围绕党委、政府中心工作，坚持聚焦发展大局、聚焦决策咨询、聚焦服务基层的科研工作定位，先后打造了《安顺党政干部论坛》《安顺热点透视》"安顺市党校系统科研评奖""安顺市党校系统理论研讨会"等科研平台。以此为基础，逐步形成了鼓励出人才、出成果、出精品的党校科研管理机制和精益求精的浓厚学术氛围，科研工作质量不断提升。

2.著作出版实现零的突破。近年来，学校科研人员紧盯党的重大理论

创新问题，潜心著述，推动重大理论创新，实现了著作零的突破，产生了《怎样做新时代好干部》（作者：周丽江）、《我国传统文化与思想政治教育的融合创新研究》（作者：张薇）、《企业人力资源管理》（作者：吴娟）、《毛泽东思想和中国特色社会主义理论体系实践教程》（作者：张薇）、《区域经济视角下的贵州经济创新发展研究》（作者：肖永梅）、《中国特色社会主义生态文明建设理论与实践》（作者：陈胜叶）、《城市社区精神文明建设研究》（作者：张桂芬）等优秀作品。同时，还组织编撰了《安顺市党校系统第一届理论研讨会论文暨咨政报告选编》《中共安顺市委党校教师论文集（2011—2015）》《中共安顺市委党校校志》。

3.课题撰写达到新水准。市委党校和各县（区）党校以高层次课题申报为抓手，不断提升学术研究水准。2018年以来，市委党校和县（区）党校成功申请了省社科规划办、省社科联、省委党校、省党建研究会、省社会主义学院等单位的17项厅级以上课题，课题量创了新高。其中，5项省部级课题获立项，实现了零的突破。值得一提的是，2019年度，安顺党校共成功申请贵州省社科联理论创新招标课题3项，分别是《易地扶贫搬迁后期扶持与社会管理问题研究》（作者：肖永梅）、《贵州农村土地经营权入股的法律风险及防控研究》（作者：嬴舜尧）、《贵州省农村基层党组织引领乡村振兴能力研究》（作者：张薇等），位列全省所有党校第一名，也位列安顺所有科研单位第一名。

4.科研咨政迈上新台阶。学校坚持围绕中心、服务大局，发挥"智囊团""思想库"优势，为安顺经济社会发展建言献策，成功打造了《安顺热点透视》咨政平台。截至2021年底，共发表48期，产生了《安顺易地扶贫搬迁工作的隐忧》《青岛安顺对口帮扶的未来走向是山海合作、互利共赢》等多项优秀咨政报告，其中有18期得到市领导的肯定性批示，赢得了党委、政府的重视、信任和支持，不断提升了党校的地位和影响力。

二、当前安顺党校科研工作存在的问题

1.对科研工作的重视程度有待提升。通过调研发现，市委党校和各县（区）党校对科研工作的重视程度亟待提升，出现了两种"偏科"现象。一是"重理论、轻咨政"。部分科研人员片面地认为学术论文才是真正的"学问"，对评职称也有好处，而理论宣传文章和内参报告学术含量不高，算不上什么学问。因此，在实践中对理论问题研究的兴趣浓于对现实问题研究的兴趣，对理论研究投入的时间和精力胜过对决策咨询研究的时间和精力。二是"重教学、轻科研"。由于取得科研成果往往比教学需要付出更多时间和精力，部分县（区）党校和教师把绝对多的精力放在了教学上。个别县（区）党校甚至出现无科研管理办法、无远期和近期的科研规划、无年度科研统计和奖惩机制的"三无"现象。

2.教学科研"两张皮"的情况不同程度存在。"教学是中心，科研是基础"。当前，党校存在的问题是教学专题仅呈现于课堂上，而科研课题则在课堂之外，科研成果进课堂的机会少之又少，出现"两张皮"的情况。这一方面源于党校教师在科研方面存在"先天不足"和"倒挂"现象，加之深入实际不够、调研不多，故而不能做到教学科研的融合；另一方面源于教学、科研的考核自成体系、各自独立，缺乏两者有效结合点。久而久之，可能导致能上课的教师科研能力不强，科研能力强的教师上课效果不好，甚至是课也上不好、科研也没有质量。

3.咨政能力有限。发挥咨政作用、服务地方决策是全市党校工作者的分内职责，也是我们党校提高自身地位的重要方面。咨政报告的撰写不是"眉头一皱，计上心来"那么容易，既要看学理性和专业性是否到位，也要看调研实不实、问题说没说透、分析到不到位、措施可不可行。当前，每年的研究成果看起来很多，但最终能够真正引起党委、政府注意的、具有指导实践价值的咨政报告却不多，难以起到党委、政府决策"思想库""智囊团"的作用。究其原因，一是深度不足，即谋大事的层次不

够，未能做到从大局处着眼，找准定位，导致不能及时地跟上领导谋事决策的步伐，科研形成的成果不能引起重视，不能被采用。二是脱离实际，即没有完全紧密贴近实际，和经济社会发展中的热点难点问题结合得不够，导致课题研究角度不新、调研不透、理解不深、针对性和操作性不强，无法真正有助于解决问题。

三、下一步安顺党校科研工作的思考

1.完善科研制度建设，为党校科研发展提供有力的制度保障。科研管理制度是党校人才脱颖而出、科研精品不断涌现的重要保障。党校要不断改革创新，重点形成完整、规范、有效的科研项目（课题）管理制度、学术交流管理制度、科研工作量与年度考核制度、科研资助与课题经费管理制度、科研档案管理制度，为科研工作提供有力的制度保障。

一是要形成协作机制。市委党校要加强与各县（区）党校的科研协作，强化系统内的交流与合作，在发挥个体主观能动性的基础上团结协作、共同攻关，集中力量做精品。同时，还要注重校外科研资源的整合利用，加强党校与政研室、社科联、高等院校等科研单位的联系与合作，充分利用各类社会资源相对丰富、调研方便、联合攻关等诸多比较优势，助推科研水平提升。

二是要形成激励机制。科研管理既要有激励，也要讲约束，通过奖优罚劣、奖勤罚懒，在职称评聘、提拔重用、岗位选择、外出学习、评先评优、表彰奖励等方面体现差别性，推动科研人员多出成果、多出精品，促进党校科研工作迈向新台阶。

2.紧扣科研工作重点，发挥"智囊团"和"思想库"作用。党校要紧扣改革发展中面临的现实问题、现实矛盾，特殊问题、特殊矛盾开展研究，结合社会的热点难点问题进行选题，切实发挥党校科研服务地方经济社会发展的作用。对此，一要聚焦国情、省情、市情，根据时代变化和实

践发展，加强理论总结和理论创新，及时反映重要思想理论动态，为发展21世纪马克思主义、当代中国马克思主义做出努力；二要聚焦党委、政府工作动向、工作重点，把科研重心集中在那些牵动全局、涉及长远、群众关切的热点、难点、焦点问题上，切中要害、顺势而为，谋而有方、谋而有效，提出有价值的对策建议；三是通过著学立论、建言献策、智库建设等把党校建成党委、政府的重要智库。

3.加强科研队伍建设，为党校科研工作水平的提高提供人才支撑。党校要发展，人才是关键。有学者才有学校，有学者才有学术，有学术才能面对学员，有学术才能体现科研水平。党校的科研工作要能为党委、政府提供服务，就要有一支规模适宜、结构合理的人才队伍。对此，一靠内部培养。要通过压担子、交任务、定目标、老带新等方式来调动积极性、发挥主动性，挖掘党校现有科研人员内在潜力，不断提升科研能力；二靠教师进修和外出培训。要鼓励和支持教研人员接受专业培训，定期或不定期组织优秀骨干外出学习、培训、参加研讨会等，不断拓宽视野、开阔眼界，提高科研的能力和水平；三靠挂职锻炼。安排教师带着科研课题到基层挂职锻炼，边挂职边调研，边撰写调研文章。在一线得到锻炼的同时，丰富教师的社会实践经验，提高其解决实际问题的能力。

4.建立科研协作机制，为党校科研发展营造良好环境。通过建立科研协作机制，整合全市党校系统科研力量，发挥科研整体优势。一是市委党校要强化服务意识，全力做好全市党校系统科研工作的信息沟通和指导工作，推动科研工作在"面"上展开；二是以理论研讨会为抓手，打造高水平学术交流的平台、成果展示的空间，同时选派中青年教师以文赴会参加高规格的学术交流活动、学术论坛、学术沙龙等，在"线"上做好全市党校系统科研工作的统筹；三是以重点课题为龙头，在全市党校系统内组织人员，同心协力、集体攻关，力争取得突破，在点上取得进步。

5.坚持教研一体化，不断解决教学科研"两张皮"问题。教学科研一体化的实践路径需要总体谋划和布局。没有总体谋划和布局，教学科研一体化就会停留在口头上,抑或在具体实施过程中大打折扣。要把教学科研一体化列入总体布局中,强化科研与教学联动,逐步健全和完善教学科研一体化的运作体系,把科研与教学工作同部署、同落实、同检查、同考核,避免"单打一"和"两张皮",使科研成果运用到教学工作的方方面面。最终实现教学管理与科研管理紧密结合、相互搭台,教学以科研为支撑,科研成果转化为教学专题的目的。

总之,要以新国发2号文件为推动力,高度重视科研工作,健全和完善相应科研工作制度,调动全体科研人员的积极性,锻造高质量科研人才队伍,并加强各方协作与联合,推动党校科研工作高质量发展。

(作者单位:中共安顺市委党校)

关于学前教育普惠性发展情况的调研报告

◀ 郭俊敏

为认真落实贵州省委办公厅、省政府办公厅印发的关于《学前教育普及普惠发展提升工程实施方案》（黔党办函〔2021〕81号）文件精神，深入了解学前教育普惠性发展情况，扎实推进普惠性政策整体教育水平提升，近期开展了对安顺市学前教育普惠性发展情况的专题调研。现将调研情况报告如下：

一、安顺市学前教育普惠性发展的基本情况及主要做法

（一）基本情况。近年来，安顺市委、市政府高度关注本市学前教育事业发展，2021年、2022年分别就安顺学前教育发展情况进行了视察和调研。在调研视察中，市人大常委会发现安顺学前教育存在教育资源分布不均衡、公办教师缺乏、编制不足，保教质量城乡间、园际间差异较大等问题。在市委、市政府的高度重视和关心下，市教育局紧紧围绕学前教育普及普惠优质安全这一核心目标，采取了一系列强弱项补短板的举措，着力解决发展不平衡不充分的问题，取得突出成效：截至2021年，安顺市共有幼儿园746所，较2020年新增22所；在园幼儿11.08万人，学前三年毛入园率

由2020年的92%提高至92.79%，普惠性幼儿园占比为96.01%，公办幼儿园占比为48.26%。公办园在园幼儿占比由2020年的50%提高至52.9%，普惠率从2020年末的87%提高到96.01%。基本形成了在全市范围内基本均衡、公益普惠、群众满意的学前教育公共服务体系。

（二）主要做法。一是坚持政府主导，落实学前教育公益普惠基本定位。近年来，安顺市不断探索学前教育改革工作，完善政府主导、多元参与的学前教育资源供给方式，加快发展公办幼儿园，扶持民办幼儿园，进一步化解"供需矛盾"，将完善学前教育体制机制、健全学前教育政策保障体系、全面提升保教质量等作为补齐短板的重要突破，先后出台了《学前教育普及普惠发展提升工程实施方案》、《安顺市学前教育普及普惠提升工程实施方案》（黔党办函〔2021〕81号）、《安顺市第三期学前教育行动计划实施方案》等一系列文件，高位谋划学前教育改革发展。二是坚持多措并举，实施学前教育工程、大力发展公益性普惠性幼儿园，明确了市政府十件实事中的普惠性幼儿园建设，提供"广覆盖、保基本、有质量"的学前教育公共服务，切实扩大了普惠性学前教育资源的覆盖面，保障全市幼儿接受公平、有质量的学前教育服务。着力调整办园结构，把发展普惠性学前教育作为重点任务，新建、改扩建一批公办园。大力发展农村学前教育，每个乡镇原则上至少办好一所公办中心园。以扩大普惠性学前教育资源、努力增加公办园在园幼儿占比、构建幼儿园教师队伍建设保障体系、健全学前教育成本分担机制、加强幼儿园动态管理和业务指导、提升保教质量为工作重点。三是坚持要素保障，建立可持续发展的支撑体系。建立健全小区、居住区人口配套幼儿园学位标准和幼儿园布局规划，推动城市居住区、易地搬迁安置区配套建设与人口规模相适应的幼儿园，产权及时移交当地政府，确保提供普惠性服务，满足就近入园需求。充分挖潜扩增，利用新建、改扩建等方式扩大中心城区普惠性学前教育资源供给，逐步化解大班额。常住人口3万人以上的乡镇中心，办好2所以上公办幼儿园；常住人口2000人以上且有实际需求的村，优先统筹利用村级小学富余校舍等资源改建村级公办幼儿园；常住人口不足2000人的村可联合举办幼儿园；不具备办园条件的农村边远地区，采取游戏小组、巡回支教点等方式满足居住分散幼儿接受学前教育的需求。利用财政性资金和国有资产举办的幼儿园必须全部用于扩大公办资源，国有企事业单位、军队、高校举办的公办幼儿园要严格落实生均公用经费标准、建设用地优惠、减免税费和租金等支持政策。

二、当前学前教育普惠性发展存在的问题

（一）普惠性教育资源区域分布不均衡。2020年，全市学前教育普惠率虽然已总体达到87%，但受政府保障水平影响，各县域学前教育普惠率水平参差不齐，普惠性学前教育资源区域分布不均衡现象突出。

（二）公办幼儿园教师配备不足。目前，公办幼儿园教师配备不足现象严重，但由于大量小学附设园和乡镇中心园专任教师编制严重不足，基本采取配备少量在编教师、聘用大量临聘教师的方式解决，可见，公办幼儿园教师配备不足问题亟待解决。

（三）保教质量城乡间、园际间差异较大。目前，由于地区经济发展水平、办园水平、办园条件、师资队伍、管理水平、教育理念、家长观念等存在较大差异，安顺市城乡公民办幼儿园、公办单设园和附设园之间的保教质量、办园水平还存在较大差异。

三、下一步工作建议

为进一步完善学前教育公共服务体系，提高学前教育普及普惠水平，促进人均受教育年限加快提升，《学前教育普及普惠发展提升工程实施方案》明确提出，到2023年、2025年、2027年、2030年，全省学前三年毛入园率分别要达到93%、94%、95%、96%，普惠性幼儿园覆盖率分别要达到83%、85%、85%以上、86%，公办幼儿园在园幼儿占比分别要达到

56%、60%、60%以上、60%以上。下一步，安顺将继续努力提升学前教育普及普惠水平，进一步完善在全市范围内形成基本均衡、公益普惠、群众满意的学前教育公共服务体系。

（一）完善学前教育成本合理分担机制。一是健全以公共财政投入为主的学前教育投入机制。二是完善普惠性幼儿园建设长效投入机制，将公办园建设、政府购买服务、教师培训、骨干培养、名师打造等经费纳入财政预算。三是建立生均公用经费保障制度。四是健全成本分担机制，实行公办园收费标准动态调整和民办园价格监管。

（二）解决区域结构性的入园难入园贵问题。大力开展公办幼儿园建设行动、利用财政性资金和国有资产促进普惠性幼儿园增量行动。一是编制县、乡（镇）、村的幼儿园布局专项规划。二是规范城镇小区配套幼儿园建设使用，建立多部门联动监管机制。三是多途径拓宽普惠资源供给，支持街道、村集体、国有企事业单位、高校举办普惠性幼儿园，规范建设普惠性民办园减免税费和租金等支持政策。

（三）进一步加强对幼儿园保教质量提升监管工作。一是以学前教育普及普惠国家督导评估为抓手，坚持农村以公办幼儿园为主体、城市新增幼儿园以公办为主的原则，推动公办学前教育扩容提质。二是扩建公办幼儿园，提高学前教育普惠性。"十四五"期间新建、改扩建一批公办幼儿园，新增学位15万个左右，优先推进有实际需求、具备条件的少数民族地区行政村、脱贫村公办幼儿园应建尽建。三是强化对普惠性民办幼儿园的有效监管。采取多种扶持、激励方式，引导和支持民办幼儿园提供普惠性服务，登记为非营利性的普惠性民办幼儿园在办学用地、税收优惠等方面与公办幼儿园享受同等待遇。加强对城镇小区配套幼儿园普惠实效和非营利性的监管，防止出现反弹。开展城镇小区配套园治理"回头看"，夯实治理成果。

（四）切实加强幼儿师资队伍建设。一是依法依规配足配齐各类幼儿园教职工。按照省级统筹、市级调剂、以县为主、动态调配的原则，盘活事业编制存量，编制不足地区以"同工同酬"为原则，采取多种方式解决师资不足问题，到2027年，多渠道配齐配足全省公办幼儿园教师。二是提升教师平均工资水平。根据文件规定，确保公办幼儿园教师平均工资收入水平不低于当地公务员平均工资收入水平，并及时足额发放，逐步落实公办园编内编外教师"同工同酬"，将公办幼儿园的保育、安保、餐饮等服务纳入政府购买服务范围，所需资金从地方财政预算中统筹安排。三是强化师资培训，提升幼儿园教师专业技能水平。国家级、省级培训计划重点加强对幼儿园教研员、园长及骨干教师培训，市（州）级培训计划重点加强对幼儿园园长及骨干教师培训，县级落实全员培训，并做好对幼儿园新入职教师、农村教师的培训。

（作者单位：安顺市职业技术学院）

聚焦优质　上下联动　形成合力
——新时代安顺高中教育发展的几点思考

◀ 肖昌华

摘要：党的十八大以来，以习近平同志为核心的党中央高度重视教育，特别是党的二十大报告对教育的重要论述又提升到了一个更高层次：培养什么人、怎样培养人、为谁培养人是教育的根本问题。为党育人、为国育才给新时代的人民教育指明了方向。为进一步贯彻落实党的二十大精神，针对新时代安顺高中教育的现状，只要我们聚焦优质、上下联动、形成合力，就一定能提升新时代安顺高中教育质量。

关键词：安顺高中教育　党委　政府　校长　教师

教育是国之大计、党之大计。培养什么人、怎样培养人、为谁培养人是教育的根本问题。近两年，安顺高中教育在全省挂末，已经到了绝地反弹的时候，让我们以习近平总书记重要教育思想为指引，聚焦优质、上下联动、形成合力，促进新时代安顺高中教育高质量发展。

一、党委、政府对教育的全面统筹是新时代安顺教育高质量发展的重要前提

党委、政府对教育事业的统筹管理，是安顺教育走出低谷的重要保障。

（一）强化思想引领

为进一步提高安顺整体教育质量，首先要解决教师的思想问题，2022年2月份，中共安顺市委办公室、安顺市人民政府办公室出台了《关于在全市开展转变师德师风和提升教学能力专项行动工作方案》，通过专项行动的开展，安顺市2022年一本上线率为13.42%，比2021年提高了1.02个百分点。要推动学校教育高质量发展，需要锻造一支"政治过硬、师德高尚、业务精湛、素质优良"的教师队伍。为深入学习党的二十大精神，全面贯彻新时代党的教育方针，落实立德人根本任务，2022年12月，市委、市政府、市教育局印发的《巩固拓展"转变师德师风和提升教学能力专项行动"工作方案》要求，引导全市教育系统进一步统一思想，把牢方向，找准工作切入点、落脚点，更好推进"两个专项行动"走深走实，从而提升安顺教育教学质量。

（二）强化专业指导

教师的专业性强，不是每位教师一踏上教师岗位就能很好胜任教师工作，需要有优秀前辈的不断指导和在实践中不断积累才能更好地胜任教师工作。有一流的教师才有一流的教育，有一流的教育，才能有一流的人才。因此，加强对教师的专业性指导，强化全市教研队伍建设是提升教师教育能力的重要抓手。目前，安顺通过名师和一些"身怀绝技"的专业教研员在各高中学校开展优质课评比、视导、全市大教研等活动，以及广州市对口线上和线下帮扶，有效指导了全市高中教师的专业化发展，为安顺教育高质量发展提供了引领保障。

（三）强化统筹发展

俗话常讲"一花独放不是春，百花齐放春满园"。安顺教育的高质量发展不能只靠一两个学校，而是要靠全市各学校整体推进。建议统筹推进区域教师调配。政府协调统筹区域内教师的调配，充分发挥区域内教师资源利用的有效性，可有效缓解学校教师的不足问题并且节约学校开支，同时，还可以有效解决部分教师的职业倦怠问题，提升安顺的教育教学质量。

二、校长是新时代安顺高中教育发展的引导者

校长是学校发展的引领者，是学校新课改的引领者。陶行知老先生曾经说过："国家把整个的学校交给你，要你用整个的心做整个的校长"。校长要识大事、明大事、管大事。学校的发展是否目标明确，是否为持续发展，是否实现了特色育人，取决于校长的办学思想，取决于校长对教育改革的认识力和穿透力。

（一）主抓教学中心工作，提升学校教学质量

教学是学校的中心工作，质量是学校生存的根本，没有教学质量的学校必将被社会淘汰。而课程改革是学校提升教学质量的法宝，谁在课程改革中抢占了制高点，谁就能赢得先机，这是每一个中学校长必须清醒认识的不变真理。

课程改革是改变原有落后的教学模式，改变原有的一种落后习惯，是习惯必然难以改变，要有阵痛，要痛下决心。怎样改革？首先，找准改革方向，"三教模式"是改革教法的最佳模式，教会学生思考，教会学生表达，教会学生体验，这完全符合课改的基本思想：学生是教学的主体，而教师只是教学的主导。其次，明确了方向，就要制定相关落实改革的制度，用制度管人，积极推进课改。课改要顺利推进，作为校长必须亲自抓，必须调动全校的力量才能顺利推进。

（二）关注教师成长，让每一位教师有归属感

1.青年教师有较强的敏锐感，能感悟时代、感悟使命、感悟重任，激活学生思维，培养学生创造力，青年教师是学校教学改革的先锋。作为学校管理者，要认识到青年教师的活力，关注他们的成长，通过搭建不同平台，使他们有计划地成长起来。加强老带新工作，是青年教师快速成长最有效的途径，青年教师特别是新教师，有教学激情但不得法，好学但缺乏实践，通过有经验中老年教师的传、帮、带，制订严格的帮带计划和管理制度，使青年教师快速成为学校教育教学的排头兵。同时，为了使青年教师特别是新教师对学校有归属感，加强"校兴我荣，校衰我耻"的情感，校长要组织相关处室为青年教师专业发展搭建平台，如评选"教坛新秀""校级骨干教师""教学名师"等，加强对青年教师的培养和培训。

2.中年教师是学校的脊梁，他们大多数人在事业上走向巅峰，在学校教育教学中有着举足轻重的地位，学校管理队伍以中年教师为主，也包括教学一线的学科带头人、教育功臣等。然而，多数中年教师则在工作中默默无闻，波澜不惊，他们有着丰富的人生阅历、深厚的经验积淀、广泛的人脉资源。保持中年教师积极的教育教学心态，是校长必须重视的重大问题，在学校发展上，要制订计划，创造条件，让中年教师多上公开课，给中年教师更多机会展示才能，搭台鼓励其成名成家。让中年教师成为研究者，有助于学校的可持续发展，走向专业发展的"幸福之路"，正如苏霍姆林斯基所说："如果你想让教师的劳动能够给教师带来乐趣，使天天上课不至于变成一件单调乏味的义务，那你应当引导每一位教师走上从事研究的这条幸福的道路上来"。

3.老年教师从教之初的豪情壮志逐渐失去了桃李满天下的希冀，安于现状、平淡无为、得过且过的想法增多了，出现了职业倦怠。学校应关心每一位即将退休的教师，给每个在职教师一种归属感和存在感。作为校长，不光是给每一位即将退休的教师办理相关退休手续就完了，应该给每一位即将退休的教师策划一个隆重的退休仪式，让即将退休的教师体会他

们在学校的历程，为这个学校奉献的时光，让他们感受到学校的关心和关爱，更重要的是让在职的中老年教师体会到学校对他们的关爱，消除他们的职业倦怠感，使他们更好地投入到学校的教育教学改革中。

（三）大胆放权，提升学校管理质量

作为校长，要知人用人，疑人不用，用人不疑，识大事，明大事，管大事。开展每一项工作，要大胆让副手和中层管理人员放开手脚、大胆作为，集管理人员的全部智慧开展工作。如果学校一把手把精力都放在了每一处细小的事情上，事事亲力亲为，事事觉得别人做事是在敷衍自己，长久下来，就会束缚下属的想象力和思维空间，让其做事时瞻前顾后、束手束脚，不敢做创新性的事，事事看主要领导的脸色行事。

放权不等于什么事都不管不问，作为学校一把手，要制定相关管理制度，用制度管人，把权力放在制度的"笼子"里。对主要大事，要加强过程督促，不能放任自流，对活动的目的和意义要求相关部门做到心中有数，及时跟进，纠正过程中出现的问题，从而提高学校的管理水平。

（四）感性与理性管理并重，提升教师的存在感和幸福感

理性管理就是要加强常规管理工作，加强常规管理的检查与督促，加强制度建设，用制度管人，而不是人管人，制度面前人人平等，是非面前一定要明确对错，做到赏罚分明。光有理性管理还不够，对教师的管理如果只用行政化、企业化的模式，表面上学校的各项工作都在正常运转，但是，运转的质量绝对不会高，因为教师的工作是在塑造人，而不是做一件产品，产品生产出来就可以看出合不合格，而教师的工作不能马上看出成果。因此，加强感性管理也尤为重要，对工作中违反了管理制度的教师，作为校长，要及时与他们沟通交流，及时化解他们的怨气和心理负担，使他们更好地投入到学校教育教学中。应要求相关处室和部门，关注每一位教师的专业发展，为他们铺路搭桥，及时解决教师的职称问题。总之，应及时解决教师的困难，给教师送去关爱和温暖，从而提升教师的存在感和

幸福感。当学校有困难时，这些教师就会毫不犹豫地站出来和学校共渡难关，也会全心全意投入到学校的教育教学改革中，为提高学校的办学质量作出自己最大的贡献！

三、教师是新时代安顺高中教育发展的根本条件

建设高水平的教师队伍，必须提高教师队伍的总体素质和专业化水平，要按照"有理想信念、有道德情操、有扎实学识、有仁爱之心"的标准，做好教师培养和培训工作，强化师德师风建设，加强专业能力建设。有一流的教师才有一流的教育，有一流的教育才有一流的人才。"四有"好老师的重要论述揭示了教师发展的内在规律，对教师提出了时代性的新期待、新要求。

（一）做有理想信念的新时代人民教师

教师不光是教书，而要重在育人。教育是国之大计、党之大计。培养什么人、怎样培养人、为谁培养人是教育的根本问题。我们的教育就是为党育人、为国育人，这是我们新时代人民教师的神圣使命，是马克思主义教育思想中国化、时代化的具体体现。为完成好这个历史使命，新时代的人民教师首先要做具有共产主义远大理想、中国特色社会主义共同理想的坚定信仰者和忠实实践者，做"传道"的新时代人民教师。在价值取向日趋多元的时代，教师尤其要以理想信念为基，用远大的志向、纯粹的心灵、高尚的节操引领学生前行。人生道路的梦想要以梦想去点燃，理想要用理想去唤醒。一个抱有理想信念的教师，才会在孩子、青年的心中播下梦想的种子。

（二）做有道德情操的新时代人民教师

西汉·戴圣在《礼记·文王世子》中说道："师也者，教之以事而喻诸德者也。"可见，古人对老师的要求不光要教学生有"谋事之才"，而且还要教学生"立世之德"。立德树人是教育的根本任务，学生的世界

观、人生观、价值观主要是在学校形成的,老师就是学生的一面镜子。所以老师的一言一行直接影响学生的世界观、人生观、价值观。合格的教师首先应该是道德上的合格者,好老师首先应该是以德施教、以德立身的楷模。《论语》亦有言:"其身正,不令而行。"学生对于教师不仅是听其言,更观其行,教师在学生眼中是为人的模范。新时代的人民教师要以德施教、以德立身,才能不负人民。

(三)做有扎实学识的新时代人民教师

教师自古就被称为"智者",好老师要有扎实学识。随着时代发展,社会的进步,信息技术高速发展、经济全球化进程加快,教师不只是提着粉笔把本专业课本的内容讲清讲透就行,还要学好信息化教学所需知识和技能,注意多学科知识的融合,更要注重本学科核心价值观的培养。"亲其师,信其道",如果教师知识储备不足、视野不够,教学中必然捉襟见肘,更谈不上游刃有余,学生就不可能信服老师,就很难让学生树立正确的世界观、人生观、价值观。掌握精深的专业知识,是教师"传道"的基本前提。新时代的人民教师要树立终身学习的理念,作为学校要给教师搭建学习平台,多给教师订专业性的杂志,并制定相关制度,通过各种评比活动,激发教师学习热情,让新时代人民教师有扎实的学识,既授人以鱼,又授人以渔,能够在各个方面给学生以帮助和指导。引导学生在实践操作中提升批判探究能力,使其成长为知识丰富、视野宽广、德才兼备、全面发展的国家栋梁之材。

(四)做有仁爱之心的新时代人民教师

《孟子·离娄章句下》中指出:"爱人者,人恒爱之;敬人者,人恒敬之。"有仁爱之心是一个好老师的标准,我们常听到这样一句话:没有不合格的学生,只有不合格的老师。社会的发展需要不同层次的人才,有些学生是今后国家的尖端人才,而有些学生则只是从事技术工作,还有的学生则是在商海中遨游……不同岗位的人共同促成了社会的进步。所以,老师不能用同一个标准来要求每一学生，而应该用仁爱之心去关心关爱每一名学生的健康成长。教师面对的是一个个性格爱好、脾气秉性、兴趣特长、家庭情况、学习状况不一的学生，必须精心加以引导和培育，不能因为有的学生不讨自己喜欢、不对自己胃口就冷淡、排斥，更不能把学生分为三六九等。"学而不厌、诲人不倦"，有教无类，因材施教，教亦多术，就是要求老师具有尊重、理解、宽容的品质，这本身就是一种伟大的教育力量。好老师应该是仁师，没有爱心的人不可能成为好老师。好老师应该把自己的温暖和情感倾注到每一个学生身上，用欣赏增强学生的信心，用信任树立学生的自尊，让每一个学生都健康成长，让每一个学生都享受成功的喜悦。张桂梅校长就是我们老师的榜样，她用爱心去关心关爱大山里的女学生，在她们的成长路上用心陪伴，让她们摆脱了贫困，带动整个家庭走上小康之路。

四、结语

综上所述，为进一步贯彻落实习近平总书记对教育的重要论述精神，党委、政府和学校、教师，聚焦优质、上下联动、形成合力，一定会提升新时代安顺高中教育质量。

（作者单位：安顺市民族中学）

构建职业院校行业企业命运共同体 推进职业教育扩容提质

◀ 李平明　徐敏　朱莲

摘要： 职业院校行业企业命运共同体是校企合作的新型组织形式。针对职业院校行业企业命运共同体存在合多融少、实质内容不够、企业处于观望状态、处于起步阶段等问题，本研究从政府、职业院校、行业企业的层面提出了一些对策，以实现新国发2号文件指出的推进职业教育扩容提质。

关键词： 职业院校　政府　企业　命运共同体

有关职业教育，新国发2号文件指出："推进职业教育扩容提质，推动职业院校与技工院校融合发展，支持建设本科层次职业学校。"要推进职业教育扩容提质，需要深化产教融合、校企合作。深化产教融合、校企合作，争取更多的优质社会资源融入办学活动中来，是我国职业院校发展的新方向。构建"职业院校行业企业命运共同体"是新时代职业院校创新发展的新的价值取向，这一命运共同体既体现职业院校和企业资源的整合和互动，又使学校、政府、行业企业等利益相关者之间建立有机的联结。

一、关于职业院校行业企业命运共同体

2019年国务院正式印发《国家职业教育改革实施方案》指出:"推动校企全面加强深度合作,厚植企业承担职业教育责任的社会环境,推动职业院校和行业企业形成命运共同体。"

职业院校行业企业命运共同体是指政府、职业院校和行业、企业等各方以合作共赢和服务职业教育为基础,以合同形式缔约建设的相互开放、相互依存、相互促进的利益实体,是新时代校企合作的新型组织形式。

校企合作是助推职业教育创新、跨越发展的主渠道和主阵地之一,也是深化职业教育改革、创新人才培养模式的重要突破口。校企共同体的概念源于德国社会学家滕尼斯的社会共同体,其将校企两方的合作由原先的两者合作转变为一个利益、命运共同体。这一概念明确了校企共同体的构建原则,明确了主体,更明确了校企共同体是一个互利共赢的利益实体,为职业教育校企合作创新了一种全新的实践范式和思路。

在我国,职业院校行业企业命运共同体应该是职业院校明确的办学方向,是在校企产教高度融合的基础上形成的命运共同体,达到课程联通岗位、实现专业特色发展的目标,建构科学有效的人才培养标准、人才培养体系,并最终促使职业院校人才培养输出与产业人才需求输入实现零距离对接的核心载体。

二、职业院校行业企业命运共同体存在的问题

产教融合是职业教育的市场性和技能性决定的,也是职业教育的核心办学理念。无论是澳大利亚的TAFE(职业技术教育学院)和德国的双元制(德国的一种职业培训模式),还是新加坡的"教学工厂"和日本的"企业教育",都是在产教融合理念下,根据各国国情创新的特色各异的人才培养模式。我国职业教育之所以取得了跨越式的发展,同样是根据中国的实际,坚持产教融合,走出了中国特色的校企合作、产学研相结合、职业

院校行业企业形成命运共同体等办学之路。然而，我国职业院校行业企业形成命运共同体的广度、深度显然不足，尚处于起步摸索阶段，面对行业企业需求，我国职业院校行业企业形成命运共同体之中仍然存在着明显的差距和问题。

（一）合多融少未深入

有些职业院校为了迎接评估、检查等，校企合作协议签了一大堆，但是有实际内容的寥寥无几，更是无法达到校企命运共同体的层次，没有形成"我中有你，你中有我"的职业院校行业企业命运共同体关系，产业链、人才链与专业链相互脱节现象比较严重。

（二）企业观望不积极

很多企业只在乎企业经济效益的提高和自身规模的扩张，想当然地认为发展职业教育应该是政府和社会的责任，不想为学校投入人力、物力和财力，不想承担人才培养的义务和责任。另外，人才市场相对饱和的现状为企业提供了相对自由的选择空间，企业能够通过各种渠道找到所需人才，导致企业质疑校企合作的必要性。在校企合作中，职业院校相对来说积极主动，而企业处于观望状态，参与的积极性和重视度明显偏弱。企业没有后备人才培养与储备的提前意识，既想接收适应性强、素质高的优秀职业院校毕业生，又缺乏参与人才培养、构建职业院校行业企业命运共同体的积极性。

（三）形式多样欠内容

受传统的学科体系教育思想影响，职业院校被动适应产业发展需求，对产教融合已经成为职业教育的核心理念认识不透，产业发展并未形成对职业教育的实质性的引领和支撑作用。另外，政策引导和政府为校企搭桥不够，行业、企业对职业院校行业企业命运共同体重视程度和主动参与不足。一些职业院校与行业企业的合作偏重形式，合作签字场面大，出席的领导规格高，但实际内容未必落到实处，缺乏实质性合作举措。一些职业院校行业企业形成命运共同体校企合作的摊子铺得较大，但对合作成效缺乏质量评估。

（四）职业院校行业企业命运共同体尚未真正建立

我国职业教育校企合作仍停留在推荐学生就业、提供员工培训、建立实习基地、教学设备捐助等层面，而产学研协同培养人才、校企合作技术开发的机制构建、由职业院校和行业企业两元合作变为一个命运共同体和利益实体等深层次的合作还不够深入，严格来说我国职业院校行业企业命运共同体尚未真正建立。

三、职业院校行业企业形成命运共同体的对策

新时代背景下要打造职业院校行业企业命运共同体，实现从浅层合作到深层合作，建立名副其实的校企命运共同体，政府、学校、行业、企业必须共同作为，相向而行，形成合力，坚持产业发展对于职业教育的引领和支撑，办出质量、办出水平、办出特色，打造中国特色的高水平职业院校，以实现新国发2号文件指出的推进职业教育扩容提质。

（一）政府在职业院校行业企业形成命运共同体中的作为

1.制定和完善法规

政府要制定和完善校企合作的政策法规，下放办学自主权，加快出台有关深化职业院校行业企业形成命运共同体的法律。要借鉴职业教育目前相对发达的国家的法律等相关规定，以立法方式确定产业发展对职业教育的引领和支撑作用，促进职业教育与产业紧密联系，建立产学研协同培养人才的机制，进一步明确和规范政府、职业院校和行业企业三者在职业教育中的责任、权利和义务，构建中国特色的高水平职业教育体系。

2.加大扶持力度

政府应加大对职业院校行业企业形成命运共同体的扶持力度，对参与这一命运共同体的企业实行税收优惠政策。具体做法，既可以进行企业所

得税的直接优惠政策，也可以在成果转化、设备购买或厂房建设等过程中对企业实行间接的优惠政策，促使企业愿意把"生产车间"搬入职业院校，从而达到企业真正融入职业院校。

3.设立专项奖励资金

政府应设立专项资金，奖励职业院校行业企业形成命运共同体中的优秀职业院校或行业企业，并为解决这一命运共同体形成过程中可能出现的各种困难提供资助。同时拨出专项科研经费，激励校企双方走改造创新、自主研发之路，引导校企双方进行重大市场拓展、重大技术攻关。

（二）职业院校在职业院校行业企业形成命运共同体中的作为

1.努力使企业全过程参与职业院校人才培养

为解决科研与实际应用服务分离、教学与科研分离、人才培养与社会需求分离的老问题，职业院校应着力创新产、学、研、用共同培养技能人才机制，创新政、校、行、企开放合作办学体制，使大量企业技术骨干和校外专家通过开放合作办学体制等途径，一起为职业院校确定专业人才培养目标、人才培养规格，指导学生实训实习，全过程参与职业院校人才培养。职业院校还应与本地区内外、国内外知名公司共建一批高水平实训室，打破按学科、按专业组建的格局，根据实务流程、生产流程、工艺流程和技术模块开展实践教学；与企业合作开办以企业名称命名的班级或二级院系，联合开展技术研发和技术人才培养。

2.培养宽基础、强适应力的高技能人才

我国职业院校过细化的专业人才培养，难以适应中国由制造大国到制造强国、智造强国转变的需求，未来市场需要更多跨专业、跨学科的宽基础、强适应力的高技能人才。职业院校应以专业设置为抓手，以课程建设为核心，创新人才培养模式，应对"制造业+"和"互联网+"，推行创新型复合式人才培养的改革，构建多学科复合式自主学习研修平台，推动人才培养由学科专业单一型向多学科融合型转变。在创新人才培养模式下，使职业院校学生成为上岗快、动手能力强、适应能力强的人才。

3.摸索多主体办学模式，构建职业院校行业企业形成命运共同体

职业院校应摸索开展多主体办学试点，使行业企业也成为办学的一个主体，真正将校企利益捆绑，形成命运共同体关系。职业院校应积极联合本地区内外龙头企业、知名行业，牵头组建职业教育集团，摸索市场化运作、多主体所有制、集团化办学的办学模式，把院系建在产业链上，把课程移到生产线上，建设一批教学和生产、建设、服务、管理无缝对接的社区学院、产业学院、行业学院。

4.与企业搭建合作平台，搭建校企合作长效机制

职业院校应以具体项目为牵引，以产学研合作平台为基础，鼓励教师开展以企业的需求为本位的开发和应用研究，推动与行业、企业实现资源共享、整合和对接，搭建互利共赢长效机制，实现校企合作从合多融少到合融兼备的转变，从追求规模扩张到内涵提升的转变。职业院校应面向企业生产第一线、面向市场、面向社会，主动对接社会生产和经济发展需求，着力提升社会服务能力，应联合当地一批行业领军和龙头骨干企业，建设高端智库、文化产业研发、应用技术研究等各类研发平台，以高水平的应用技术研究支撑高水平的职业教育。

5.实施双主体育人，创新职业院校行业企业形成命运共同体模式

职业院校应借鉴澳大利亚TAFE、德国双元制等的办学理念，研究制定适合中国国情、具有中国特色的职业院校行业企业命运共同体双主体育人可行之策，探索双主体开展双师型教师培训、双主体开展岗前训练、双主体制定专业标准，打造中国职业院校的校企双主体育人标准。职业院校应与知名企业合作，探索校企联合招生、全程育人、联合培养的可操作方案，创新职业院校行业企业形成命运共同体模式。

（三）调动企业参与职业院校行业企业命运共同体的积极性

要想提高企业参与职业院校行业企业命运共同体的积极性，必须尽量排除影响企业利益的情形，站在企业的角度，让企业的利益得到保障。

1.发挥行业协会的纽带作用

在性质上职业院校是更偏重追求社会效益的公益性机构,而企业是追求利润最大化的营利性机构,二者基于各自的权益诉求在进行合作时产生冲突和矛盾是难以避免的。所以,引入能够协调校企双方关系、化解矛盾与纠纷的另一组织——行业协会是很有必要的。一些职业教育目前相对发达的国家的行业协会以其服务性和中介性特点在职业院校行业企业命运共同体中发挥着重要的作用。然而,我国行业协会的这一功能发挥得不充分。行业协会应该在政府的支持和自身的努力下,逐步承担有关职业院校行业企业命运共同体的职能。首先,汇集企业、职业院校信息,公益性地建设校企合作信息供需平台,为意向企业、职业院校创建信息资料库,使校企合作寻求方式由一个找一个变成一个找一群,节约成本,提升校企合作双方的匹配效率,提高职业院校行业企业命运共同体质量,避免"病急乱投医"的现象。另外,行业协会应在国家职业教育"校企合作、产教融合、工学结合、知行合一"方针引导下,充分发挥自身的统计、沟通、协调等职能,筛选并鼓励出行业内能够参加共同育人的企业,设立分类科学的数据库,结合企业用人规格制定人才培养的标准,让企业参与职业院校行业企业命运共同体的规章制度的制定,强化企业参与校企合作的责任感和紧迫感。

2.企业提升核心竞争力,明确在职业院校行业企业命运共同体中的职责

如果仅凭政策法规等外部压力牵强地把企业和职业院校结合在一起进行校企合作,必然是权宜之计。在经济新常态下,企业转型升级、结构调整和科技进步是大势所趋。企业要增强核心竞争力,不断自主研发核心技术,由生产型向创新技术型转变,使自身能够在职业院校行业企业命运共同体中切实培养学生的实践能力,发挥其校企合作的价值。

职业教育目前相对发达的国家的持续快速发展,在很大程度上得益于企业基于社会责任感或自身诉求对职业教育的投入。与之相比,经费的投入不足始终是困扰我国职业教育发展的瓶颈性问题。职业院校培养的人才

最终是为社会培养的人才，人才的质量也直接关系企业的发展，所以企业应该站在长远角度履行为职业院校人才培养全过程提供有利条件的职责，注入资金帮助改善职业院校的办学条件等。

总之，职业院校行业企业命运共同体是校企合作的新型组织形式，通过构建职业院校行业企业命运共同体，要让行业企业看到广阔的发展前景，要给行业企业带来真正的实质性利益，同时也给职业院校带来更多的发展机遇，达到双方共赢，互利互惠。构建职业院校行业企业命运共同体，也是实现新国发2号文件指出的推进职业教育扩容提质的重要手段。

参考文献

[1]陈毓钊.贵州牢牢把握新国发2号文件重大机遇推动高质量发展[N].贵州日报，2022-3-22.

[2]贾兴东.构建校企命运共同体协同培养技术技能人才[J].中国高校科技，2017（6）.

[3]赵军，夏建国.产教合作命运共同体：新时代高校创新发展新取向[J].中国高等教育，2018（19）.

[4]周凤华.建立产教融合型企业认证制度推动职业院校和行业企业形成命运共同体[J].中国职业技术教育，2019（7）.

[5]刘建铭.立足区域经济发展探索校企合作模式[J].教育观察，2017（3）.

[6]陈伟.利益共同体视角下深化校企合作的机制与路径[J].创新创业理论研究与实践，2019（1）.

（作者单位：安顺职业技术学院公共课教学部）

对镇宁自治县江龙镇陇西村布依族传统村落调研的几点思考

◀ 郭正雄

为帮助镇宁自治县江龙镇陇西村做好布依族民族特色村寨保护，在乡村振兴中推动文化与旅游融合，促进该村经济全面发展，2022年8月18日安顺市布依学研究会新任会长韦林（原市政协主席）与研究会郭正雄、王培书、马美、班文林一行五人深入陇西村开展实地调查研究。

一、陇西村传统村落基本情况

陇西村距镇宁自治县城36公里，距江龙镇10公里。东、北与安顺市西秀区新场乡、岩蜡乡相邻，南与江龙镇龙潭村接壤，西靠龙宫风景名胜区龙潭村。年平均气温在19℃左右，平均年无霜期在330—350天之间，年降雨量在1000—1500毫米之间。陇西村辖区有9个自然村寨：牛滚塘组、上水淹、陇西二组、陇西三组、下午院、小白沙、聋外、大白沙、板岩，面积6.8平方公里，其中耕地面积900余亩、林地面积余550亩、荒山1000余亩。全村551户，共计2231人，以布依族聚居为主，是布依族、汉族等杂居村落。

（一）陇西寨的来历与农耕文化

布依族是稻耕民族，依山傍水而居。据专家考证，布依族种植水稻历史悠久，早在古越人时期就有种植水稻的遗迹。据考古专家、学者研究，布依族先民为百越人，最早发现水稻并培育种植。近年来，国内外专家学者分别从环境学、地理学、气候学等角度，对稻耕文化的栽培进行考察，得出"特殊的环境、地理和独特的气候"决定了布依族地区是水稻作物最佳种植地的结论，陇西村就是在这样独特的地理环境之中。

"陇西"寨名由布依语寨名"满波万"汉译而成。"满波万"充满依山傍水的韵味，因村寨位于一小溪两旁、种植水稻田坝的山脚下，前有田园围绕着一条小河，背有茂密山林，是居家的"风水宝地"，故名"满波万"。陇西布依族勤劳智慧，在漫长的岁月里，一代接着一代布依族人围绕这条小河不断发展农耕文化，用自己的双手，将这一片片荒野开垦成肥沃的适合种植水稻的农田，使村寨的布依族人根苗得以世代繁衍、兴盛不衰。

寨名"满波万"译成汉语的意思是"种棉花的村寨"。"满"布依语专用于地名的冠词，"波"就是山坡，"万"就是棉花，合起来就是"种棉花的村寨"，与现存的棉花地、棉花坡地名相吻合，导出布依祖先——古百越民族的纺织文化。陇西古人除耕田种植稻谷外，还种植棉花，自种、自纺织、自织而得名"满波万"。近年来经调查了解，"满波万"这样的寨名，仅在镇宁布依族苗族自治县江龙镇陇西村。

（二）陇西传统民居建筑现状

陇西村传统村落整体风貌原始古朴，传统建筑保存得最好，系古百越民族"干栏式"建筑。村寨自然景观、建筑样式、村寨坐向都很讲究。大小朝门铺设的石梯为三、五、七、九坎不等的单数（布依俗称：单数为阳，代表天，双数为阴，代表地），村寨内古树参天，古道历史文化悠久，古道石阶路两旁是或密或疏、或高或矮、错落有致的古建筑。房屋均为石木结构，两侧山墙和后面均为石墩砌成，石板盖顶，前由木头、木板、木门和雕花的木窗组合而成。陇西布依族村落独特的建筑风格，村寨整体布局形成的外相，系百越民族古村落建筑独特的布局形成的景观，独一无二。

2017年11月，中共贵州省委统战部、贵州省委民宗委、贵州省旅发委，命名镇宁布依族苗族自治县江龙镇陇西村为"贵州省少数民族特色村寨"。

2019年6月6日，由镇宁自治县住房与城乡建设局、文化局共同申报，国家住房和城乡建设部、文化和旅游部、国家文物局、财政部、自然资源部、农业农村部六部委共同下发通知，公布陇西村列入第五批中国传统村落保护名录。

本次调研，我们看到，陇西村传统民居建筑保存完好且数量较多，依山成片分布而建，建筑以石木结构为主，屋脊多用瓦片（石板）压顶并带有装饰。调查得知，陇西村建筑沿着古老的布依族干栏式木结构楼房，排列紧密，保存完好的干栏式古建筑19栋。其中有代表性的传统建筑为四合院，在布依族村落中被视为"大户"人家所建，这里还保存有四合院46座。

陇西村的石木工匠很多，且为世代相传，石匠木匠技艺精湛。因此村中的传统建筑文化浓厚：石柱、大小朝门均雕刻有福禄、吉祥、龙凤花鸟；门窗常有精美的雕花，门头亦雕刻有福禄、吉祥、乾坤等字，既有文化气息又有审美价值。

陇西村古建筑从山脚往山上为步梯式布局建筑，多数有庭院或屋前院坝，周围种有树木，以梨树居多。如今村民除部分已搬到新建的砖混水泥平房居住外，大多数仍居住在老宅当中。

（三）陇西村文化教育与现代文明

1927年，陇西私塾升办成国立陇西学校，私塾学徒吴鹤龄担任校长，同年升办为国立朵卜陇学校，校长是陇西弄担摩私塾学子吴明星；新中国成立后，担任陇西学校公校领导的有：吴永生，曾担任六枝凉水井煤矿子弟学校教导主任；韦文益民办教师转正后，调江龙中学教书，曾担任镇宁自治县本寨乡片区校长、江龙小学校长、江龙镇教育辅导站站长；伍英荣曾担任本寨乡关山小学校长。20世纪60年代初，陇西学校改为民办学校（村办），70年代初到80年代中期还保留有私立民办小学，80年代仍有私立民办中学，有数人做过民办教师，为地方乡村民办教育作出了积极的贡献。

陇西村乡土人才韦罡和镇宁自治县农信社驻村书记王恒山同志，热心民族文化的发展，挖掘陇西祖先数百年来繁衍生息、衣食住行文化，利用乡村振兴机遇，立足陇西自然人文资源优势，以技术创新、产业振兴为抓手，推进陇西乡村振兴全面发展。

韦罡和王恒山先后编撰了童谣、布依古歌、山歌，并利用农闲和晚上组织中老年男女唱布依古歌、山歌，还有唱跳戏、吹唢呐、吹木叶、展演舞蹈等，推动陇西布依族文化的发展繁荣。

韦罡编辑创作有：《布依歌谣》，以布依族地方民族文化底蕴为背景编排创作，有歌舞、相声、小品、说书、唱书和舞蹈歌等十余个节目；调查撰写了《三五文化》和《复兴创新的新思想》《和态资本》《使命》《石上赢家》《十宝衣》《十福十口乘二健康口粮》《生命曲线》《石和图》等。

（四）陇西基础设施建设状况

在脱贫攻坚过程中，陇西的基础设施建设得到改善和提升。一是新建村级组织活动场所432平方米，包括服务室、支部办公室、村委办公室、党员活动室、图书阅览室、计生卫生室、远教（上网）室、便民服务中心等。二是在村寨场坝新修了农贸市场，硬化面积458.3平方米。三是水、电、路设施得到全面改善。改水7个小组，建设陇西村大白沙组的饮水设施，饮水设施覆盖陇西村大白沙组和小白沙组，浆砌堡坎214.2立方米，排污沟300米，灌溉沟渠80米。全村完成电改9个组，组组安装太阳能路灯，网络全覆盖。陇西村聋外组的机耕道得到硬化，实现陇西村组组通路、户户通水泥路，庭院硬化。新修桥梁一座，解决36户138人行路不便的困难。四是危房改造政策落到实处，近年来完成危房改造11户，住房质量提升53户，为乡村振兴战略的实施打下了坚实基础。

（五）陇西村教育医疗就业状况

2019年以来，全村享受教育扶贫人数153人，其中高中以上的学生77人，义务教育阶段76人。2019年度共有建档立卡享受医疗扶贫85人次；医疗扶贫，2021年度200人620次，生病报销比例达到90%。50%的群众均按照报销标准享受新农合报销。全村提供了河道保洁员、村级保洁员、生态护林员以及石漠化护林员等岗位，解决了部分贫困户的就业增收问题，其中：河道保洁员1人、村级保洁员3人、生态护林员6人、村级消杀员1人。

（六）陇西村产业发展现状

2019年，陇西成立合作社。合作社通过流转农户的土地集中经营蔬菜种植，让农户就近就地务工，实现合作社与农户"企业有盈利，村民有增收"的共赢目标。合作社投资53.76万元种茶叶517亩；投资14.405万元种植生姜、芋头等产业72.025亩，已初见成效；2019年江龙镇扶持养牛及养鸡项目，投资15.5万元；2020年，充分利用闲置地及水资源，投资100万元入股贵州省锦润水产渔业有限公司发展冷水鱼养殖。陇西村正大步走上通往幸福的康庄大道。

二、对陇西村传统村落保护与发展的对策与建议

陇西村在各级党委、政府的重视和支持下，基础设施、人居环境都得到了极大的改善，为在乡村振兴中推进传统村落的保护与发展打下了坚实的基础，但在保护中仍然存在诸多问题和短板：比如对人、物、景、情的协调一致做得不够；文物保护意识跟不上形势的需要；追求现代化现象严重等。因此，调查组建议从以下几个方面入手：

（一）坚持理论引领，加强民族团结进步

认真以习近平新时代中国特色社会主义思想指导传统村落的保护与发展，铸牢中华民族共同体意识，守好民族团结发展生命线，以改善民生为核心，把经济发展、文化传承、生态保护有机结合起来，以古建筑民居保护和修缮为重点，在现有基础上改善人居环境；以保护和传承民族文化为主线，巩固传统村落公共文化设施，挖掘整理陇西布依族历史文化资源禀赋，并加以弘扬和传承。以民族团结进步创建活动为载体，增进各民族交往交流交融，构建和谐陇西布依村寨。

（二）坚持统筹兼顾，做到科学合理规划

加强对传统村落保护与发展的规划编制，规划先行，以生态环境保护为主，合理控制生产生活范围。结合自身优势，与乡村振兴结合，科学规划、依法办事、先易后难、量力而行；充分发挥好专家在规划制订中的作用，建立健全规划专家论证、社会公示、村民参与制度。将传统村落的发展与现状、改造有机结合起来，避免强拆、强建。

（三）坚持强基固本，夯实基础设施建设

陇西村要在现有村寨的水、电、路、通信等基础设施上，重点完善古村落内古道建设；古道路面实现石板铺设，石梯、石坎，庭院最好用石板铺设；安全饮用水要直通庭院，广播电视入户。一是政府主导、村民参与。充分发挥政府在陇西布依族民族村落建设中的主导作用，整合各方资源，发挥好市场机制的作用，广泛动员社会各界参与。二是以村民为主体、自力更生。项目实施坚持以民生为本，让村民得到实惠。项目决策、规划、实施、监督等过程都要吸收村民参与，尊重村民意愿。发扬自力更生精神，不"等靠要"。

（四）坚持立足特色，做好保护传承发展

努力做到在发展中保护，在保护中发展，走出一条有特色、可持续的发展路子。严格遵循修缮改造修旧如旧原则：一是要加强民族文化建设。

充分发挥乡土文化人才的作用。创作出易记易懂，群众、游客喜好的布依族歌谣、相声小品、舞蹈、神话传说故事等，实现以布依族为主的多民族文化融合；利用传统节庆、赶场（集）开展民族团结进步创建活动，铸牢中华民族共同体意识。二是要开展人居环境整治。推广沼气、作物秸秆等生物质能和风能、太阳能等清洁能源，带动改圈、改厨、改厕；积极开展村寨环境卫生综合整治，改善农村人居环境。建立健全村寨设施管护、环境保洁、村寨绿化和村容美化等方面的管理制度。

（五）坚持因地制宜，发展多种民族产业

陇西村因地制宜发展经济，一是因地制宜发展特色产业。培育"一组一品"的特色产业。二是发展民族特色旅游业。充分利用古村落、田园风光、人文景观的优势，培育壮大乡村旅游；开发布依民族特色餐饮，如："鸡八块""染糯米饭""布依八大碗"等。还应恢复和发展蜡染、刺绣等文化产业。

（六）坚持联动机制，共同构建传统村落

传统村落保护发展是一项持久性系、统性工程，要建立较为完善的申请、评选、规划、资助、监管等体系。一是争取资金投入多元化。积极争取中央财政专项资金，地方财政资金的扶持；鼓励、引导、争取企事业单位、社会团体及个人援助投资建设。二是鼓励和支持大专院校、科研单位研究、规划。三是鼓励和支持各类市场主体参与基础设施建设、特色产业发展、乡村振兴及旅游开发。四是发动村民广泛参与。在项目决策、规划、实施、监督等过程主动让村民参与，提高村民文化自觉和自我发展的意识和能力。

（作者单位：安顺市布依学研究会）

推动少数民族特色村寨高质量发展的对策建议
——以安顺市少数民族特色村寨高荡村民族文化运用为例

◀ 吴凌　伍刚硕

镇宁布依族苗族自治县高荡村是全国少数民族特色村寨，同时也已列入全国传统村落名录，是4A级景区，为推动安顺市民族特色村寨高质量发展，安顺市民宗委以高荡村为例，深入实地开展调研。

一、高荡村基本情况

高荡村位于镇宁自治县环翠街道西南面，距县城9.5公里，与黄果树大瀑布毗邻。原高荡全村居民176户876人，2014年，高荡村由原高荡、旧院、元总、贡寨等4村寨合并，全村居民升至503户2256人，其中：少数民族2085人，占92.42%，汉族171人，占7.58%；党员59人，占比为2.62%。自2011年以来，在各级各部门的大力支持下，高荡村抓住机遇，奋力拼搏，先后被住建部、文化部、财政部列入"中国传统村落名录"，被国家民委命名为首批"中国少数民族特色村寨"，被第九届全国少数民族运动会组委会授予"贵州30个最具魅力民族村寨"等荣誉称号。

从2011年起，按照"有效保护、合理利用、适度开发、科学管理"的原则，引进了贵州中青旅、贵州百事盈等国内知名企业，依托高荡村优良的生态环境、丰富多彩的少数民族文化以及千年布依古寨高荡等独特的资源，公司充分发挥专业优势，全面运营高荡古寨景区。高荡村全力整合各方资金加强对高荡村通村公路、公共厕所、绿化、生态餐厅、旅游接待中心、布依文化广场、4家精品客栈、自行车道、水系景观、表演广场、生态停车场、观光道、布依博物馆、田园景观、海绵体系绿化带、4G全网覆盖等基础设施建设。县有关部门对景区内的餐馆进行系统调度管控，定期检查督查，保证景区餐饮业发展有序、卫生健康，根据布依族传统风俗打造杀猪饭、油团粑、八大碗等民族特色饮食品牌。2018年全村实现整体脱贫，农民人均纯收入从2014年的6850元增长到2020年的15000元，初步实现了"产业兴旺、生态宜居、乡风文明、治理有效、生活富裕"的总体目标要求。

二、民族特色村寨发展中存在的问题

在各级各部门的大力支持下，高荡村得到了前所未有的发展，基础设施不断完善，旅游产业不断发展。但在发展过程中也存在如下问题：

（一）对文化运用重视不够。高荡村虽然是全国少数民族特色村寨，国家级的传统村落，但没有围绕全国少数民族特色村寨来打造一个突显布依文化特征的少数民族特色村寨，让高荡村更具特色，更显魅力；也没有围绕全国传统村落打造一个看山望水、记得住乡愁的村寨，对文化资源运用没有认真挖掘整理和开发，只停留在几栋传统民居、村史馆、寻羊井、古堡遗址等标签文化上，在投入的2.8亿元资金中，绝大部分用于基础设施，民族文化投入极少。

（二）缺乏大格局的发展思维。高荡村作为独立的自然村，较好地保留了布依族传统建筑风格，民族语言、服饰文化、节日文化、风俗习惯等得到较好的传承，周边布依四十八寨也不同程度保留建筑、语言、服饰、节日等民族文化资源，这样的资源禀赋独一无二。但从《贵州安顺高荡千年布依古寨旅游区规划设计》《贵州省镇宁县高荡景区修建性详细规划》《镇宁县高荡村桫椤河沿岸景观修复规划设计方案》等规划中了解到，对于高荡村的发展规划，局限于7.2平方公里，没有把高荡村周边村寨乃至扁担山区布依四十八寨作为高荡村发展的资源范畴，缺少大格局发展思维。

（三）缺乏吸引游客的文化魅力。高荡村具有丰富的民族特色和地方特色的建筑文化、节日文化、婚姻文化、丧葬文化、禁忌文化、饮食文化、医疗文化等，是高荡村发展乡村民族特色旅游产业不可多得的资源。在调查中发现，高荡村在10年的开发发展历程中，除了传统民居外，民族文化资源基本上没有很好利用，没有以此满足游客到高荡村感受浓厚的民族文化氛围和乡愁的需要，难以吸引游客驻足。加上村民迁出以后，他们就把文化带走了，只留下空房子，活态文化逐渐消失，传统村落少了烟火味。

（四）缺乏精心打磨的工匠精神。高荡村本身区域面积小，如果不精心打磨，解决不了游客购、娱、住、行等需要，特别是游客期待的文化大餐问题，要想吸引客人、留住客人，那肯定是很难。调查发现，在传统民居改造中，对一些传统民居台阶、大门、窗户、屋顶、板壁等的改造，未能达到"修旧如旧"，甚至出现现代化的建筑，与传统民居格格不入，在瞭望台山脚下，精美的传统民居被拆除。在餐饮方面，与镇宁县城餐饮、安顺市区餐饮无异，还有服饰、语言、手工艺等，缺乏精心打造，导致游客到高荡村后，玩的地方很少，吃没有特色，娱乐的地方更没有，需购的当地特色旅游商品更少。

（五）公司与村级没有形成合力。公司加合作社加农户是现在乡村发展的基本模式，但是在引进公司以后，公司往往采取单独运营模式，直接撇开村民和村合作社，而且要求村级不得干预企业的经营管理。这就导致了公司打造的民族文化项目不伦不类，更没有特色，也伤了村民感情，公司与村级各自为政，互不相干。

三、对少数民族特色村寨发展的意见建议

民族地区应立足资源禀赋、发展条件、比较优势等实际，找准把握新发展阶段、贯彻新发展理念、融入新发展格局、实现高质量发展、促进共同富裕的切入点和发力点。以全国少数民族特色村寨的高荡村为例，建议从以下几方面抓好发展：

（一）充分认识民族文化重要性。当地党委、政府要提高对民族文化重要性的认识，充分发挥民族文化资源在旅游产业化中的重要作用：一是要组建一支队伍，由熟悉民族文化和旅游开发的专家、学者、干部、群众及企业家组成民族文化转换运用队伍，为安顺旅游产业化发展提供人才支持。二是要加强对民族文化中的民族节日、民族服饰、民族体育、民族饮食、民族医药、民族手工艺以及农耕文化、传统民居等的保护，将民族文化和传统文化保护以项目的形式实施，让民族文化更具特色、更有魅力。三是要设立民族文化和传统文化专项资金，专门用于民族文化和传统村落建设，或者将民族文化项目纳入发改立项范畴，为民族文化的运用提供资金保障。

（二）要有大格局的发展规划。高荡村要发展壮大，需要通过比较做一个大格局、高规格的发展规划，规划制订好后，一张图纸作战到底，一代接着一代干：其一，要做好以高荡村为中心，将原属于扁担山区的布依族四十八寨纳入高荡村旅游开发的发展范畴，这样才有一个更为广阔的发展平台和展示空间。其二，要根据布依文化特征，打造好三至四场超级大型的、民族特色鲜明的，具有很强震撼力、感召力、吸引力的民族体育赛事、民族歌舞表演等，更好地宣传高荡村，打出名气。其三，要做好高荡村与黄果树旅游区等旅游景区的连线留客规划。其四，要做好周边及省内旅游策划工作，特别是安顺、六枝、兴义、贵阳等周边游客的旅游规划工作，拓展市内、省内游客市场。

（三）要为村寨发展注魂留魂。高荡村要发展，必须以游客消费需求

为导向，让游客到高荡村有不一样的感受和体验，因此：一是注入民族文化魂。现已开发运用的传统民居、1家蜡染坊、村史馆不足以展示布依文化的魅力，要使高荡村通过民族服饰、民族节日、独特的民族饮食、民族体育等，充分展示独特的民族文化，让高荡村有魂。二是注入传统村落魂。传统村落就是要具有浓浓的乡愁，房屋的建筑、房前屋后的布置、房屋内部的装修风格，都按照"土里土气"的原则，让客人进入时光隧道，回到宁静的农耕生活，与民族文化相互映衬。三是注入人民群众魂。人民群众是民族文化的创造者、保护者、传承者、拥有者，要吸取将群众迁出原居住地的教训，让活态文化回归。四是真心留住客人魂。根据布依文化特征，多开发一些体验项目，比如油团粑制作，游客在农户的陪同和指导下，参与其中和面、搓团、炒油团等，让更多游客亲自参与制作，亲自体验。让游客体会到民族文化魅力，达到把客人留在高荡村，回去了还想来的目的。

（四）在精细处狠下苦功。高荡村要发展，就要在细处狠下苦功，做到寸土寸金，充分利用好民族文化资源和传统村落资源，无处不体现民族文化特色和传统村落的文化厚度和深度。一要在展示民族文化内涵上狠下苦功。高荡村要在展示民族文化内涵的细处上下苦功，比如布依族八块鸡，不是将八块鸡抬到桌子上就完事，要让游客知道布依族八块鸡的由来，有什么仪式，八块鸡各代表什么意思，怎么分这八块鸡，让游客吃到"文化大餐"。在坐的顺序上，怎么坐，有什么考究，要将这些文化运用到游客的餐桌上，让游客深深感受到布依文化的深刻内涵。二要在展示传统村落文化厚度上狠下苦功。高荡村是被国家住建部命名的传统村落，为了达到整体效果，在台阶、楼板、房顶、门窗、串户路等的维修上，做到一砖一瓦必须与传统村落相一致，不是复古，而是让游客看到"土"得有质量、有文化厚重的传统村落。三要在氛围营造细处狠下苦功。氛围的营造十分关键，必须达到客人到了高荡村，没有导游介绍也能深深感受到民族特色和深厚文化底蕴的效果，要在民族服饰、民族语言、房屋内外装饰、使用的餐具、民族纪念品等方面下苦功，让游客一进入高荡村后就可以感受到浓厚的民族文化氛围。

（五）凝聚力量推动高质量发展。企业与村社、农户要深度融合发展，形成合力，心往一处想，劲往一处使。一是企社农深度融合。企业、合作社、农民深度融合，村社直接融入企业当中，农民直接是公司股民，不再实行企业、村社和农民的鼎足之势，按照"三权促三变"要求，结合高荡村传统民居和土地资源情况，资源变资产、资金变股金、农民变股东，形成一个整体。二是制定利益分配机制。在企社农深度融合的前提下，做好利益分配，让村民与利益直接挂钩，发挥每个村民的积极性和主动性，真心参与企业的经营管理。三是凝聚发展共识。要在发展中让村民在发展理念、经营模式、利益分配、办法措施上形成共识，从而形成一股高质量发展的强劲势头。

总的来说，高荡村作为国家级的少数民族特色村寨和传统村落，要推动其高质量发展，就要围绕"四新"主攻"四化"，结合供给侧结构性改革及国内大循环、国内国际双循环的要求，注入高质量发展的魂，在精细处狠下苦功，切实推动高荡村旅游产业化高质量发展。

（作者单位：安顺市民宗委）

乡村振兴背景下安顺市少数民族村寨手工艺传承与发展研究

——以普定县为例

◀ 董旭

摘要： 民族村寨凝聚着民族文化的精华，体现了中华民族文明的多样性，在推进乡村振兴进程中显得尤为重要，同时也是促进少数民族地区加快经济社会发展的重要资源。民族文化中民族传统手工艺随着人类社会的高速发展日趋衰微，并涌现出缺乏法律保护、"断代"危机、生产效率低等问题。鉴于此，笔者提出建立完善法律法规体系和政策体系、强化资金保障、强化人才支撑，加强民族文化传承人才培养等一系列对策建议，以期能发挥一定的作用。

关键词： 乡村振兴　民族工艺　传承发展

民族村寨凝聚着民族文化的精华，体现了中华民族文明的多样性，在推进乡村振兴进程中显得尤为重要，同时也是促进少数民族地区加快经济社会发展的重要资源。截至目前，安顺市少数民族人口占总人口30%以上的村寨有638个，少数民族文化元素浓郁的村寨有308个。截至2020年底，全市获得国家民委命名的少数民族特色村寨有23个，获得省民宗委认定的少数民族特色村寨有92个，全市在民族村寨保护发展上卓有成效，但也存在其局限性与不足之处。

中民族传统手工艺是一个民族在代代相传中形成的源远流长的手工文化，是民族本原文化、文化符号的传承，体现劳动生活中最质朴的思想和艺术语言，带着情感和寄托，不仅具有浓厚的民族色彩，也体现出各民族特有的生活方式、道德观念、审美趣味和艺术风格，成为各个民族优秀历史文化的结晶。在人类社会高速发展的今天，工业文明、科技进步在一定程度上带来了民族传统手工艺的日趋衰微。但是，民族传统手工艺作为一种活态文化，作为中华民族传统文化的根基所在，对其进行传承保护，与时俱进创新性发展，也是必须的。笔者主要以普定县作为主要调研地开展调查走访，以期为乡村振兴战略下全市民族传统手工艺传承与发展提供一定的借鉴与参考。

一、普定县民族传统手工艺传承发展基本状况

普定县位于贵州省中部偏西，隶属安顺市，总人口523458人，少数民族人口107477人，少数民族人口占总人口的20.5%，是一个多民族聚居地区；县域内少数民族主要有苗族、布依族、仡佬族、白族等；民族文化多姿多彩，少数民族特色村寨大多依山傍水，环境优美，为开发民族特色村寨乡村旅游提供了得天独厚的地理条件。现有国家命名的"少数民族特色村寨"1个，省级命名村寨15个，这些村寨自然环境、生态系统保护良好，地理环境得天独厚，民族风俗保护完好，民族文化浓郁，在人类数千年历史进程中各民族衍生了千般技艺的"能工巧匠"，创造了辉煌的手工文化艺术历史，成为安顺市民族传统文化的一朵奇葩。

（一）普定县手工艺项目类别、分布和从业人数

民族传统手工艺是指产生、流传于民间，且能反映民间生产生活，体现各民族审美习惯的工艺、美术制作艺术。根据手工艺的性质、制作方法

及用途,可将其分为精神文化类、生产生活类、建筑工艺类三大类别:

1.精神文化类:涵括刺绣、蜡染、工艺品等。

2.生产生活类:包括编织品、纺织品、裁缝、银饰、服饰等。

3.建筑工艺类:如苗族的木房黑瓦吊脚楼、布依族的石墙石板栏杆式建筑、白族的双托"半副銮驾"、仡佬族的栏杆式"翘角楼"等。

目前有4个乡镇(猫洞乡、坪上镇、白岩镇、补郎乡)都有能工巧匠,据不完全统计,全县共有刺绣、蜡染手工艺从业人员200多人,其中传承人13人。

(二)普定县民族文化传承与发展现状

据调查,2020年贵州省命名的少数民族手工艺传习所共有3个,分别是普定县锦航民族工艺加工厂、普定县文珍苗族蜡板蜡画作坊、普定县阳光服饰加工厂,主要是传承苗族刺绣蜡板蜡画。近年来,这些手工业传习所与县、乡镇政府联手,认真贯彻落实上级政策,积极向上争取少数民族教育专项资金,按照城市民族工作实施方案将民族民间文化进校园项目分别在县中等职业技术学校、补郎乡等堆小学、猫洞乡民族中学、马官中学、马场镇波那小学、猴场乡仙马民族小学等落地落实,实地开展了传统手工艺传承工作。同时,聘请了一批手工艺传承人担任传习教师,传授苗语、苗绣、花灯乐器等,扎实开展传统手工文化进校园,培养新时代的传承人。

此外,为进一步做好传统手工艺的传承发展,按照《国家民委、财政部、中国人民银行关于申报"十四五"全国民族特需商品定点生产企业的通知》(民委发〔2022〕60号)精神,普定县民宗局通过开展调研,组织并指导普定县阳光服饰加工厂、普定县朝洪民族服饰加工厂收集资料申报"十四五"全国民族特需商品定点生产企业,申报成功后企业将享受相关优惠政策促进企业发展。

截至目前,该县补郎乡等堆村、坪上镇芦稿冲、定南街道鑫旺大市场的民族传统服饰加工厂,已初步形成集生产、加工、销售于一体的产业链，其中最具代表性的为苗绣、蜡染，带动了少数民族群众200余人就业，每年培育年轻传承人近百人，实现人均月收入3000元以上。加工厂每年产出大约为170万元，其投入研发经费大约为10.2万元，占比为6%，使传统手工艺能将历史与现实相结合，传承与创新融会发展，助推民族传统手工艺的高质量发展，助力乡村振兴。通过调研走访发现，该县传统手工制作的芦笙、管弦乐器、面具、雕刻类等传统产品已逐渐消亡，难以寻其踪迹。

二、普定县民族传统手工艺的特点

（一）取材自然便捷

制作民族传统手工艺品一般就地取材，充分利用自然资源，如在普定县穿洞街道办事处靛山村种植了一定面积的靛蓝，主要用于染布，成为苗族蜡染的染色材料，这不会给人类生存环境造成污染，真正意义上体现了人与自然和谐共生的生态美。此外，还可通过线上渠道获取原料，大大减少了人工成本。

（二）工艺流程固定

民族传统手工艺经过长期的历史积淀，代代相传沿袭至今，其工艺制作流程是较为固定的，每一个步骤和顺序都是不可变动的，这也是保证祖传手工艺不走样并获得成功的先决条件。如猴场乡的芦笙制作、普定县文珍苗族蜡板蜡画作坊的蜡板蜡画制作、普定县锦航民族工艺加工厂的刺绣制作等沿袭了传统手工艺品制作的整个流程，与祖传的如出一辙。

（三）具有较强的实用功能

民族传统手工艺与人们的生活息息相关，是人们在生产劳动中的创造性佳作，特别是少数民族传统服饰具有较强的实用性。传统服饰手工艺的发展对于一个民族的文化传承非常重要，它在一定程度上反映了一个民族在每一段历史时期的文明程度和当时整个社会的发展状况，以及一个民族在一个时期的智慧和能力水平。与此同时，传统手工艺就现在而言是对机械化生产形式的一个补充，对促进经济发展有不可替代的作用。随着经济社会的发展及人们日益增长的精神、物质现实需求，使得传统手工艺的发展迎来了一场新的技术革命，个性化的特征和文化内涵越来越受到人们的青睐，为传统手工艺的艺术性带来了新的审美观念，通过手工艺赋予现代服饰的文化情感，建立起具备民族文化和美学价值的现代手工艺品，不仅能满足国人在现行经济全球化条件下的文化需求，又能实现保留传承本土文化的愿望，这就是少数民族传统服饰的特性，正是审美与实用性相融合，使得民族传统手工艺得以保留至今。

三、普定县民族传统手工艺传承发展中存在的问题

在现代工业文明快速发展的今天，人们对传统手工艺的情感逐渐淡漠，传统手工技艺、传统手工艺品与快速发展的社会之间的距离愈来愈远。比如现在走进普定县的少数民族村寨，除了五六十岁以上的老人还穿着少数民族服饰外，中青年基本不穿本民族的服装，且走访中发现，少数民族中35岁以下的年轻人普遍都不会说本民族语言，只会说汉语。自己纺织缝制的土布服饰极为少见，而像蜡染、刺绣等民族传统手工艺更是流失惊人，除了1992年首届中国贵州蜡染艺术节在安顺举办，2014年7月安顺蜡染列入国家质检总局地理标志产品保护名录外，年轻一辈对此感情较为淡漠，只有老一辈的手工艺传承人能够徒手制作，年轻的手工艺人必须依靠机器完成。因此，民族传统手工技艺正日渐萎缩，面临着严重的生存危机，现将民族传统手工艺传承发展存在的主要问题概括为以下几点：

（一）法律保护缺乏操作性，政策保护缺位

1997年颁布的《中华人民共和国传统工艺美术保护条例》规定"国家对传统工艺美术品种和技艺实行保护、发展、提高的方针"，2011年颁布

的《中华人民共和国非物质文化遗产法》将"传统技艺"纳入非遗保护范围，但都是指导方针和基本原则的客观部署，不具备实际操作性，又无相应的实施细则和地方性法规与之相配套，因此民族文化传承难以得到较好的执行。如在法律层面规定了"国家、省、市、县"四级保护体制，但在县（区）没有设立相应的机构，工作人员没有定编定岗，而民族传统手工艺多存活于民间乡村，管理制度、管理人员的缺失直接导致其保护工作无法落到实处。同时，对传统手工艺的重要性认识不够，保护和发展的意识不强，在资金扶持、贷款补贴、税收减免等方面，从上到下都没有制定相应的优惠政策，使得民族传统手工艺产业在资金、流通等方面政策缺位。

（二）民族传统手工技艺传习难度大，有传承"断代"危机

首先，民族手工艺品属纯手工制作，技艺传习难度大，其工艺流程复杂，学习时间长、核心技术难以掌握。其次，受机械化生产和人们急功近利思想的冲击，原先的手工艺人转向其他行业，年轻人没有学习的意愿，技艺传习的主体流失，这是民族传统手工艺传承难度大的最根本、最迫切的困境；最后，少数掌握核心技术的手工艺大师得不到国家相应资金的扶助和补贴，挫伤了传授技艺的责任心和积极性。

（三）生产效率低，产品不适应市场需求

纯手工制作，速度慢、效率低，如刺绣一个10平方厘米的图案要耗时两三天才能完成，制作的产品数量有限，若遇上大订单就会因无法在限期内完成而弃单，导致传统手工艺品跟不上市场的需求。在工业化发展的今天，机械化生产效率高，消费品供过于求，更主要的是相较于传统手工艺品，机械化制作的工艺品造型精巧别致，感观舒适而吸人眼球，价格低廉、适用性强，这些都构成了对传统手工艺的强大冲击，加速了其应用功能的退化，使其与现代人的审美情趣和生活消费需求之间的距离越来越大。因此，在琳琅满目的消费品市场，传统手工艺品难有立足之地。

（四）时代变迁，破坏了民族传统手工艺赖以生存的文化土壤

任何一种工艺的保护发展都需要一代又一代人的艰苦努力，而在现代化浪潮的影响下，现在年轻人都已不再穿戴本民族服饰，对本民族的节日和传统文化知之甚少，他们在外读书谋生，而不愿意学习既花费时间又不太赚钱的手工艺，加之传统手工艺品的需求大幅度减少，年轻人认为学习传统手工艺的制作没有前途。

（五）民族传统手工艺创新不够

民族传统手工艺业除了政府资金投入不足、人才紧缺等原因外，最主要的还是因为自身缺乏创新，"一成不变"。如现在的苗绣，尽管其图案很多，但是产品单一很难适应市场要求。就实际而言，苗绣、蜡染可以在保持苗族传统特色的基础上吸收其他民族刺绣的长处，再融入现代因素，设计出新的图案，在创新中求生存发展。

四、普定县民族传统手工艺传承发展对策建议

总体而言，安顺市自然风光绮丽多姿、人文景观绚烂古朴、民族风情浓郁独特、民族文化绚丽多彩，形成了许多特色鲜明的少数民族特色村寨。但由于地处黔中汉民族聚居区，获得国家、省级少数民族特色村寨较铜仁、毕节、黔西南、黔南、黔东南少，在全省仅排第六名，受到的关注也较兄弟地区少，制约了安顺民族文化的发展壮大，而普定的民族品牌与产业链，也尚未发展成熟。然而，随着国务院颁布《关于支持贵州在新时代西部大开发上闯新路的意见》（国发〔2022〕2号），提出要"推动民族村寨、传统村落和历史文化名村名镇保护发展"，为安顺民族村寨保护发展指明了方向、提供了机遇。普定要协同省、市紧紧围绕这一战略定位，做好相关传承发展，健全民族产业发展的保护机制，具体举措如下：

（一）建立完善法律法规体系和政策体系

《中华人民共和国立法法》规定："对城乡建设与管理、环境保护、历史文化保护等方面的事项制定地方性法规"。因此，可由市人民代表大会常务委员会就民族村寨的保护与发展问题进行专项立法，结合地方实际制定《安顺市民族特色村寨保护与发展条例》，并根据《中华人民共和国传统工艺美术保护条例》相关内容实施制定相应的地方性法规和行政规章，形成传统工艺美术保护和发展的统一体系，以立法的形式规定村寨的保护对象、产权认定、责任主体、开发原则、制度保障等，强化法治保障，使民族村寨保护与传承有法可依，特别是民族手工艺品传承保护有法可依。同时建立调度检查机制，定期对各地民族特色村寨的保护发展工作进行调度、检查、评估，将民族村寨保护纳入法治化、规范化轨道。

（二）强化资金保障，探索多元化投入机制

民族传统手工艺传承发展是一项系统工程，需要投入的资金较大，涉及部门众多，必须坚持政府主导、部门参与、农户主体、民间资本融入的办法，整合各方资源，形成合力。一要加大各级财政投入力度，积极争取各级财政加大资金投入，用好中央和省级财政衔接乡村振兴补助资金，整合相关项目资金和有关专项资金，确保各级财政资金对民族手工艺保护传承的投入力度。二要吸纳社会资本投入，发挥地缘、人缘、资源优势，灵活运用PPP、BOT模式，做好招商引资工作，充分发挥社会资本效应，鼓励和支持各类市场主体参与民族手工艺的技术性开发与市场营运。三要制定完备的优惠激励政策。给予民族传统手工艺税收减免优惠和信贷贴息，建立民族传统手工艺品专项基金，奖励为民族传统工艺保护、传承和发展作出贡献的工艺大师和相关人员，为传统工艺精品和珍品的评审、征集、收购、收藏提供相应的资金保障。

（三）将传统与现代融合起来，提升传统手工艺术品位和生产效率

1.融入民族传统文化元素，创建民族品牌：在民族传统手工艺品创新

发展的同时，将民族传统文化融入其中，使其外形、色彩或产品定制富有民族特色，创建民族品牌，既使民族传统手工艺品受到广大消费者的普遍重视，又增强消费者的心理认同，进而加深对民族品牌的忠诚度。

2.用现代科技改进传统技艺，提高生产效率：发挥民族传统手工艺人自我科技创新的主动性，在其掌握自身传统手工技艺基础上，培养他们的科技创新意识，激发他们改进技艺的积极性，对机器设备进行改进，如织布机，以现代机器替代传统木结构织机，手工缝纫绣花机用电脑缝纫绣花机代替等，使一系列高科技元素介入。

（四）挖掘传统手工艺品社会功能，走市场化发展之路

通过传承发展民族传统手工艺品，唤起民族的文化自觉和文化自信，重塑民族传统文化的主人翁责任感，承担起传承和发展本民族传统文化的重任。

1.以市场理念挖掘民族传统手工艺品应用功能：民族传统手工艺品起源于生产生活需要，其应用功能经久未衰。当然，在现代社会，随着现代科技的广泛应用和人们消费理念的变化，民族传统手工艺品日渐为其他消费品所替代。但是，在追求环保、健康的消费理念和怀旧返古的心理需求作用下，民族传统手工艺品因原生性又受到人们的追捧和喜爱，因此，基于市场起决定性作用这一市场规律，要大力挖掘中、高端消费群体，开辟中、高端产品投放市场，接受市场的优胜劣汰。

2.以产业化发展思路挖掘民族传统手工艺品经济功能：在民族传统手工艺作为家庭副业时期，其经济功能开始被挖掘出来。在倡导文化大发展、大繁荣的今天，借助时代赋予的发展机遇，借鉴苗绣等传统手工艺品前期初步产业化的发展经验，依靠旅游业和休闲业，从广度和深度两个层面广泛挖掘民族传统手工艺品经济功能，将其作为县级发展特色产业的资本源，走民族传统手工艺品产业化发展之路。

3.以市场需求的敏锐眼光挖掘民族传统手工艺品的审美功能和收藏功能：精雕细刻的民族传统手工艺品，因凝聚各民族特色传统文化而具有独

特的审美情趣，借此应挖掘其欣赏功能，将其开发成工艺品或纪念品，对于那些完全没有应用价值的传统手工艺品，应在收藏市场找出路，将其改成传统手工艺品精品或代表作，供人收藏。

（五）强化人才支撑，加强民族文化传承人才培养

1.建立科学的传承人制度：强化活态展示，充分发挥非物质文化遗产代表性传承人的文化传承作用，以民族传统工艺传习所、锦绣坊、非遗工坊为主要阵地，开发一批旅游工艺美术品和旅游纪念品，活态展示各民族织染、刺绣、雕刻、乐器制作、漆器、银饰加工、酿造、特色食品加工等各种民间手工技艺。首先，建立传承人、工艺大师公平合理的评定制度，让那些散居民间、身怀绝技的民间手工艺人脱颖而出，赋予荣誉称号，颁发荣誉证书。其次，设立传承人保护专项基金。许多民间艺人终其一生于传统手工艺品的生产和技艺传授，但受多重因素的制约，一生贫困，甚至老无所养。通过发放专项补贴解决他们的生活困难，不仅能激发其传授技艺的热情，还能给年轻人以鼓励和垂范，使年轻人乐于学习传统手工艺。第三，建立传承人责任制度，规范传承人职责和义务，督促传承人传习技艺，培养后继人才。

2.发挥文化教育单位对传统手工艺传承和发展的功能：积极开展与高等院校、职业技术学校、科研机构等合作，有计划、有步骤、分类别、分专题培训民族传统手工艺企业经营者及制作设计人员，提高他们的素养，为其发展提供智库支持。积极搭建群众性文化活动平台，大力培育根植群众、服务群众的民族文化活动载体和文化样式，不断拓宽民族文化的群众受众面。充分利用各种媒介来展示民族手工艺的别具一格，与外界进行文化交流交往，邀请学者、企业家、艺术家等走村进寨进行民族文化体验、采风、创作等，扩大其知名度。此外，大力开展民族文化进校园、进课堂系列活动，激发青少年学习民族文化艺术的热情。在中小学开设民族传统文化特色课程，让传统手工技艺走进课堂，培养学生手工制作的兴趣和动手能力，即从娃娃抓起，打好传统手工艺传承和发展的根基。如，普定县

猴场苗族仡佬族乡仙马民族小学将苗族古歌、口弦、射弩、刺绣等纳入学校课程，邀请本地"土专家"担任教师，让学生从小就能学习民族传统文化，激发起学生的兴趣，培养潜在的接班人。

五、结论

综上所述，在乡村振兴的大背景下，弘扬与发展民族传统手工艺具有生态、美学与实用三重价值，同时具有较高的文化传承意义。要做大做强民族文化产业，推动民族村寨走向富裕，需要多层保障机制以及政府、专业团队的宏观引导与评估，强化法治保障，以市场为导向，以创新为引领，优化生产方式，培育人才队伍，"十四五"期间正是打造"富美安顺"的关键期，也是建设"活力普定"的重要节点，将民族文化元素纳入"富美"与"活力"中来考量，无疑更加具有宣传价值与传承意义，市、县应积极投身于"多彩民族风"的建设之中，努力挖掘本土民族优势，同时与兄弟地区联手，共同做好民族文化事业。

（作者单位：中共普定县委党校）

安顺海绵城市的背景定位、探索实践与经验启示

◀ 王俊　代凯锋　杨小宁

摘要： 2015年10月16日，国务院办公厅印发《关于推进海绵城市建设的指导意见》（国办发〔2015〕75号），对海绵城市建设的定位、方法、路径和实施效果做出明确部署；2022年5月25日，安顺成功申报国家"十四五"第二批系统化全域推进海绵城市示范城市、2022年度省级海绵城市建设示范城市。但时至今日，大家对"海绵城市"的认识仍存在不同看法，市民知晓率和参与度不高，幸福感和满意度有待提升。本文旨在对安顺市系统化全域推进海绵城市建设示范城市的背景定位、探索实践与经验启示三个维度进行阐释，以期对安顺当下系统化全域推进海绵城市建设有所裨益。

关键词： 海绵城市　背景定位　探索实践　经验启示　安顺

2022年5月25日，安顺成功申报国家"十四五"第二批系统化全域推进海绵城市示范城市、2022年度省级海绵城市建设示范城市，将在未来三年获得国家和省级13亿元专项补助资金，这对安顺来说，既是重大机遇，也是风险挑战，更是使命担当。系统化全域推进海绵城市建设示范城市，是抢抓新国发2号文件机遇，在新时代西部大开发上闯新路，聚焦"四区

一高地"主定位，推进围绕"四新"主攻"四化"主战略，高水平贯彻落实"1558"发展思路有力的项目抓手；是贯彻习近平生态文明思想，在生态文明建设上出新绩，坚持人与自然和谐共生，一体推进创建全国文明城市和新型城镇化高质量发展难得的政策机遇；是深入学习贯彻党的二十大精神，以高质量发展统揽全局，坚持以中国式现代化全面推进中华民族伟大复兴的生动实践。

一、海绵城市与安顺的背景定位

（一）历史背景，现实定位

"自古人择水居，城临水建、因水而兴"。在全球城镇化进程中，水是一个城市发展重要的制约因素。如何解决城市"缺水内涝水脏"的难题？中国给出的答案是——建设"海绵城市"。2013年习近平总书记在中央城镇工作会议上提出："在提升城市排水系统时要优先考虑把有限的雨水留下来，优先考虑利用自然力量排水，建设自然积存、自然渗透、自然净化的海绵城市。"之后，又多次强调要建设海绵城市。积极贯彻落实习近平总书记的指示和要求，结合我国古代先人的治水经验以及新世纪以来学习借鉴国际经验的工程实践，2014年住房城乡建设部组织编制了《海绵城市建设技术指南》。国务院办公厅于2015年10月印发的《关于推进海绵城市建设的指导意见》（国办发〔2015〕75号），是中国海绵城市建设的纲领性文件，也是我国城市建设方式转型、提升城市品质的重要工作内容和制度安排。对今后我国新型城镇化建设转型过程中统筹推进海绵城市建设作出了总体部署，抓好海绵城市建设试点，尽快形成一批可推广、可复制的示范项目，经验成熟后及时总结宣传、有序推进；中央财政引导资金支持了全国30个城市开展海绵城市建设试点，同时也带动了各省市开展海绵城市建设工作。

城市是人口高度聚集、社会经济也高度发达的地区，是资源环境承载力矛盾最为突出的地方。改革开放以来，我国进入了城镇化快速发展阶段，城镇化率从1979年的不到20%，发展到当今的60%左右，年均增幅接近1%。在传统城市建设理念的影响下，城市开发建设带来了水生态恶化、水资源紧缺、水环境污染、水涝灾害频发等一系列城市问题。海绵城市建设是一种现代城市发展理念。针对上述城市建设现状，《关于推进海绵城市建设的指导意见》开篇就明确提出"海绵城市是通过加强城市规划建设管理，充分发挥建筑、道路和绿地、水系等生态系统对雨水的吸纳、蓄渗和缓释作用，有效控制雨水径流，实现自然积存、自然渗透、自然净化的城市发展方式"，同时要求"坚持生态为本、自然循环。充分发挥山水林田湖草等原始地形地貌对降雨的积存作用，充分发挥植被、土壤等自然下垫面对雨水的渗透作用，充分发挥湿地、水体等对水质的自然净化作用，努力实现城市水体的自然循环"。建设海绵城市就是"统筹发挥自然生态功能和人工干预功能"（即灰绿结合、蓝绿融合），有效控制雨水径流，实现自然积存、自然渗透、自然净化的城市发展模式，有利于修复城市水生态、涵养水资源、改善水环境、加强城市排水防涝能力，提高新型城镇化质量，促进人与自然和谐共生。这就是我国海绵城市建设的基本定位。

（二）人与自然，和谐共生

党的二十大报告指出："中国式现代化是人口规模巨大的现代化，是全体人民共同富裕的现代化，是物质文明和精神文明相协调的现代化，是人与自然和谐共生的现代化，是走和平发展道路的现代化。""人口规模巨大的现代化"意味着什么？"人与自然和谐共生的现代化"又如何理解？"海绵城市"正是其应有之义和现实逻辑。中国这样一个大国实现14亿多人口的现代化，实现生活质量的提升会从根本上改变世界的发展格局。这种改变早在十几年以前就引起了传统西方社会的高度关注，在某种程度上，也是西方宣扬"中国威胁论"的原因。而前所未有的艰巨、复杂的中国式现代化道路选择是对"中国威胁论"的有力回应。实现14亿多人口现代化的艰巨性跟我们这些年设定的很多目标是直接相关的，比如更为集约化的利用资源，更为低碳化的新型工业化进程，更为低碳化的生活方式，以及生态文明前提下的经济社会发展路径选择；再比如，城市建设已由过去的大拆大建转型到城市更新，做好"绣花功夫"。在生活水平、生活品质不下降的情况下，我们要通过一系列的技术变革、生产方式、生活方式变革，乃至重新建构人与自然之间和谐共生关系的变革来实现我们的现代化。其实，在现代化进程当中，很多现在我们称之为发达国家的国家是通过战争、殖民掠夺等各种方式占有全球资源来实现现代化的。而中国肯定不会走这条路，我们的路径、技术标准、整体和人均的资源消耗、能源消耗肯定会远远低于这些国家，这就是它的艰巨性所在。有很多技术是发达国家在现代化进程当中不需要考虑的，但是中国得考虑，也得付出，这就是我们的艰巨性所在。"海绵城市"正好给出了答案。

众所周知，我国"胡焕庸线"以西的部分不仅承担着人的生活和生产职能，还承担着相当一部分国土生态安全的功能，所以西部大开发绝不是东部工业化的简单复制问题。举一个非常简单的例子，中国大江大河的发源地都在西部高地，如果这些地区因为过度的工业化进程导致了生态问题，那么对整体的水资源安全就会造成威胁。回过头来再看现在的西部大开发，越是在这些地区，越强调生态、生活和生产之间的平衡，而国土生态安全的保护和培育，甚至修复，会变成西部大开发中的亮点，而不是简单的传统工业化的转移和扩散。因此，新国发2号文件基于贵州乃至西部大开发的重大现实意义不言而喻，而安顺海绵城市建设正是这一路径选择的实践成果。

（三）源头流域，山地特色

就安顺而言，安顺地处长江流域与珠江流域分水岭，是世界典型的喀斯特地貌集中区。作为两大流域源头城市，建设海绵城市就是保障两江流域生态安全。安顺"人在城中，城在山中"，建设具有喀斯特山体城市特点的海绵城市，为我国西南地区山地城市的海绵城市建设指明了新方向。工程性缺水是制约安顺城市发展的重要因素，建设海绵城市为安顺城市发展带来了新活力，同时也为全国40个严重缺水城市的海绵城市建设提供了新方案。兼具美丽与内涵的安顺通过海绵城市建设，育山理水、连通绿廊，将全力打造山水园林城市海绵建设新样板。一是结合自然调蓄空间。建设娄湖、金牛湖等湿地公园，增加雨洪调蓄空间，补充城市生态用水。二是结合城市排水防涝。以问题为导向，治理小屯河等河道，强化河道行泄能力，重点促进老城片区、双阳片区、航城片区、小屯河片区雨水管网提标，通过内涝点治理工程补齐内涝防治短板，结合雨污分流、管网修复统筹污水提质增效。三是结合源头海绵建设。利用源头海绵设施改善城市自然水文循环，实现地块内径流总量和径流污染控制达标，结合高质量发展、城市更新行动、城市"四改"、城市双修等城市建设计划，提升人居环境。

通过示范建设，到2025年，城市内涝有效缓解，城市排水防涝工程体系基本形成，雨水资源化利用已具雏形，城市"韧性"协同提升，人居环境同步改善。通过海绵城市示范建设，建设长江、珠江上游流域尺度的源头海绵城市，探索源头喀斯特山地城市"分级蓄排"洪涝治理经验，探索生态化低成本海绵城市建设新模式，形成南方工程性缺水城市的海绵城市建设示范，为海绵城市建设贡献"山地特色"。

二、海绵城市在安顺的探索实践

（一）问题导向，扬长避短

安顺市系统化全域推进海绵城市建设示范城市，在西秀区、平坝区、经开区三个中心城区进行示范，约75平方公里，示范范围小而集中，经过前期研判，选择先在三个城区示范，再渐次推进，最后实现全域化，达到全覆盖，这是优势也是弱势，需要强弱项，补短板。安顺海绵城市建设坚持问题导向，扬长避短，一是机制体制需完善，部门之间沟通协调机制不顺畅。县（区）对海绵城市建设示范工作重视力度不够，西秀区、平坝区虽成立了工作领导小组，但未集中办公，工作仍然存在各自为战的状态，统筹推进机制不完善。住建、水务、城管等部门未形成有效合力，部门之间沟通协调机制不顺畅，项目推进较缓慢。西秀区、平坝区、经开区编制海绵方案进度缓慢、深度不够，达不到项目建设要求。二是区级财政资金匹配困难。安顺海绵城市建设投资约25亿元，其中，获得国家和省级13亿元专项补助资金，还有12亿元资金需要县（区）匹配和多渠道的社会投资融资，资金难以保障。三是对海绵城市建设理念的认识不到位。海绵城市建设是一项系统工程，又属于示范创建工作，一些部门、设计单位、施工单位中部分人员对海绵城市建设认识不到位、理解有偏差，导致工作推进存在困难；安顺市系统化全域推进海绵城市建设，现阶段不论管理部门、建设单位、设计单位、施工单位、运维单位等均存在本地技术力量薄弱的问题，主要依靠外部技术团队予以帮助和支撑。四是内涝治理尚有差距。目前安顺市尚有9个历史内涝点待整治，且现场情况普遍较为复杂，整治难度较大。五是项目建设质量和精细化程度有待提高。由于安顺市能力、水平和基础等方面的原因，项目建设示范性和精细化上还有待提高。同时作为西部城市，安顺市行业主管部门、市县相关单位和施工、设计等单位均存在对海绵城市建设认识不深、专业技术力量薄弱的问题。六是缺乏专业的海绵人才，出现了技术缺口，只能是依靠第三方技术团队中规院补足缺口。

（二）全域推进，系统谋划

一是建立健全示范工作体制机制。按照全市"一盘棋"要求，统筹谋划、系统推进，形成纵向一级抓一级，横向部门联动。督促指导各县（区）加快成立领导小组和组建工作专班。同时，市海绵办人员已充实，后续将通过完善联席会议、办公室例会等工作机制，保障安顺市海绵示范城市建设系统化、常态化开展；充实专班工作力量，从市住房城乡建设局、市水务局、安顺经开区抽调8人在市住房城乡建设局集中办公，按照工作需要设置了综合协调组、项目组、技术保障组。形成职责明确、协调有序、信息畅通、共同参与的工作格局；制定了《安顺市海绵城市建设工作机制》，建立完善了工作会议、工作计划、信息报送、检查督办、总结评估等五个方面的工作机制；出台了《安顺市系统化全域推进海绵城市建设示范城市实施方案》《安顺市系统化全域推进海绵城市建设示范城市建设工作方案》《安顺市系统化全域推进海绵城市示范城市建设专项资金管理办法》《安顺市系统化全域推进海绵城市建设示范城市专项补助资金总体分配方案》《安顺市系统化全域推进海绵城市建设示范城市2022年第一笔专项补助资金分配方案》海绵城市建设"1+4"系列政策文件。系列政策文件明确了工作目标、重点任务、资金管理及分配等内容，对建设任务和目标进行分解，明确各项工作任务责任单位和完成时限，进一步压实责任，统筹推进；启动立法工作，安顺市第五届人大常务委员会已将《安顺市海绵城市建设管理条例（草案）》纳入安顺市2022年立法计划，目前已由贵州大学成立专业团队进行调研工作；继续完善相关文件制定，正在草拟海绵城市建设规划管理、排水管网维护、绩效评价与考核暂行办法等系列文件。

二是扎实推进示范项目建设。高标准高质量做好示范项目入库工作，加强对各县（区）海绵建设技术指导，通过审核示范项目前期手续和海绵设计方案，推进项目实施落地，持续跟踪项目进度和质量，确保2023年打造一批示范项目。系统谋划项目清单，共同探讨研究示范项目清单，谋划海绵城市示范项目共计73个，投资约25亿元。以问题和目标为导向，针对项目实施的系统性、可行性和预期可达性等多方面因素，明确项目责任单位、完成时限等内容；合理安排项目实施，按照"第一年打基础、第二年主建设，第三年见成效"的原则，合理制订示范期内项目的实施计划；推进重点示范项目建设，提前启动示范效果较强、民生福祉殷实的项目前期工作，如老城环路海绵化综合提升改造、金钟市民公园提升改造、杨湖调蓄公园建设等项目。强化资金保障及监管。做好中央和省级专项资金分配方案，保障专项资金及时下达项目建设，同时加大资金筹集力度，努力争取社会资本和其他类型的补助资金。严格按照资金管理办法，专款专用，闭环管理，确保项目实施落早、落好、见实效，将每一笔资金用到实处，孵化海绵城市相关产业。

（三）探索创新，实践突破

根据国家出台的相关政策要求，结合安顺市的自然资源、本底条件以及建设基础，从安顺市遇到的实际问题出发，提出近期、中期与远期的目标。从流域区域、城市设施两个层级系统构建。坚持生态优先，保护流域生态格局，修复区域生态环境，修复城市山水，重塑山水城格局；坚持"源头减排、过程控制、系统治理"，全面构建源头海绵减排体系，优化提升城市排水设施补短板，系统建立城市水系治理体系，构建生态、安全、可持续的城市水循环系统。以指标体系作为管控手段，构建海绵分区管控；以示范推广性和流域完整性强、新旧重点片区结合等原则梳理示范项目库。通过工作组织、推动立法、统筹推进、制度创新、运营管理与决策考核六个方面建设，形成健全的工作机制，通过资金、组织、科技、制度、宣传、监测评估等六大保障，支撑安顺市海绵城市建设目标的实现。通过顶层设计与长效机制的同步构建与完善，全域系统化推进安顺市海绵城市建设。要贯彻好最新的海绵城市建设理念，谋划好精品项目，统筹好项目与周边关系，做好细节，在解决问题的同时，将功能和景观相结合，做到既好用又好看，尽快建设形成安顺市亮点，体现精品项目的示范性和引领性。

实施城市更新改造工程。一是开展既有小区海绵化改造。以问题为导向，因地制宜制定改造策略，将海绵城市理念融入老旧小区改造工作，以高效低成本方式开展海绵化改造，提升人居环境。重点实施人民社区、学苑片区、文明路片区等7个老旧片区海绵化改造，打造示范样板。二是强化新建小区管控落地。加强项目全过程管控，落实海绵城市建设理念，高效低成本开展海绵化建设。对虹山湖片区、娄湖片区、小屯河片区等6个片区的在建和新建房地产开发地块等开发类项目，在规划、设计、建设、验收、运行各阶段严格执行海绵城市建设管控要求。三是实施公共建筑海绵化改造。结合公共建筑改扩建同步实施海绵化改造，注重将海绵城市建设与宣传教育相结合，发挥公共建筑的多功能作用。重点实施安顺学院、第一高级中学、安顺经开区高中等4个项目。四是实施市政道路海绵化建设改造。既有市政道路结合管网改造同步实施海绵化改造，新建市政道路全部落实海绵城市建设理念，充分利用道路绿化带实现对雨水的源头控制。重点实施老城环路等6条道路及3个片区背街小巷海绵化建设改造。五是实施公园绿地海绵化建设改造。结合实施城市更新行动，在山体公园、口袋公园、街头绿地建设中融入海绵城市建设理念，提升控制自身及周边雨水的能力。重点实施金牛湖、虹山湖、杨湖、金钟市民公园、城区街头绿地、口袋公园6个海绵化建设改造项目。

三、海绵城市对安顺的经验启示

（一）从无到有，破局立新

安顺市将承前启后，踔厉奋发，勇毅前行。自2016年起正式启动海绵城市建设工作，截至2021年底，全市累计开工建设59个海绵城市项目。其中，海绵型示范道路已建成14个，海绵型示范公园绿地已建成10个，海绵型示范小区已建成20个，海绵型示范河道已建成8个。安顺市大力推进海绵项目落地，对于政府投资的海绵项目高标准设计、高质量建设，每年超额完成省里下发的任务指标。截至2021年，城市建成区26.43%的面积达到海绵城市建设目标要求，圆满完成了国家和贵州省明确的阶段性目标任务。

安顺市地处长江流域与珠江流域分水岭，分水岭穿城而过。安顺作为两大流域的源头城市，开展海绵城市建设，对保护两大流域生态环境、涵养水源、构建生态屏障至关重要。建设流域尺度海绵城市，为长江大保护国家战略和珠江下游地区生态安全贡献"安顺力量"。一是探索生态化低成本海绵城市建设新模式。安顺作为西部欠发达地区城市，通过示范城市建设，探索如何在西部欠发达地区找到和经济发展相适应的生态化、低成本海绵城市建设的建设路子，这为安顺着力探索总结出海绵建设"安顺经验"提供了重要遵循，对后进地区、中小城市有重大的示范意义。二是南方工程性缺水城市的海绵城市建设示范。安顺独特的地形地貌特征，下渗和溶蚀普遍存在于所有河湖水系中，工程性缺水形势严峻，流域源头缺少大型水库，蓄水困难，分配调水条件不足。作为全国40个严重缺水城市之一，安顺建设海绵城市，为缓解流域源头城市缺水和内涝问题提供了新方案。

（二）落地生根，开花结果

海绵城市建设专业性和综合性较强。本地政府机构和设计单位相关专业人员对于海绵城市如何设计、怎样建、如何管都缺乏经验。为了提升本地技术力量，需要在示范期内引入更为专业的技术团队进行引导，让海绵城市技术种子在安顺扎根发芽。邀请多位行业内的顶级专家作为政府海绵城市建设特聘顾问对安顺基本情况进行整体"把脉"，明确总体的技术思路。示范建设过程中，如遇具有争议的重大技术问题，市政府也将根据专业领域，提请不同的特聘顾问审议，协助进行技术决策。通过公开招标的方式聘请专业的第三方技术服务团队与本地设计院共同提供示范期的全过程技术服务。引进海绵城市建设专业人才，探索与专业机构进行人才联合培养，储备本土海绵城市专业技术力量。定期组织有关部门管理人员及设计、施工、监理等从业人员开展业务培训，提升行业技术水平。通过各种平台开展行业培训、考察交流、学术论坛等，提升海绵城市建设水平和示范效应。

海绵城市建设是一项民生工程，将这项功在当代、利在千秋的民生工程转化为广大市民积极支持和参与的民心工程，需要市政府和建设者广泛宣传、听取民意。发动广大市民参与到这项宏大的民生工程中，利用电视、广播、报纸、网络、新媒体等平台广泛宣传海绵城市建设理念、安顺市海绵城市建设工作动向及成效，让市民真切感受到海绵城市建设为城市带来的变化，提高市民的知晓率和参与度，营造全民参与海绵示范城市建设的浓厚氛围，构建城市共治共建共享格局。同时，建设安顺市海绵城市展示馆，通过展板、实体模型和专题宣传片等手段让广大市民生动体验海绵城市理念，亲身了解海绵城市规划、建设情况。此外，必须加强干部教育，加深党员干部对于生态文明与绿色发展理念的认识。安顺将海绵城市、生态文明建设相关内容纳入全市党政干部培训的常设课程，打造基于生态文明构建的海绵城市建设精品课程，并报请评比全国干部教育培训好课程。通过这一系列宣传教育活动，保证生态文明与绿色发展理念能在全市党员干部中深入人心，并保证将绿色发展观融入城市建设发展管理的每一个环节成为一种自觉行为。通过培训形成共识，让全市领导干部都知道海绵城市建设对安顺是很有意义的，这是安顺全市的大事。

（三）打造样本，经验借鉴

安顺历来在示范、试点工作上有丰富的成功经验。已成功创建了国家卫生城市、国家园林城市、国家节水型城市，成为全国城市"双修"试点城市、城市黑臭水体治理示范城市、新型城镇化综合试点城市等国家级试点示范城市。其中，黑臭水体治理的"安顺做法"得到了生态环境部、住房城乡建设部充分肯定；城市"双修"工作成效显著，在2018年全国城市"双修"交流会上做了经验交流发言。2021年，安顺市还成功入选了住房城乡建设部城市体验样本城市，并被推荐代表贵州省申报全国城市更新试点城市，这些都为安顺市创建海绵城市建设示范城市打下了坚实基础。目前，安顺正在努力创建全国文明城市，力争通过海绵城市建设，补齐基础设施建设短板，助推全国文明城市创建工作。一是认真研究海绵城市项目建设与创文工作的关系。海绵城市建设是推进生态文明建设的重要抓手，通过强化基础设施补短板工作，夯实创文基础。二是统筹实施项目，多模式推进补短板工作。初步确定城镇建设集团作为业主实施老城环路海绵化综合提升改造、金钟市民公园提升改造、金牛湖调蓄公园建设等12个海绵建设项目，并建议在实施项目过程中，将未纳入海绵项目的隔离栏、道路标线等内容纳入以上项目中统筹考虑实施。同时，城镇建设集团或可通过对12个项目的包装开展融资、招商等工作，获得更多资金支持，在海绵建设基础上扩大建设规模和内容，补齐文明城市创建基础设施短板。三是推进老旧小区、背街小巷改造。建议县（区）加大已获得补助资金的老旧小区、背街小巷的建设力度，加快建设。尽快改善老旧小区、背街小巷道路路面破损，雨（污）设施缺失，照明设施不足，环卫设施短缺，文化氛围不浓，环境脏、乱、差等突出问题。四是建议市、县共推，全力创文。海绵城乡建设项目对创文工作具有一定的推动作用，需要共同努力，才能有效推动文明城市创建工作。

"摸着石头过河"，就是要善于借鉴成功的经验做法。全国第一批海绵城市试点城市的好经验、好做法，其他地方海绵城市的先进模式和典型案例等，对于安顺海绵城市建设有借鉴意义和现实启发。注重建设与管理协同发展，海绵城市建设试点结束后，思考如何通过试点引路，探索可复制、可推广的制度、经验和做法。通过借鉴好经验、好做法，目的在于最后及时总结自己的好经验、好做法，并宣传推广。要合理安排时间，选择好城市，开展调研，特别是试点城市和第一批示范城市中做得比较好的，去看看别的城市的优质项目都是怎么做的，去看看项目的管控都是如何操作和落实的，把成功的做法和经验带回来，消化吸收，为我所用，避免走弯路。结合安顺实际情况和地域特点，认真组织拟赴获得第一批示范城市绩效评价结果为A档的相关城市进行学习考察，通过现场调研和座谈的方式深入学习当地海绵城市建设工作的示范经验；加强海绵城市理念宣传，营造浓厚示范效应氛围，不断做好安顺海绵城市建设实践探索和经验总结，形成一批可复制、可推广的海绵城市建设模式。

（作者单位：中共安顺市委党校）

公益诉讼检察助推生态文明建设路径探析

◀ 章琛　卢凤鹏　汪迅

摘要： 习近平总书记指出："建设生态文明，关系人民福祉，关乎民族未来。"本文针对目前生态文明建设实践中的困境、难点，对公益诉讼检察如何服务保障生态文明建设进行探讨，提出将"公益诉讼检察建议"纳入地方行政考核指标、检察机关与纪委监委建立长效机制、建立专门的环境保护公益诉讼基金等建议，以期更好地发挥公益诉讼检察在生态文明建设中的司法保障作用。

关键词： 公益诉讼检察　生态文明建设　企业合规

习近平总书记指出："建设生态文明，关系人民福祉，关乎民族未来。"[1]检察机关作为国家的法律监督机关，具有推动和督促行政机关、社会组织和个人履行生态文明建设的职责义务。本文着重对生态文明建设实践中需要进行监督、完善的情况进行粗浅的调研、分析，旨在促进检察机关能动履行公益诉讼检察职能，切实服务生态文明建设。

---

[1] 新华网：《努力建设人与自然和谐共生的现代化——习近平生态文明思想的生动实践》，https://baijiahao.baidu.com/s?id=1734682163914219376&wfr=spider&for=pc，2022年6月27日访问。

一、生态文明建设面临的现实问题

生态文明是指以人与自然、人与人、人与社会和谐共生、良性循环、全面发展、持续繁荣为基本宗旨，以建立可持续发展的经济发展模式、健康合理的消费模式及和睦和谐的人际关系为主要内涵，引导人类遵循人、自然、社会和谐发展这一客观规律而取得的物质与精神成果的总和。[①]2007年党的十七大将建设生态文明确定为全面建成小康社会的重要目标；2012年党的十八大把生态文明建设纳入中国特色社会主义事业"五位一体"总体布局，明确提出大力推进生态文明建设，努力建设美丽中国，实现中华民族永续发展；2017年党的十九大报告中提出了加快生态文明体制改革、建设美丽中国新的目标、任务、举措。中共中央、国务院多次出台生态文明建设方面的文件、方案，完善修改相关法律法规。在党中央的高度重视和地方党委、政府的努力下，我国生态文明建设成果举世瞩目，但离人民群众的新期盼、新需求还有差距，实践中仍然面临一些现实问题。这些问题，需要通过公益诉讼检察监督不断修正和改进。

（一）生态环境安全意识不强

有的地方政府为追求高政绩，为了眼前的经济利益而向破坏生态环境的违法行为让步的情形、地方保护主义干扰执法监管的现象依然存在，有通过会议纪要的形式以罚代刑、降格处理破坏生态环境的案件。近年来发达地区的化工、涂料等高耗能、高污染企业由于环保成本过高、环保不达标，搬迁到欠发达地区，对欠发达地区造成了不可逆转的生态环境污染。

（二）生态文明建设立法滞后

当前，我国生态文明建设在立法上单一行政法律法规较多，执法上执法部门较为分散、权责交叉、相互扯皮、推诿，缺乏统一的协调，造成了执法成本的明显上升、执法效果不好的局面。如，县级机构改革时将某行

[①] 赵刚：《浅谈检察机关在生态文明建设中的法律监督职能》，《中国环境法治》2010年第1期，第43页。

政单位的初步调查权和最终处罚权分离到两个单位，因认识不一致、沟通不畅，造成了执法成本的增加及大量案件的积累，导致一些行政案件久拖不结。

（三）生态环境执法保障不足

随着生态环境问题日益严峻，环境执法的任务越来越重、要求越来越高、执法的难度越来越大。同时，一些地方财政投入不足、人员编制较少、执法设置落后，且部分执法人员的能力不足、素质不高，办理行政案件质量不高，未依法行政，导致生态环保类行政复议、行政诉讼案件上升。

（四）生态治理难度不断加大

在发展经济的同时，生态退化趋势仍然存在，石漠化、荒漠化严重。因在矿产资源开发、重大工程项目建设中，对生态环境的破坏未得到及时有效制止，加之持续时间较长，破坏主体多次变更、地方经济发展等原因叠加，使得行政执法难度加大，生态环境修复治理面临种种困难。

二、公益诉讼检察在生态文明建设中的困境

1890年美国出台的《谢尔曼反托拉斯法》，标志着民事公益诉讼的诞生。[①]2012年修改的《中华人民共和国民事诉讼法》首次规定了公益诉讼制度。（2012年《民事诉讼法》第五十五条规定："对环境污染、侵害众多消费者合法权益等损害公共利益的行为，法律规定的机关和有关组织可以向人民法院提起诉讼。"）2014年党的十八届四中全会决定："探索建立检察机关提起公益诉讼制度"。2015年7月1日，全国人大常委会授权，在吉林、贵州等13个省市检察机关开展为期两年的提起公益诉讼试点。2017年6月27日全国人大常委会通过了民事诉讼法和行政诉讼法的修正案，分别确

---

① 施建邦：《以公益诉讼检察促进云南生态文明建设的思考》，《云南民族大学学报》2019年第3期，第149页。

立了民事公益诉讼、行政公益诉讼两种公益诉讼制度。2020年9月28日最高人民检察院第十三届检察委员会第五十二次会议通过《人民检察院公益诉讼办案规则》，明确了行政公益诉讼、民事公益诉讼、支持起诉制度。

据统计，2017年7月至2022年6月底，全国检察机关共立案公益诉讼案件67万余件。共督促恢复被毁损的耕地、林地、湿地、草原约786万亩，回收和清理各类垃圾、固体废物4584万余吨，追偿修复生态、治理环境费用93.5亿元。①2018年至2020年全国的环境民事公益诉讼中，检察机关、社会组织起诉的民事公益诉讼案件数量分别为7500件、703件。可以看出，在公益诉讼中检察机关已成为生态文明建设监督的主力军。但在实践中，公益诉讼检察在生态文明建设中仍存在如下困境：

（一）公益诉讼检察的社会认知度不高

2017年6月，我国的公益诉讼制度才逐渐"成型"。国家对生态文明的教育体系还未完善，对公益诉讼、生态文明的社会宣传存在未普及、不到位等问题，急需提升普及生态文明建设的常识知识、实际操作。社会大众对生态文明建设、公益诉讼的认识程度参差不齐。有部分人认为生态文明建设是政府的责任，看到生态环境被破坏置若罔闻、不知如何参与监督，部分群众因对生态环境被破坏后的影响认识不到位，成为生态环境的破坏者。②

（二）生态优先、绿色发展的理念落实不到位

部分地区为了地方经济的发展大量引进项目，造成生态破坏。因项目的特殊性，对生态破坏者无法处理，甚至存在为破坏者开"绿灯"的情况，导致生态破坏严重，并且未及时得到恢复。如，中央环保督察发现，一些地方政府因发展需要引进项目，未经法定程序批准用土地就建设厂

---

① 中华人民共和国最高人民检察院网站：《最高检发布检察机关全面开展公益诉讼五周年工作情况五年共立案公益诉讼案件67万余件》，https://www.spp.gov.cn/spp/xwfbh/wsfbt/202206/t20220630_561637.shtml#1，2022年7月17日访问。
② 孙皖江、王猛：《新时代我国生态文明建设中的群众参与路径研究》，《世纪桥》2020年第4期，第70页。

房、公路等，导致林地、耕地被破坏。

（三）部分行政机关认为公益诉讼检察干预了行政权

行政公益诉讼制作的《立案决定书》《事实确认书》《检察建议书》等文书送达的对象是行政机关。而这些文书中有对行政机关职责的描述为："怠于履职"或"违法行使职权"等，现实中行政机关会对这些文书产生反感。原因有二：1.认为检察机关送达的文书将会成为日后检查中，纪检监察机关、上级部门对自己履职不力而进行问责的依据；2.由于行政机关监管对象量多面广与行政机关执法人员数量相对较少之间存在的矛盾，事多人少，行政机关的监管不力，如垃圾乱堆乱放、乱占耕地建房等情形屡禁不止。而检察机关对行政机关开展行政公益诉讼监督工作时，部分行政机关会认为检察权干预了行政权。

（四）一些行政公益诉讼判决未得到有效执行

检察机关向行政机关发出诉前检察建议后，行政机关未依法整改履职，检察机关将怠于履职的行政机关起诉至法院，法院判决行政机关依法履行其监督管理职责。但现实中存在诸多判决后未能执行到位或以行政处罚"证实"行政机关"已履职"的行政公益诉讼案例。如某县检察院诉某行政机关依法履行耕地保护职责案。法院判决：1.该行政机关未履行耕地保护监督管理职责的行为违法。2.该行政机关依法继续履行监督管理职责。判决后行政机关积极作为，对耕地破坏者进行了行政处罚，但耕地破坏者没有资金对已破坏的土地进行修复整治，导致行政公益诉讼判决未得到执行。

（五）检察机关调查取证难和获取内部文件难

生态文明建设包含森林、耕地、水资源等多块工作，自然也就关系到多家行政机关。行政执法中，很多文件都是通过内部自上而下制发的，未公开发布。在检察公益诉讼工作中，因监督对象是自己，行政机关往往怠于提供有关文件。不能快速获取行政机关的内部履职文件，是检察机关公益诉讼监督的一块"拦门石",公益诉讼检察干警只能从上级部门、各行政机关官网或通过熟人关系寻找相关文件,调取的证据难以满足办案需要。

三、公益诉讼检察在生态文明建设中的路径探讨

随着《中共中央关于加强新时代检察机关法律监督工作的意见》的出台,公益诉讼检察工作迎来了重大机遇。检察机关应充分发挥公益诉讼检察职能,通过以下路径能动履行公益监督职责,切实助力经济社会的高质量发展,持之以恒推进生态文明建设。

(一)加大法治宣传,践行生态理念

深入集市、乡镇、社区、学校等人员密集地,采取"以案释法""典型案例分析""举办讲座"等方式开展宣传活动,宣传生态文明建设的重要意义及公益诉讼检察的意义,使保护生态环境的理念入脑、入心。让人民自觉将绿色发展的理念融入生产生活中,引导人民参与到生态文明建设中。使执法者严格执法、百姓自觉守法,共创百姓富、生态美的多彩新未来。

(二)寻求多方支持,建立长效机制

主动寻求人大、政协的支持。将检察监督与人大监督、民主监督有机结合,公益诉讼检察借助人大、政协的力量,对破坏生态文明建设的行为多方监督,使生态环境得到更好的保护、更快的恢复。检察机关应与纪委监委、审计等部门建立长效机制,并参加巡视巡查审计。一方面,扩宽了发现生态被破坏线索的渠道。在具体案件中对生态可能被破坏的线索进行研判,有力保护生态文明建设。另一方面,对行政机关收到诉前检察建议书后仍怠于履职,不整改、敷衍了事的行为,作为玩忽职守、滥用职权等线索移送纪委监察委。增强检察建议的刚性。

（三）履行四大职能，突出监督刚性

在党的领导、指挥下，检察机关对破坏生态文明的行为"零容忍"依法办理。可以公益诉讼检察为切入点，充分发挥民事检察、行政检察、刑事检察职能，对突出的破坏生态行为，依法支持有关主体提起民事公益诉讼；对行政机关履职不到位的，依法提起行政公益诉讼；对构成刑事犯罪的，依法提起刑事附带民事公益诉讼。同时，对涉嫌犯罪的依法监督有关机关立案查处，四大检察齐头并进，全方位服务保障生态文明建设。

（四）用好考核导向，形成共建合力

一是将公益诉讼检察建议纳入上级对下级行政机关、当地政府对行政机关的年度工作考核。行政机关收到公益诉讼《检察建议书》后：1.对于积极履职整改的行政机关，该份《检察建议书》及整改情况经检察院认可后，可作为考核的加分项。2.对拒不整改、敷衍了事的行政机关，作为考核的减分项。二是与行政机关联合，共同保护生态环境。检察机关通过对行政机关进行法治宣讲、典型案例解说、与行政机关互派领导干部交流学习等方式，消除行政机关对检察机关公益诉讼检察的抵触。让行政机关真正意识到公益诉讼检察监督职能与行政执法不是相互对立的，而是站在一起的、是一起为人民服务的。畅通获取行政机关内部文件的渠道，并通过检察机关与行政机关联合执法、专项等方式对行政区域内破坏生态环境的行为进行查处，破解环境保护公益诉讼线索发现难、发现慢的难题。

（五）创新办案模式，做实施综合治理

一是针对生态环境执法上执法部门较为分散，权责交叉、相互扯皮、相互推诿的"九龙治水"现象，可以采取类案磋商、类案听证、专题调研、公开听证等检察办案方式，突出办案效果。公益诉讼诉前类案磋商、类案听证等，可以邀请人大代表、政协委员、各行政机关、律师代表参加，听取各方意见，共商治理对策，并全程监督落实。真正做到"办理一案、整治一片"的效果。如某县检察院在发现县域内某地有"加拿大一枝

黄花"后,及时向县人大汇报该情况,并召开磋商会,邀请县林业局、县农业农村局、各乡镇代表参加,将磋商情况作为政府决策的参考,后该县政府出台了专项方案对"加拿大一枝黄花"进行治理,方案中明确了该县11个单位及各乡镇街道办的工作职责,对县域内的"加拿大一枝黄花"等多个外来物种进行有计划地全面清除。二是结合办案开展生态环境综合治理。深入剖析发案原因、特点、规律,针对监管环节存在的普遍性问题和漏洞①,进行调研、归纳并总结形成报告,及时向当地党委、政府作工作报告,为党委、政府决策提供参考。

(六)完善激励机制,引导公众参与

由于时间、空间、人员上的局限性,检察机关无法在第一时间发现环境污染损害问题,并及时做出反应。充分调动公众积极参与、打一场生态文明建设的人民战争尤为重要。一是建立专门的环境保护公益诉讼基金,为社会组织、群众参与生态环境保护提供物质保障。该基金组成部分为:政府拨款、社会捐赠、损害赔偿、环保彩票等。基金由独立的第三方统一管理,政府、社会组织、公众进行监督。相关费用由检察院公益诉讼部门审查后,进行建议支出(即提出该笔费用支出是否确有必要的建议)。由于环境修复具有迫切性,环境被破坏后,对破坏者没有能力修复、行政机关没有资金的情况,该基金可用于代履行修复被破坏的环境。该费用支出后由代履行行政机关依法追偿并打入环境保护公益诉讼基金。二是调动人民群众和社会组织的参与性、积极性,充分调动社会力量参与监督环境污染情况。建立对提供生态环境污染、破坏线索的举报人及提起环境民事公益诉讼的社会组织、公益律师的激励机制,采取必要的奖励措施(奖励的资金可用环境保护公益诉讼基金):1.对通过环境民事公益诉讼取得成效、保护社会公共利益的社会组织进行物质、精神上的奖励。2.向举报者发放奖励金。如举报者举报的环境污染行为,经提起环境民事公益诉讼后胜诉

---

① 施建邦:《以公益诉讼检察促进云南生态文明建设的思考》,《云南民族大学学报》2019年第3期,第153页。

的,再把判决中惩罚性赔偿金的一部分用于奖励举报者。3.给予参加环境民事公益诉讼的公益律师宣传平台,提高其知名度,大力加强对公益律师精神上的奖励。

(七)加强跨区合作,优化办案优势

检察机关对于特别类型案件的办理必须优化办案模式。充分发挥纵向上下一体协同指导、横向跨区域合作的办案模式优势。对跨越省、区河流的生态保护案件进行监督,应及时向上级院汇报,联合办案。如在长江珠江及其支流的保护中,建议各级检察机关应当与周边相邻省(区)、市(州)、县(区)建立办案联动机制,以公益诉讼检察为切入点,充分发挥"四大检察"的法律监督职能,做好环境污染及资源保护的联防联控,形成保护合力,切实保护长江、珠江的生态安全。如普定县人民检察院与六枝、织金、平坝建立三岔河水资源污染防控联动机制,与六枝检察院、织金检察院开展对三岔河龙场河段、马场河段、白水河段的联合巡查,对沿河污染源共同研判,联合办案,依法联合保护长江上游乌江三岔河支流水资源。

(八)推动合规经营,强化溯源治理

积极引导涉案和非涉案企业开展合规建设,守法经营,降低破坏生态环境的风险,从源头上做实生态文明建设。"不断做好绿水青山就是金山银山这篇大文章",是公益诉讼检察的重要职能之一。从源头上防止企业违法排污、乱占耕地、毁林建厂等破坏生态环境的行为,是推进生态文明建设的重要路径。检察机关应切实发挥好监督引导职责,联合工商联、市场监督管理、环境保护、林业、自然资源等部门,引导、监督企业进行合规建设:1.对于企业涉嫌犯罪的,依法引导其进行合规建设、积极修复受损生态后,可依法从轻处理,既保护生态环境,又让企业活下来。2.对于企业有轻微违法行为、被行政处罚的,检察机关提前介入,引导该企业进行合规建设,并针对同一问题对该地区的整个行业进行类案排查。一方面

使企业的问题能够及时得到解决，不至于"积累"到使企业遭受重大损失的地步，更好地体现了检察机关保护企业的职能；另一方面能使发现生态被破坏的时间"前移"，更好、更快地保护生态环境。

"生态文明建设是关系中华民族永续发展的根本大计"。我们必须深入学习贯彻习近平生态文明思想，充分认识检察机关在促进生态文明建设中肩负的政治责任、法律责任和检察责任，以人民之心为心，更新理念、立足职能、着眼长远、勇于担当、积极作为，不断强化公益诉讼检察职能，为服务和保障生态文明建设作出积极贡献。

（作者单位：安顺市普定县人民检察院）